公安院校大学生心理健康教育

▶ 郑立勇　韦萍萍　编著

中国科学技术大学出版社

内 容 简 介

为贯彻教育部、公安部有关心理健康工作的文件精神,本书从警察的职业特点出发,以公安院校学生常见的心理困惑和警察必备的心理品质为切入点,以传授心理健康教育知识和培育心理健康观念为基础,以培养学生心理能力和提高学生心理素质为目标,从九个方面阐述了如何构建公安院校学生的心理健康课程体系。本书可供公安类院校在校大学生使用。

图书在版编目(CIP)数据

公安院校大学生心理健康教育/郑立勇,韦萍萍编著.—合肥:中国科学技术大学出版社,2023.8

ISBN 978-7-312-05765-6

Ⅰ.公… Ⅱ.①郑… ②韦… Ⅲ.警察—心理健康—健康教育—中国—高等学校—教材 Ⅳ.D631

中国国家版本馆 CIP 数据核字(2023)第153929号

公安院校大学生心理健康教育
GONG'AN YUANXIAO DAXUESHENG XINLI JIANKANG JIAOYU

出版	中国科学技术大学出版社
	安徽省合肥市金寨路96号,230026
	http://press.ustc.edu.cn
	https://zgkxjsdxcbs.tmall.com
印刷	合肥华苑印刷包装有限公司
发行	中国科学技术大学出版社
开本	710 mm×1000 mm 1/16
印张	15.5
字数	312千
版次	2023年8月第1版
印次	2023年8月第1次印刷
定价	45.00元

前　言

教育家洛克曾说:若没有健康,就没有幸福。也许健康不等于幸福,但是没有健康就难以幸福,而没有心理健康肯定不会幸福。教育是生命对生命的影响,是心灵与心灵的沟通。健康可以教育,幸福需要指引。教育不仅要关注学生的身体健康,还要高度关注学生的心理健康,这关系到他们生活是否幸福,也关乎国家的未来。学生的健康、快乐和幸福应是教育的基本追求和终极价值。近年来,大学生的心理健康问题日益受到社会各界的广泛关注。大力加强学校心理健康教育,已成为世界性的教育共识,也是社会发展的要求,是时代发展的呼唤。

心理健康教育是高校人才培养体系的重要组成部分,也是高校思想政治工作的重要内容,其目的是提高大学生心理素质,促进其身心健康和谐发展。习近平总书记高度重视大学生心理健康教育工作,明确提出要"加强社会心理服务体系建设,培育自尊自信、理性平和、积极向上的社会心态"。教育部颁布的《普通高等学校学生心理健康教育课程教学基本要求》提出:"高校学生心理健康教育课程是集知识传授、心理体验与行为训练为一体的公共课程。课程旨在使学生明确心理健康的标准及意义,增强自我心理保健意识和心理危机预防意识,掌握并应用心理健康知识,培养自我认知能力、人际沟通能力、自我调节能力,切实提高心理素质,促进学生全面发展。"《高等学校学生心理健康教育指导纲要》指出:"心理健康教育要坚持育心与育德相统一,加强人文关怀和心理疏导,更好地适应和满足学生心理健康教育服务需求,引导学生正确认识义和利、群和己、成和败、得和失,促进学生心理健康素质与思想道德素质、科学文化素质协调发展。"

公安院校是培养人民警察的摇篮,公安院校大学生更是肩负国家安全和社会稳定责任和使命的预备警察。公安院校大学生在培养目标、日常管理和职业定位等方面与其他院校大学生存在很大差异。其具体特点体现在以下方面：一是公安院校大学生在校都是着人民警察制服，按警察要求管理和培养的，因此，警察角色与警察意识无时无刻不影响着学生。二是公安院校实行准军事化管理，纪律严明、要求严厉、管理严格，学生必须遵守与服从，严禁自由散漫。三是警察是和平时期较危险、压力较大的职业，具有"高负荷""高应激"和"高风险"的职业特点，这就要求警察要有良好的心理素质，特别是要有极强的心理承受能力。因此，对公安院校大学生在心理素质方面的要求，也就会远远高于其他大学生。可见，如果公安院校的心理健康教育不结合其自身的特殊性，难以取得实效。

为贯彻教育部、公安部有关心理健康工作的文件精神，我们尝试从警察的职业特点出发，以公安院校大学生常见的心理困惑问题及警察必备的心理品质为切入点，以传授心理健康知识和培育心理健康观念为基础，以培养学生心理能力和提高学生心理素质为目标，构建适合公安院校"教、学、练、战"一体化教学模式的心理健康课程体系，切实提高教学效果。本书是安徽省高等学校省级质量工程项目"心理训练及危机干预实训实验中心"（2018sxzx20）和安徽公安职业学院提质培优行动计划项目"三全育人典型学校方案构建"的研究成果。

本书在编写过程中参考了不少专家学者的相关研究文献、资料和最新研究成果，在此表示衷心感谢！由于编者水平和能力有限，加之时间仓促，书中难免存在疏误之处，敬请批评指正，以便此书进一步修订、完善。

编 者

目 录

前言 ·· (i)

第一章　公安院校大学生心理健康导论 ··· (1)
 第一节　心理健康概述 ··· (1)
 第二节　公安院校大学生心理健康 ·· (5)
 第三节　心理问题识别和预防 ··· (14)

第二章　公安院校大学生自我意识认知 ·· (38)
 第一节　自我意识概述 ··· (38)
 第二节　公安院校大学生自我意识 ·· (50)
 第三节　自我意识的养成 ·· (57)

第三章　公安院校大学生人际关系心理 ·· (68)
 第一节　人际关系概述 ··· (68)
 第二节　公安院校大学生人际关系 ·· (74)
 第三节　和谐人际关系构建 ·· (91)

第四章　公安院校大学生情绪管理 ·· (99)
 第一节　情绪概述 ·· (99)
 第二节　公安院校大学生常见不良情绪 ····································· (105)
 第三节　情绪管理 ·· (111)

第五章　公安院校大学生挫折和压力应对 ·· (123)
 第一节　正确认识挫折和压力 ··· (123)
 第二节　挫折和压力后行为反应 ·· (132)
 第三节　挫折和压力应对策略 ··· (138)

第六章　公安院校大学生学习心理 …………………………………………（147）
第一节　学习心理概述 ………………………………………………（147）
第二节　公安院校大学生学习心理 …………………………………（155）
第三节　学习能力提升 ………………………………………………（170）

第七章　公安院校大学生恋爱与性心理 …………………………………（182）
第一节　爱情与性心理 ………………………………………………（182）
第二节　公安院校大学生常见恋爱问题 ……………………………（190）
第三节　公安院校大学生性心理问题 ………………………………（199）

第八章　公安院校大学生团队心理 ………………………………………（209）
第一节　团队心理概述 ………………………………………………（209）
第二节　公安院校大学生团队心理建设 ……………………………（213）
第三节　优秀团队建设途径 …………………………………………（216）

第九章　公安院校大学生心理危机干预 …………………………………（223）
第一节　生命教育概述 ………………………………………………（223）
第二节　公安院校大学生心理危机 …………………………………（230）
第三节　心理危机预防与干预 ………………………………………（235）

参考文献 ……………………………………………………………………（242）

第一章 公安院校大学生心理健康导论

第一节 心理健康概述

一、健康新观念

对于健康的概念,传统的观点认为,身体没病就是健康。因此,人们重视锻炼身体,而忽视了心理卫生保健。

1948年,世界卫生组织(World Health Organization,WHO)提出,健康是一种生理、心理与社会适应都趋于完满的状态,而不仅是没有生理疾病的状态。WHO进一步指出,健康的新概念有以下10个方面:一是有充沛的精力,能从容不迫地应对日常工作和生活,而不感到疲劳和紧张;二是积极乐观,勇于承担责任,心胸开阔;三是精神饱满,情绪稳定,善于休息,睡眠良好;四是自我控制能力强,善于排除干扰;五是应变能力强,能适应外界环境的各种变化;六是体重得当,身材匀称;七是眼睛炯炯有神,善于观察;八是牙齿清洁,无空洞,无痛感,无出血现象;九是头发有光泽,无头屑;十是肌肉和皮肤富有弹性,步伐轻松自如。1989年,WHO进一步深化了健康的概念,认为健康不只是指身体无疾病。健康应包括身体健康、心理健康、社会适应良好以及道德健康,要求人们从以下四个方面综合评价一个人的健康:

① 躯体健康:人体的结构完整,生理功能正常。

② 心理健康:在身体、智能及情感上与他人的心理健康不矛盾的范围内,个人心境发展至最佳的状态。

③ 社会适应良好:能胜任个人在社会生活中的各种角色,能立足角色创造性地开展工作并取得成就,服务社会,实现自我。

④ 道德健康:在稳定的道德观念支配下表现出来的一贯的符合社会道德规范行为。

所以,健康不只是指身体无疾病。牙齿棒、吃饭香、身体壮的人不一定就健康。

二、心理健康的含义和标准

(一)心理健康的含义

迄今为止,关于心理健康还没有一个统一的概念。国内外学者一般认同心理健康标准的复杂性,不像生理健康的标准那样具体、精确和绝对,既有文化差异,也有个体差异。

《心理学百科全书》在"心理健康"词条下的解释是:心理健康(mental health)又称"心理卫生",包括两个方面的含义:其一,指心理健康状态,个体处于这种状态时,不仅自我状态良好,而且与社会契合和谐;其二,指维持心理健康、减少行为问题和精神疾病的原则和措施,主要目的在于预防心理障碍或行为问题,以促进人们心理调节,发展更大的心理效能为目标。

第三届国际心理卫生大会对心理健康是这样定义的:"所谓心理健康,是指在身体、智能,以及情感上与他人的心理健康不相矛盾的范围内,将个人心境发展成最佳的状态。"

心理学家英格里斯(1958年)认为:"心理健康是指一种持续的心理情况,无论当事者在哪种情况下都能进行良好的适应,具有生命力,并能充分发展其身心的潜能;这乃是一种积极的丰富的情况,而不仅仅是免于心理疾病。"

(二)心理健康的标准

虽然人们对什么是心理健康至今没有一个公认的说法,但是,大多数观点都强调个体的内部协调和外部适应,都把心理健康看作一种内外和谐的良好状态,也由此提出了心理健康的标准。

首先,世界心理卫生联合会明确提出了心理健康的标准:
① 身体、智力、情绪十分调和。
② 适应环境,在人际关系中彼此能谦让。
③ 有幸福感。
④ 在工作和职业中,能充分发挥自己的能力,过高效率的生活。

其次,美国人本主义心理学家马斯洛和米特尔曼在20世纪50年代初提出了心理健康者的10条标准,受到心理卫生界的普遍重视,并被广泛引用。这10条标准是:
① 有充分的安全感。
② 充分了解自己。

③ 生活的目标切合实际。
④ 与现实环境保持接触。
⑤ 能保持人格的完整与和谐。
⑥ 具有从经验中学习的能力。
⑦ 能保持良好的人际关系。
⑧ 适度的情绪表达与控制。
⑨ 在不违背社会规范的条件下,对个人的基本需要做恰当的满足。
⑩ 在不违背团体的要求下,能做有限度的个性发挥。

后来,我国学者王登峰、张伯源在《大学生心理卫生与咨询》中提出了心理健康的8条标准,主要有:
① 了解自我,悦纳自我。
② 接受他人,善于与人相处。
③ 正视现实,接受现实。
④ 热爱生活,乐于工作。
⑤ 能协调和控制情绪,心境良好。
⑥ 人格完整和谐。
⑦ 智力正常,智商值在80以上。
⑧ 心理行为符合年龄特征。

再者,清华大学樊富珉教授在《大学生心理健康与发展》中提出了心理健康的7条标准,主要有:
① 能够保持对学习的较浓厚的兴趣和求知欲。
② 能保持正确的自我意识,接纳自我。
③ 能协调与控制情绪,保持良好的心境。
④ 能保持良好的人际关系,乐于交往。
⑤ 能保持完整统一的人格品质。
⑥ 能保持良好的环境适应能力。
⑦ 心理行为符合年龄特征。

从以上关于心理健康标准观点的介绍可以看出,心理健康不是指某种固定不变的状态,而是指富于弹性与变化的相对状态。因而,心理学家在鉴别心理健康与否时,多主张以个体行为的适应情况为标准,而不是以个别症状的有无作为依据。所以,在辨别心理健康时主要从以下三方面进行:第一,以人的主观感受为依据;第二,以适应社会的情况为依据;第三,以统计学所确定的正常值为依据。可见,心理健康的正常与否都是相对的,其间无明显的界限,判断标准也是多维度的。

正确理解和运用大学生心理健康标准应注意几个问题:一是心理健康是连续

的还是二分的。人的心理是一个复杂的、不断变化发展的动态系统,每个人的心理在各个方面都呈现出不同的状态。心理健康与不健康之间,究竟是连续状态还是二分状态的问题,是应该需要明确的。我们应该以连续的眼光来看待大学生的心理健康。心理健康与不健康不是泾渭分明的对立面,偶然出现一些不健康的心理和行为,并不等于心理不健康,更不等于已患上了心理疾病,应避免把大学生心理状况截然分为"健康"与"不健康"两部分。二是心理健康是状态还是特质。心理健康状态不是固定不变的,而是动态变化的过程,而有的人常常把大学生暂时的心理状态同稳定的人格特质相混淆,一时的情绪波动并不能代表心理出现异常;相反,只有体验到不同的情感,才能说明其心理是正常的,因而区分哪些现象是暂时的心理状态,哪些是稳定的人格特质,这一做法非常重要。状态性的问题是可以改变的,随着人的成长、经验的积累、环境的改变,心理健康状况也会有所改变。三是心理健康的标准是一种理想尺度。大学生心理健康标准主要基于大学生的共性,是以大多数学生的行为表现为依据而确立的。在用它进行判断大学生心理是否正常时,要注意共性的存在是否要排斥个性的问题。在提倡素质教育的今天,培养有创造性的大学生是教育的目标之一,而新颖性、独特性是判断一个人是否具有创造性的重要标志,因而心理健康教育也面临这样一种困境:一方面,依据理想尺度开展心理健康教育,要求大学生按照大多数人的发展轨迹来发展,很容易扼杀学生的个性,学生的创造性也会受到影响;另一方面,强调个性的张扬,又可能对心理健康的判定无法形成确定统一的标准。所以,在实施心理健康教育时,要注意理想尺度与大学生个性发展的统一。

三、心理健康测评

人的心理是人脑的内部活动,无法用科学的方法直接测量人的心理,只能根据人的具体活动加以推测,通过测量作为心理外部表现特征的行为(如人的言行),间接知道人的心理特征和心理健康水平。通常情况下,测量心理健康状况有两种方法:心理测验法和精神检查法。

(一)心理测验法

心理测验法是指运用各种标准化的心理健康量表对个体进行测试,把测试结果与常模进行比较,若某项超出常模过多,则一般认为是异常的。此方法除用于个别检测外,还大量地用于团体测验和心理健康的流行病调查,以把握某一人群的心理健康分布状况。这是目前心理健康测定中使用最广泛的一种方法。心理测验的用途很广:在教育工作领域,它可以测量学生的智能、品德、个性的发展,学习动机和兴趣爱好,便于因材施教;在人才选拔和职业指导领域,有利于实现人职匹配,每一种职业往往对就业人员的心理结构有一定的要求,心理测验便是了解一个人的心理结构的一种简洁、可靠的方法。常用的心理测验有智力测验、能力倾向测验、人格测验、成就测验及各类职业测验等。

心理测验法虽然较为科学、可靠,但必须有相应的量表,使用者要经过专业培训。目前有关心理健康方面的量表使用范围、测定内容有限,还不能满足所有需要。因此,人们也常用精神检查法。

(二)精神检查法

精神检查法是一种对心理健康状况进行评判的方法。一般多由具有心理健康专业知识的专业人员,在心理咨询或治疗中,对当事人心理健康问题的性质、类型、程度做出评判。此方法多用于个别检查,需要评定人员具有较丰富的专业知识和经验,否则容易误判。尤其当患者症状不典型、不明显或时好时坏时,更需谨慎。

在实际操作中,尤其在面临难以判断的情形时,为了增加结论的可靠性,常将心理测验与精神检查两种方法结合使用,或先做心理测验,对提示可能有异常者再进行面谈和深入了解;或先做一般性精神检查,再用适宜的量表做专门评定。

第二节 公安院校大学生心理健康

一、公安院校大学生心理健康的重要性

公安院校大学生都是国家的预备警官,未来想要成为一名勇敢、正义的人民警察,必须修好心理健康课程,练就过硬的心理素质。警察是一个特殊的职业,具有"高负荷""高应激"和"高风险"的职业特点。"高负荷"是指警察无法像普通公务员一样享受朝九晚五的规律生活,加班加点、待岗备勤是生活常态;"高应激"是指警察工作环境和工作对象复杂多变,竞争、矛盾、不被理解,被监督的处境,让警察经常处于身心高度紧张的状态之中;"高风险"是指警察的职业风险很大,在激烈的对抗和矛盾冲突中经常会付出鲜血甚至生命的代价,警察是和平年代比军人更危险的职业。"三高"的职业特点,让从业者承受着巨大的心理压力,也让警察职业成为几个特别容易产生"职业倦怠"的职业之一。职业倦怠也称"职业枯竭",是指由工作压力引发的,自我感觉身心俱疲、能量被耗尽,甚至厌倦的心理现象。心理学的研究表明:职业倦怠特别容易在助人的职业人群中产生,如教师、医护人员、心理咨

询师、新闻工作者和警察均是职业倦怠的高发人群。

承受职业压力、战胜职业倦怠是警察必须面临并接受的人生挑战,心理健康是警察必备的基本素质,培养良好的心理素质,不断提高自己的心理健康水平是预备警官迈进职业门槛前必须练好的内功。

(一) 成为优秀的人民警察需要有良好的心理健康水平

公安院校的培养目标非常明确,即培养合格和优秀的人民警察。警察担负着打击犯罪、维护社会治安秩序的重任,工作具有一定的危险性,需要直接面对凶残的犯罪分子,随时都有流血牺牲的可能。警察的工作不仅危险,而且工作强度巨大。曾有全国人大代表对一线民警的工作量进行过调查统计,发现一年中除了正常上班外,一名警察还要在单位值班 150 天、加班 127 天、出差 33 天,平均每周加班 32.5 小时,全年累计超过 130 个工作日。另外,各种危害事件发生的随机性太大,致使警察的工作无章可循,不仅搅乱了警察正常的作息规律,影响到他们生理机制的正常运转,还导致警察总是处在戒备和紧张的应急状态中。

警察工作内容复杂,其所需要面对的绝大多数状况是社会的阴暗面。

警察要应对各种困难与险境,要承受各种压力,必须要有较高的心理健康水平和良好的心理素质。有关研究表明:心理健康是民警执法工作中旺盛战斗力的源泉,是民警有效应对工作压力的重要保障,心理健康状况直接影响着民警的执法工作效率与水平。可见,作为一名优秀的人民警察,必须拥有健康的心理。

(二) 适应严格的警务化管理需要有良好的心理健康状态

在管理方式上,公安院校实行警务化管理。这是一种准军事化管理方式,其基本特征就是一个"严"字。所谓"严",就是要严格教育、严格管理、严格训练、严格纪律,强调令行禁止,确保学生管理工作的标准化、规范化和科学化。这种严格管理方式会对公安院校大学生的心理状况产生影响,从而使其与一般高校相区别。

警务化管理方式对大学生的心理健康影响是双向的。一方面,警务化管理方式会加强学生的集体意识,锻炼学生的意志,促进学生的心智成熟。严格纪律、严格管理,能让学生形成良好的纪律观念和服从意识,提高学生的自我约束能力和自我调整能力;高强度的警体训练,会提高学生的身体素质,增强学生的意志力,提高学生的心理承受力;统一的集体行动,会增强大学生的人际交往能力、团队意识和归属感,使学生在团队的合作、竞争中成长。另一方面,警务化管理方式也容易让学生产生一些心理问题。严格的管理、严格的纪律,会让学生感到失去自由,觉得过于压抑与紧张;过分强调统一,如统一的作息时间、统一的制装、统一的发展路线、统一的教育形式等,这种程序化、单一化、机械化的管理方式会让学生感觉失去了个性与自我;高强度的警体训练,会让学生感到恐惧,甚至想要逃避。

(三)完成繁重的学习训练任务需要有健康的心理

公安院校有自己明确且固定的培养目标,因此其学生的学习与普通院校相比更具特殊性。首先,所学专业知识的应用面极其狭窄,就业方向单一,容易使学生在学习上产生迷茫与困惑心理。其次,成为警察过程中的公务员考试竞争激烈,给学生带来巨大心理压力。最后,公安院校的学习任务,除了理论知识的学习,还包括警体训练,而且警体训练要求高、强度还比较大,这也让不少学生产生畏惧心理。因此,公安院校的学生要顺利完成大学学业,确实需要一颗健康的心。

二、公安院校大学生身心发展的特征

大学生作为中国社会文化层次较高的群体,其普遍年龄一般在18~25岁,大学生的心理活动特征以其生理特征为基础,同时又受社会环境和教育方式的影响。因此,要了解公安大学生的心理健康问题,必须熟悉大学生的生理特征、心理特征以及社会适应性特征。

(一)大学生的生理特征

18~25岁的大学生,其生理特点主要表现为体、力、脑、性四个方面的巨大变化。

1. 体

突出地体现为身高和体重的急剧变化。人的一生有两次生长高峰:一是从出生到1周岁,这一时期身高可增加50%,体重可增加一倍;二是青年期,男女青年平均每年身高、体重增长较快。迅速的成长使青年人骨骼粗壮,肌肉发达,在体形上步入了成人的行列。

2. 力

青年期生命力处于最旺盛时期。身体的各系统、器官全面发展;心脏的重量猛增至出生时的10倍,肺活量达4800毫升,食欲极佳,胃肠容量达到最大,体温、脉搏、呼吸、血压发生明显变化,脑垂体加快各种激素的分泌,新陈代谢处于最佳状态。青年人充满了生机和活力。

3. 脑

大脑和神经系统处于最发达状态。脑重量达到极值,脑神经细胞的分化机能达到成人水平,大脑的第一和第二信号系统的功能已经完善。由于大脑的发达和完善,使得青年人能够理智地走向社会。

4. 性

青春期是性萌发和性成熟最神秘、最敏感的时期。第一、第二性征突出变化,男女性别差异明显。在青年中期,个体的生理发育已接近完成,已经具备了成年人的体格以及各种生理功能,故又称此阶段为性成熟期。

青年时期的体、力、脑、性四个方面的巨变,为青年人的心理变化提供了良好的物质基础。

(二) 大学生的心理特征

1. 心理发展的过渡性

青年期是少年向成人转变的过渡期,也是少年心理向成人心理过渡的关键期。从心理发展水平看,多数大学生的心理正处于迅速走向成熟又没有完全成熟的时期。从心理发展过程看,认知迅速发展,达到了相对成熟,认知的核心要素思维已由经验型向理论型转化;情感也从激情体验、易感状态逐步升华、过渡到富于热情,处于充满青春活力的状态;社会道德感和社会责任感增强;在意志行动上则从容易冲动发展到具有一定的自控力,形成相对稳定的行为习惯。从个性发展看,性格、能力等个性心理特征都达到相对稳定和渐至成熟的水平;理想、信念、自我意识等个性意识经过大学阶段逐渐接近成人的发展水平。

2. 心理发展的可塑性

大学时代是人各种心理品质全面发展、急剧变化的时期。大学生在这一时期心理发展具有不稳定、可塑性大等特点。例如,在认知方面,容易偏执;在情绪方面,容易走极端;在意志方面,有时执拗;在个性方面,虽然许多个性品质已基本形成,但却容易受外界或生活情境的影响。

3. 心理发展的矛盾性

当代大学生在学校受教育时间长,从学校到学校,没有社会生活经验,心理成熟滞后于生理成熟。他们在经济上不独立,由于传统价值权威的衰落,以及受现代价值多元化的影响等,使得大学生的心理既存在积极面,又存在消极面,这必然导致各种矛盾和冲突。大学生常见的心理矛盾有以下几种:

(1) 理想与现实的矛盾

大学生对未来有自己的设想,一般理想比较高远,希望将来能发挥自己的才能,成为对社会有用之人。然而,他们在现实生活中往往难以找到实现理想的途径。有的面对前进道路上的障碍缺乏信心和克服方法;有的只有美好的向往而没有切实的行动;有的眼高手低,不喜欢"从我做起,从小事做起",只想做大事,想一鸣惊人,这就必然产生理想与现实的冲突。

(2) 情绪与理智的矛盾

大学生的情绪是丰富而多变的,往往容易激动、兴奋,也容易转向消沉、失望,特别是在挫折面前,情绪容易走向极端。其原因是大学生的心理发育相对滞后,往往从某种感性认识或经验直觉出发评价自己以及周围的人和事情,以个人的情趣、好恶为标准处理问题。

(3) 独立与依赖的矛盾

从中学进入大学,伴随着生理的逐渐成熟,大学生在心理上则表现为增强了独立的倾向。独立意识、自我意识大大增强,渴望摆脱家庭和老师的束缚。但是,由于大学生还处于学习阶段,经济上必须依赖父母,而且缺乏独立生活的经验,因此还不能真正依靠自己的力量独立解决生活中遇到的一些问题,不能恰当处理社会交往中的各种关系,一时难以摆脱对家庭、老师的依赖,不可避免地造成独立与依赖的矛盾。

(4) 乐群与防范的矛盾

大学生一般远离亲人,渴望交友,乐于参加群体活动。但大学生彼此之间相处的时间较短,一时难以建立完全信任和真挚的友情,在与他人的交往中,总是带有试探和防范的心理,这就产生了乐群与防范的矛盾。大学生经常感叹:接触的人很多,信得过的人却很少;同学很多,知心朋友却很少。

(5) 自尊与自卑的矛盾

经过激烈的竞争进入大学校园的大学生成为青年中的佼佼者,受到社会的称赞、父母的宠爱、同龄人的羡慕,容易产生一种优越感和自豪感,有着强烈的自尊心。然而,大学里人才济济,高手如云。许多高中时期的尖子生,其优势不再明显,失去了往日的荣耀,易产生心理失衡。有的同学因此怀疑自己,否定自己,产生了自卑感、挫折感和焦虑感,表现为自我评价过低、丧失信心、悲观失望、不求进取,甚至走向退学和轻生的极端。

(6) 竞争与求稳的矛盾

当代大学生平等竞争意识较强,希望在平等的条件下参与竞争,以便充分发挥自己的才能,实现自己的奋斗目标。他们对那些投机取巧,通过侵害别人利益获取好处的行为深恶痛绝。但在实际竞争中,他们又怕面对风险,抱怨竞争的残酷性,出现求稳心态。竞争与求稳的冲突在择业时表现得尤为突出。

(7) 性生物性和性社会性的矛盾

青春期的大学生性生理已成熟,有了性的欲望和冲动。然而,由于社会道德、法律、校纪等方面的制约,性冲动受到压抑。一般大学生通过学习、工作、文体活动和社交活动等途径,可以使之得到某种程度的转移和升华。但也有一部分学生由于缺乏性知识,对性问题有偏见,性冲动得不到正常的转移,久而久之造成性冲动与性压抑的尖锐矛盾。

以上这些心理矛盾如果得不到合理解决和正确的引导,就容易导致心理问题。

4. 心理发展的差异性

不同年级的大学生心理发展的特点不同,主要包括以下三个方面:

(1) 适应期

大学新生带着"胜利者"的喜悦进入大学后,突出的问题主要是如何适应大学生活,建立人际关系。有调查显示,在大学新生中,有适应不良和人际交往问题的占68.7%。他们的心理矛盾主要是:自豪感和自卑感交织,新鲜感和恋旧感交织,轻松感和紧张感交织,奋发感和被动感交织。这个时期一般是在一年级。

(2) 发展期

当新生适应了大学生活,建立起新的心理平衡后,大学生活进入了相对稳定的时期,这是大学生成才定型的关键时期。这一时期的大学生大多产生了自信心,竞争意识增强,心理问题集中在以下领域:成才道路的选择与理想的树立,学习目标的实现、学习态度、学习方法的掌握,以及学习心理结构的形成。这个时期是大学生人生观的形成时期,也是实现教育目标的关键时期。这个时期一般是在二年级至三年级。

(3) 成熟期

大学生经过3～4年的生活和学习,世界观、人生观逐步形成,心理逐渐成熟,他们的心理特点与成人的心理特点有许多相近之处。但是,这个时期又是大学生从学生生活向职业生活过渡的阶段,他们要面临新的心理适应问题,例如,是选择继续升学还是就业?选择留在国内深造还是出国?求职择业中双向选择的压力,使大学生们的心理又掀起波澜。这时他们的心理特点主要是有紧迫感、责任感和忧虑感。

三、公安院校大学生心理健康状况

有研究表明,当前大学生的心理问题主要表现在以下几个方面:

① 社会性发展问题。存在对社会主流文化认同度不高、对法律、纪律、公德等社会规范的掌握和践行不佳、社会道德感和责任感不强、国家观念、主人翁意识薄弱等问题。

② 心理压力问题。压力问题是当代大学生突出的心理问题之一。压力源主要来自学业、成才、就业、人际、家庭、社会等方面。

③ 学习适应问题。表现为学习动力不足、学习策略不当,以及学业负担过重、传统课堂教学、考试压力、父母师长的过高期望等。

④ 人际交往问题。主要表现在师生交往、同伴交往、异性同伴交往、亲子交往等交往形式中,其中大学生因同伴竞争而引发人际问题是其整个人际交往问题中最具现实性和影响力的心理问题。

⑤ 情绪情感困扰问题。主要表现为焦虑、抑郁、强迫、神经质等情绪障碍问题。

⑥ 性与婚恋心理问题。大学生因恋爱或失恋产生的心理问题多与性心理问题,尤其是性道德价值观问题相关。

⑦ 网络心理问题。主要表现为网络成瘾和网络负面影响带来的各种心理问题。

⑧ 职业心理问题。主要表现为缺乏个人职业规划、职业成熟度低、职业价值观偏离职业现实、职业能力不强等。

除上述心理问题以外,公安院校大学生还存在一些特殊的学校适应问题,这些问题主要来自于警务化管理、职业价值观认同及职业素养提升等方面。职业教育和管理模式的特殊性,常常让公安院校的大学生面临更多的个人发展、职业选择及人际关系处理等方面的问题和困扰。公安院校大学生心理健康问题正引起国内医学界、心理学界、教育界的关注。有的学者用SCL-90量表抽取全国两所公安院校403名在校学生进行测试,通过与国内常模比较,结果显示公安院校大学生除阳性症状均分外,其他因子分及总分、总均分、阳性症状项目数都显著高于国内常模;与国内大学生常模比较,公安院校的大学生在强迫、焦虑因子上无显著性差异,在抑郁、敌对、偏执、精神病性、躯体化、人际敏感等六个因子上显著偏高,但恐怖因子得分却显著偏低。研究发现,公安院校大学生是心理健康问题的高发人群,但心理问题的严重程度比正常人群要低。

四、公安院校大学生心理健康影响因素

由于人的心理健康是一个具有相对独立性质的极为复杂的动态过程,因而制约心理健康,造成心理偏差、心理障碍或心理疾病的因素也是极其复杂多样的。从各种制约因素的性质来说,主要有生物遗传因素、心理环境因素和社会环境因素。从各种制约因素的功能来说,可以分为本体因素与诱发因素两大类。

本体因素是一个人心理健康状况发生变化的内在原因,主要包括个体的生物遗传因素和心理活动因素。生物遗传因素的影响主要有遗传因素、病菌或病毒感染、脑外伤或化学中毒,以及躯体疾病或生理机能障碍等。心理活动因素主要包括

认知因素、情绪因素和个性因素等。

诱发因素则是产生变化的外在原因,主要包括家庭因素、学校因素和社会因素。诱发因素通过本体因素而发生作用,它决定着人的心理健康状况变化的现实性。例如,紧张的学习生活,对于心理功能状况良好的学生来说,会激发其更高的学习热情,投入更多的学习精力;而对于心理功能状况较差的学生来说,有可能引起过度焦虑,导致产生心理障碍。

总之,上述各种因素相互作用,共同对个体的身心健康形成综合影响。公安院校大学生的心理健康应该是一个系统工程,需要各方面力量的密切配合和积极参与,大学生需要努力肩负起提高自身心理健康水平,促进自我不断发展、完善,增进社会日益进步、和谐的人生使命。

五、公安院校大学生心理健康教育

心理健康教育,是以心理学的理论和技术为主要依托,并结合学校日常教育、教学工作,根据学生生理、心理发展特点,有目的、有计划地培养学生良好的心理素质,开发心理潜能,进而促进学生身心和谐发展和素质全面提高的教育活动,是全面实施素质教育的重要组成部分。

(一) 公安院校大学生心理健康教育原则

公安院校大学生心理健康教育应遵循以下原则:

1. 知识性与应用性相结合的原则

对公安院校大学生进行心理健康教育的最终目的是提高学生心理健康水平。俗话说,知之、明之,才能更好地行之。因此,学习、掌握心理健康最基本的知识和理论,既非常必要,也非常重要。但掌握知识的目的是将其运用于自己的学习和生活中去,来改进和完善自己,提高自己的心理健康水平。所以,课程内容应突出应用性,少讲理论,更多地教授学生提升心理健康水平的方法与技巧,真正实现学以致用。

2. 普遍性与针对性相结合的原则

所谓普遍性,一方面是指公安院校的学生与普通院校的大学生相比,在心理上具有很多的相同之处,存在的心理问题具有共性;另一方面是指在公安院校的学生中,存在的心理问题也大多相同。因此,心理健康教育应针对公安院校大学生共有的心理特点、普遍存在的心理问题来进行,教育内容、教育方法应具有普遍适用性。但公安院校毕竟是性质特殊的高校,其培养目标、学生身份、管理模式等都具有独特性,因此,在公安院校实施心理健康教育,其教育模式、教育内容、教育方法必须与之相配套,只有具有针对性,才能更具教育效果。

3. 讲授与训练相结合的原则

知识可以通过传授、自学获得,而能力与技能则必须通过操练与实践才能习得。心理健康教育课程,不仅仅是传授给学生心理健康方面的理论知识,更重要的是让学生掌握方法形成习惯。这就需要老师在教学中要做到讲练结合、以练为主,让学生通过参与活动体验和感悟心理变化,实现教学目的。

4. 教育与引导相结合的原则

教育性原则是指教育者在心理健康教育的过程中,能提出积极中肯的观念和建议,始终以培养学生积极进取的精神,帮助学生树立正确的人生观、价值观和世界观为目标。在方法上,不是灌输、压制,强迫学生接受自己的观点和意见,而是帮助学生分析问题、查找原因,引导学生运用正确的方法面对和解决问题,最终达到自强自立的目的。

(二)公安院校大学生心理健康教育内容及形式

根据教育部《普通高等学校学生心理健康教育工作基本建设标准》(教思政厅〔2011〕1号)和《普通高等学校学生心理健康教育课程教学基本要求》(教思政厅〔2011〕5号)和《高等学校学生心理健康教育指导纲要》(教党〔2018〕41号)文件精神,高校大学生的心理健康教育内容主要包括:

(1) 知识层面

通过心理健康教育课程的教学,学生能够了解心理学的有关理论和基本概念,明确心理健康的标准及意义,了解大学阶段人的心理发展特征及异常表现,掌握自我调适的基本知识。

(2) 技能层面

通过心理健康教育课程的教学,学生能够掌握自我探索技能、心理调适技能及心理发展技能,如学习发展技能、环境适应技能、压力管理技能、沟通技能、问题解决技能、自我管理技能、人际交往技能和生涯规划技能等。

(3) 自我认知层面

通过心理健康教育课程的教学帮助学生树立心理健康发展的自主意识,了解自身的心理特点和性格特征,对自己的身体条件、心理状况、行为能力等进行客观评价,正确认识自己、接纳自己,在遇到心理问题时能够进行自我调适或寻求帮助,积极探索适合自己并适应社会的生活状态。

公安院校大学生心理健康教育形式以课堂教学和心理训练为主,以心理辅导、心理咨询为辅,在各门学科中渗透心理健康教育,在学校的各项工作和校园环境中融入心理健康教育形成一个全方位、立体化的心理健康教育体系。

第三节 心理问题识别和预防

一、心理问题的识别

心理健康与生理健康一样,有诊断和鉴别的标准,不同的是心理健康的标准不像生理健康的标准那样明确、客观。心理健康或不健康是相对的,没有一个绝对的界限。了解一些心理异常和心理咨询方面的知识很有必要,能对心理问题做出初步鉴别、有效预防,并科学应对,是现代人应该具备的生活常识和技能。公安院校大学生中常见的心理问题主要集中在入学适应困难,如对新的生活环境和学习方式,以及严格的警务化管理不适应;人际关系上的紧张与不适;职业发展与规划方面的压力;等等。及时识别各种心理问题并有效应对,是维护心理健康不可或缺的重要前提。

(一)常见心理问题及分类

心理健康是个体身心统一、协调一致的完美状态,是我们追求的目标,但是作为现实生活中的个体,难免会遇到各种问题而打破内心的平衡,此时就需要个体及时进行调整和适应。假如在这个过程中,个体没能进行有效调节,就可能诱发某些心理问题。根据引起心理问题的原因和程度通常将心理问题分为以下三类:

1. 一般心理问题

一般心理问题,是指由现实问题引发,持续时间较短,社会功能受损不严重,情绪反应未泛化的心理不健康状态。

所谓泛化,是指当某一反应与某种刺激形成条件联系后,这一反应也会与其他类似的刺激形成某种程度的条件联系。在心理咨询中,泛化是指引起来访者不良心理和行为反应的刺激事件不再是最初的事件,与最初刺激事件相类似、相关联的事件,甚至同最初刺激事件不类似、无关联的事件,也能引起这些心理和行为反应。一般心理问题主要表现为:

① 刺激特点:由于现实生活、学习、人际关系等因素引发内心冲突,并因此而体验到厌烦、后悔、懊恼、自责等不良情绪。

② 病程:不良情绪不间断地持续满一个月,或不良情绪间断地持续两个月仍不能自行化解。

③ 严重程度:不良情绪反应仍在相当程度的理智控制下,始终保持行为不失

常态,基本维持正常生活、学习、社会交往,但效率有所下降。

④ 有无泛化:不良情绪的激发因素仅仅局限于最初事件,与最初事件有联系的其他事件,不引起此类不良情绪,即尚未泛化。

公安院校的新生一方面要面临陌生的生活与学习环境,另一方面还要面对严格的警务化管理制度,难免会产生适应问题,某些同学可能会经历一段时间的情绪低落,甚至还会产生放弃的念头。但是随着对环境和同学的熟悉,绝大多数人都能顺利度过适应阶段。

2. 严重心理问题

严重心理问题是由相对强烈的现实刺激引起,情绪反应剧烈且持续时间较久、内容充分泛化的心理不健康状态。诊断为严重心理问题,需满足以下条件:

① 刺激特点:由各种较为强烈的、对个体威胁较大的现实刺激,如家庭重大变故学业方面的重大挫折等而引发,个体体验到不同的痛苦情绪,如悔恨、冤屈、失落恼怒、悲哀等。

② 病程:从产生痛苦情绪开始,痛苦情绪间断或不间断地持续两个月以上,这种情况达半年以内。

③ 严重程度:多数情况下,会短暂地失去理性控制;在后来的持续时间里,痛苦可以逐渐减弱,但是,单纯依靠"自然恢复"或"较专业的干预"难以解脱。个体的生活、学习、工作和社交受损比较严重,但是仍能够维持基本的生活。

④ 有无泛化:痛苦情况不但能被最初刺激引起,与最初刺激类似、相关联的刺激也可以引起此类痛苦,即反应对象被泛化。

严重心理问题有时会伴有某一方面的人格缺陷。

典型案例 1-1

某大学二年级学生,因为失恋,数月来心情抑郁,精力难以集中,成绩迅速下降。期末考试的一天,该生因为情绪的突然"失控"而不去参加考试,导致两门功课不及格。该生认为在这个学校、这个城市继续待下去心情不会好转,只有离开才能从这次打击中恢复出来。

从案例中可以看出,该生经历了情感的挫折,引起了情绪低落,并持续数月,因此影响了学习与生活,同时还表现出对学校与这个城市的泛化现象,所以属于严重的心理问题,需要借助于专业的心理咨询师,甚至是需要心理治疗师干预才可以摆脱目前的境地。

3. 神经症性心理问题

神经症性心理问题已接近神经症,或者本身就是神经症的早期阶段。具体表现有：

① 刺激特点：心理冲突与现实处境没有什么关系，涉及生活中不太严重的事情，且不带有明显的道德色彩，即其激发因素为变形冲突。

② 病程：情绪反应失去理智控制，痛苦的情绪体验持续时间一般不超过3个月。

③ 严重程度：精神痛苦程度难以解脱，对学习和生活及人际交往产生一定程度的影响。

④ 有无泛化：心理冲突的内容泛化，即引起求助者目前不良的心理和行为反应的刺激事件不再是最初的事件，与最初刺激事件相类似、相关联的事件，甚至同最初刺激事件不类似、无关联的事件，也能引起这些心理和行为反应。

（二）正常心理与异常心理的鉴别

一般心理问题、严重心理问题和神经症性心理问题属于正常心理范围内的不健康状态，而异常心理则属于心理不正常的范畴。

正常心理具有三大功能：第一，能保障个体顺利适应环境，能健康生存发展；第二，能保障个体作为社会成员进行正常的人际交往，在家庭、社会机构中肩负责任，使人类赖以生存的社会组织正常运行；第三，能使个体正确地反映、认识客观世界的本质及规律，以便创造性地改造世界，创造出更适合人类生存的环境条件。而异常心理是指个体丧失了正常功能的心理活动。通常情况下，一般心理问题在不良刺激结束后，心理状况可自行好转，或借助某些外部力量的帮助也可以很快地调整到健康状态；严重心理问题和神经症性心理问题单凭自身的力量无法好转，需借助专业心理机构的力量进行干预和调整，症状严重的甚至需要药物干预；异常心理需要在专业的医疗机构进行治疗。

正常心理与异常心理并不是非此即彼的关系，他们之间并没有明确的界限，对于相同的心理现象，在不同的社会背景、风俗习惯、价值观念下其认定也可能不同。因此，不同领域的学者对心理正常与异常的判别也有各自的标准。

1. 常识性标准

常识性标准，是指非专业人员依据日常生活经验，对心理正常与异常的区分，通常会根据四个方面的特点进行区分，即离奇怪异的言谈、思想和行为；过度的情绪体验和表现；自身社会功能不完整；影响他人的正常生活。

2. 统计学标准

在普通人群中，各种心理特性的测试结果通常是呈常态分布的，在常态曲线上，居中的大多数人属于心理正常范围，而远离中间的两端则被视为"异常"，一个人的心理正常或异常，可以其偏离平均值的程度来决定。由于对心理特征进行了量化,所得结果比较客观,也便于比较。但这一标准也存在明显的缺陷,如 IQ 在 140 以上的人在人群中是极少数,但很少被认为异常;另外,选用心理测验要注意其信度、效度和适用范围,并受社会文化的制约,所以,统计学标准也有其不足之处。

3. 内省经验

内省经验涵盖两个方面,一是指个体的内省经验,即个体的主观不适感,如焦虑、抑郁、失控感等;二是指观察者的内省经验,如观察者把来访者的行为与自己的以往经验相比较,从而对来访者做出心理正常与否的判断。这种方法生动灵活,来源丰富,但过于主观。

4. 社会适应标准

正常情况下,个体能够维持生理和心理活动的稳定状态,能按照社会生活的需要,适应环境和改造环境,其行为符合社会的准则和道德规范,这时的行为是社会适应性行为。如果由于器质或功能的缺陷或两者兼而有之的原因,使个体的社会行为能力受损,不能按照社会认可的方式行事,那么,我们就认为此人有心理障碍。这一判断是将个体的行为与社会常模相比较的结果。

5. 心理学区分

著名的心理学家郭念锋根据心理活动是人脑对客观现实的主观反映的原理提出了以下三条原则,以此作为确定心理正常与异常的依据。

(1) 主观世界与客观世界的统一原则

心理是脑对客观现实的反映,任何正常心理活动或行为,必须在形式和内容上与客观环境保持一致。例如,某人出现了幻觉,或者思维内容脱离现实,或者自知力不完整等,就可以认为他的精神或行为与外界的客观现实失去了统一性。

(2) 心理活动的内在协调性原则

人类的心理活动虽然可以被分为认知、情绪情感、意志行为等部分,但其自身是一个完整的统一体,各种心理过程之间具有协调一致的关系,这种协调一致性,保证人在反映客观世界过程中的高度准确和有效性。

(3) 人格的相对稳定性原则

每个人在社会化过程中都会形成自己稳定而独特的人格心理特征,在没有重大外界变革的情况下,不会轻易改变。如果在没有外界明显诱因的情况下,一个人的个性稳定性出现问题,就要怀疑是否其心理活动出现了异常。

6. 医学标准

医学标准是根据病因与症状存在与否进行判断,这一标准是将心理变态与躯体疾病一样看待。如果一个人的某些心理或行为异常,就必须找到其病理解剖或病理生理变化的根据,并在此基础上认定此人是否有精神疾病或心理障碍,其心理或行为表现被视为疾病的症状,其产生原因归结为脑功能失调。这一标准为临床医生广泛采用,他们认为,虽然目前大部分心理障碍没有明显的病理改变,但在他们的大脑中,已经发生了分子水平的变化,而这种病理变化正是区分心理正常与异常的可靠根据。

二、常见异常心理的种类

异常心理,又称心理障碍、变态心理,是对各种不同的心理和行为异常的统称。心理异常通常是生物、心理和社会等因素综合作用的结果,个体无法按照社会认可的方式行动,无法适应社会。如果说心理问题属于心理正常范围内的不健康状态,那么心理障碍则属于心理不正常的范畴。我国在校大学生的心理健康状况调查显示:大学生中精神疾病的发病率呈上升趋势,已成为影响大学生正常学习和就业的主要原因。常见的异常心理有:

(一)神经症

神经症是一种没有可证实的器质性病变做基础的精神障碍,主要表现为焦虑、抑郁、恐惧、强迫、疑病症状或神经衰弱。

神经症的主要特点表现为患者具有持久强烈的心理冲突,而这种内心的冲突又没有现实可解释的原因,患者能觉察或体验到精神痛苦,因此会主动就医,寻求帮助。喜欢诉苦是神经症患者普遍而突出的表现之一。神经症作为一种持久性的精神障碍,往往会影响个体正常的心理和社会功能。

1. 神经症的致病原因

心理动力学观点认为,当幼儿期没有得到满足的欲望或一些违背社会规范与道德的经历、欲望与动机被压抑到潜意识,不能直接或原封不动地进入意识时,就产生了因为会违背社会规范、良心道德等个体痛苦感,这便是神经症;而另一些神经症的发生是由于不能有效压抑来自本我的本能性冲动,超我的要求过高过强,自我过弱,以至于自我不能在本我和超我之间保持良好平衡的结果。

行为主义学派的观点认为,神经症的症状是个体早年生活经历中的社会性行为,由于错误的学习而获得,因不恰当的环境或自我强化而固定。

认知心理学的观点认为,情绪与行为的发生一定要通过认知的中介作用,而不是通过环境刺激直接产生的。美国心理学家贝克认为,一些神经症患者有许多不恰当的认知方式,包括非此即彼地看待事物、灾难化地解释个人的不幸、以偏概全地解释自己的过失、选择性地理解事物的背面、先入为主地分析事物、情绪化地推理方式和对自己的过分苛求等。这些歪曲的认知,导致不合理、不恰当的情绪反应,当这种反应超过一定限度与频度时,便表现为疾病。

从生物学角度分析,神经症的发生与以下因素有关:

(1) 遗传因素

强迫症、广泛性焦虑、惊恐障碍和疑病症均存在家族聚集性,其一级亲属的同病率高于其他亲属,并远高于普通人群。焦虑症、强迫症同卵双生的同病率明显高于异卵双生。

(2) 生化因素

研究发现,焦虑症、恐惧症和强迫症的发生可能与去甲肾上腺素、五羟色胺系统功能改变有关。一些抗焦虑药、抗抑郁药对神经症的治疗作用是支持这类学说的理由之一。另外,五羟色胺激动剂可加剧强迫症也说明了这一点。

(3) 其他因素

脑影像学检查发现某些强迫症患者双侧尾状核体积缩小,而许多脑器质性疾病如脑炎、癫痫及颞叶损伤等易产生神经症症状,包括强迫、焦虑、恐惧等。

2. 神经症的分类与表现

神经症主要分为焦虑症、恐惧症、强迫症、躯体形式障碍、神经衰弱。

(1) 焦虑症

焦虑是指个体预料到会有某种不良后果或模糊性威胁将出现时产生的一种针对未来的、以担忧为主的不愉快的情绪状态,特点是紧张不安、忧虑、烦恼、害怕和恐惧,可伴有呼吸加快、出汗、颤抖、心跳加快等生理症状。焦虑症有三个主要表现:

① 与处境不相称的痛苦情绪体验,典型表现是没有确定的客观对象和具体而固定的观念内容的提心吊胆和恐惧,被称为"漂浮焦虑或无名焦虑"。

② 精神运动性不安,表现为坐立不安,来回走动,不可抑制的震颤,甚至奔跑、喊叫。

③ 伴有身体不适感。如头晕、出汗、口干、嗓子发堵、心慌胸闷、气促气短、恶心呕吐、尿频尿急、全身无力感等。

焦虑症作为一种以焦虑情绪为主的神经症,主要有惊恐障碍和广泛性焦虑障碍两种临床形式,但二者之间没有明确的分界线,相互过渡和重叠的情况也常见。

典型案例 1-2

某女,23岁,大学三年级学生。自述一年多前,其父因肝癌住院治疗,在住院期间受到一些医护人员的冷遇,心中不免感到世态炎凉。不久其父病逝,由于其和父亲的感情较深,许多事情都是由父亲代办或安排好的,对父亲很是依赖。父亲的去世让她一下子失去了依靠,再加上因为分遗产的事,让她与亲友们发生了很大的纠纷,更加觉得人世间似乎一点儿爱和人情味都没有了,常有一种末日来临的感觉,导致她遇到一点儿小事就会控制不住地大发脾气,或不由自主地浑身发抖,甚至当着亲友们的面随意砸坏室内的家具或其他物品。近来,她常做噩梦,心烦意乱,有一种强烈的报复心理,对一切都丧失了兴趣,千方百计想逃脱痛苦,有时真想一死了之。

(2) 恐惧症

恐惧是个体面临或预期有危险刺激时产生的一种正常的保护性情绪反应,恐惧情绪有利于个体快速做出战斗或逃跑的决定。恐惧症则是一种过分和不合理的惧怕某类物体、某种情景或活动为主的神经症,患者能意识到这种恐惧没有必要,却无法阻止恐惧的发作。恐惧发作时往往伴有显著的焦虑和自主神经症状,因此患者会极力回避害怕的客体或环境,或是带着畏惧去忍受。

(3) 强迫症

强迫症是一种以强迫症状为主的神经症,其特点是有意识的自我强迫和反强迫并存,二者的强烈冲突使患者感到焦虑和痛苦;患者体验到观念或冲动来源于自我,但违背自我意愿,虽极力抵抗,却无法控制;患者也意识到强迫症状的异常性,但无法摆脱。病程迁延者以仪式动作为主而精神痛苦减轻,但社会功能严重受损。

强迫症是大学生中常见的心理疾病之一,强迫症通常起病于青年,病程较长,主要表现为强迫性观念和继发性的强迫性行为。强迫观念往往是反复出现的观念、想法或强烈的欲望,并超出了个体可控的范围,严重而持久的强迫观念会干扰日常的生活和工作,并给个体带来显著的痛苦和焦虑。强迫观念有强迫怀疑、强迫回忆、强迫联想、强迫对立思维、强迫穷思竭虑、强迫意向等。强迫行为是一种反复出现的行为,如强迫清洗、强迫性仪式动作;反复的心理活动,如强迫检查、强迫计数等。强迫行为往往是对强迫观念的反应,其频率和强度会干扰日常生活并引起痛苦。

(4) 躯体形式障碍

躯体形式障碍是一种以持久的担心或相信各种躯体症状的优势观念为特征的神经症。病人因这些症状反复就医,各种医学检查结果和医生的解释均不能打消其疑虑,主要包括躯体化障碍、疑病症、疼痛障碍。

(5) 神经衰弱

神经衰弱是指大脑由于长期处于情绪紧张和精神压力的状态下,从而产生精神活动能力减弱,其主要特征是精神易兴奋、脑力易疲劳,常伴有情绪烦恼、易激

惹、睡眠障碍、头痛及多种躯体不适等症状,且这些躯体不适不能以躯体疾病来解释。神经衰弱的主要症状可以分为三种:

① 与精神易兴奋相联系的精神易疲劳。精神易兴奋的表现是联想和回忆增多、杂乱且难以控制,无论是学习还是日常交流,都会引起许多杂乱的联想和回忆。患者虽然知道这种胡思乱想是没有道理的,想努力控制却又无法自拔,这种心理冲突也是神经症性心理冲突最典型的表现。精神易兴奋的同时伴有注意力不集中,患者容易因外界无关刺激而转移注意,或者是无法专注于某一个主题,联想或回忆不断把思想引入歧途,患者往往描述自己"脑力乱"。精神易兴奋的另一个表现是感觉过敏,对声、光、噪声异常敏感,健康人能接受的普通刺激,患者却感到难以忍受,甚至觉得痛苦。精神易疲劳在某些神经衰弱的患者发病早期并不明显,但大多数患者一开始就同时存在易兴奋和易疲劳。神经衰弱的疲劳具有弥散性,做什么事都觉得累,同时这种疲劳带有情绪性,但不伴有欲望和动机的减退,患者常常感到"心有余而力不足",这和抑郁症是不同的。脑力劳动者的神经衰弱往往以精神疲劳为主,常诉注意力不集中、思考困难、记忆差,常抱怨工作学习方面的事完全记不住,但是对于不愉快的经历却连细节都记得清清楚楚。

② 情绪症状。神经衰弱的情绪障碍主要有烦恼、易激惹和心情紧张,其本身是痛苦的,同时又会令其他症状加重。

烦恼:50%的门诊患者具有持久的烦恼,患者往往不能将"我不要烦恼"的愿望转变成"我要快乐"的实际有效行动中去。

易激惹:容易生气和发怒,容易急躁,情绪不稳定。典型表现是急躁发怒→后悔→加强压抑和控制。患者的这种行为模式非常容易损害人际关系,而不融洽的人际关系又容易加重易激惹的症状。由于患者极力压抑自己的愤怒和不满,所以易激惹会以其他的形式表现出来,如容易伤感、好打抱不平和弥散性的敌意,即"看什么都不顺眼"。

心情紧张:由于持续的心情紧张而不能使自己松弛,患者往往伴有头痛、全身酸痛、疲劳感、失眠和脑力活动效率的下降等症状。过度紧张的表现有紧迫感、负担感、自控感、精神过敏和效率下降感等。

③ 生理障碍。常见的生理障碍有睡眠障碍、头部不适感和个别患者内脏功能的轻度或中度障碍等。

(二) 心境障碍

心境障碍是以明显而持久的心境高涨或低落为主的一组精神障碍,并有相应的思维和行为改变,可有精神病性症状,如幻觉、妄想等。大多数病人有反复发作的倾向,每次发作多可缓解,部分可有残留症状或转为慢性。

1. 心境障碍的表现

（1）躁狂发作

典型的躁狂发作以情感高涨、思维奔逸或活动增多为基本特征。至少有下列症状的其中 3 项：

① 注意力不集中或随境转移。
② 语量增多。
③ 思维奔逸，如语速增快、言语急促等，有联想加快或意念飘忽的体验。
④ 自我评价过高或夸大。
⑤ 精力充沛、不感疲劳、活动增多、难以安静，不断改变计划或活动。
⑥ 行为鲁莽，如挥霍、不负责任或不计后果的行为等。
⑦ 睡眠需要减少。
⑧ 性欲亢进。
⑨ 严重损害社会功能，给别人造成危险或不良后果。

（2）抑郁发作

抑郁发作以心境低落为主，与其处境不相称，可以从闷闷不乐到悲痛欲绝，甚至发生木僵，严重者可出现幻觉、妄想等精神病性症状。至少有下列症状的其中 4 项：

① 兴趣丧失、无愉快感。
② 精力减退或有疲乏感。
③ 精神运动性迟滞或激越。
④ 自我评价过低、自责或有内疚感。
⑤ 联想困难或自觉思考能力下降。
⑥ 反复出现想死的念头或有自杀、自伤行为。
⑦ 睡眠障碍，如失眠、早醒或睡眠过多。
⑧ 食欲降低或体重明显减轻。
⑨ 性欲减退。

2. 心境障碍的原因

（1）遗传因素

心境障碍患者的家族中，一级亲属的患病率远高于其他亲属，血缘关系越近，患病率越高。国外研究发现，同卵双生子的同病率为 56.7%，高于异卵双生子 12.9%；患有心境障碍的寄养子，其亲生父母患病率为 31%，而其养父母患病率只有 12%。这进一步说明在心境障碍发病原因中，遗传因素的影响远甚于环境因素。

（2）神经生化素

单胺类神经递质代谢紊乱与躁狂和抑郁的发作有关，如五羟色胺功能活动降低与抑郁发作有关;去甲肾上腺素浓度过低时表现为抑郁,过高时则表现为躁狂。

(3) 心理社会因素

应激性生活事件与心境障碍尤其与抑郁的关系较为密切。Brow 等发现,患有抑郁症的妇女在发病前 1 年所经历的生活事件频度是正常人的 3 倍。在抑郁症发病前,92%的患者经历过诱发性的生活事件,而精神分裂症仅为 53%。Paykel 发现,人们在经历一些可能危及生命的生活事件后 6 个月内,抑郁症发病危险系数增加 6 倍;他认为负性生活事件,如丧偶、离婚、婚姻不和谐、失业、严重躯体疾病、家庭成员患重病或突然病故等,均可导致抑郁症的发生;并指出,丧偶是与抑郁症关系最密切的应激源,经济状况差、社会阶层低下者也易患该病,女性应付应激能力低于男性,更易患该病。

精神分析理论强调童年经历的影响,将抑郁症看作对亲密者所表达的攻击,以及未能摆脱童年压抑的体验;另外有一些精神分析家认为,抑郁症是存在于自我与超我之间的矛盾,或是自我内部的冲突。

学习理论则采用"习得性无助"解释抑郁症的发生。动物试验发现,将动物放入一个无法脱逃的反复电击处境中,动物在开始时会拼命地试图摆脱,一段时间后,它会完全放弃努力。抑郁症患者具有相同的无助体验。如果医生使病人获得一种对自我当前状态的控制和支配感,抑郁状态就会好转,因此采用行为奖赏和正性强化方法治疗抑郁症是有效的。

认知理论认为,抑郁症病人存在一些认知上的误区,如生活经历中消极的扭曲体验、消极的自我评价、悲观无助,认知疗法的目的就是辨认这些消极的认知误区,采用行为作业方法来矫正病人的思维。

(三) 适应性障碍

适应性障碍是指在某一可辨认的日常生活中的应激性事件的影响下,由于易感个性、适应能力不良等因素,导致患者对该应激源表现出超乎常态的反应性精神障碍或适应不良的行为,导致学习、工作、生活及人际交往功能受到损害。

1. 适应性障碍的致病原因

(1) 社会心理因素

在发病前 3 个月内可追溯到可辨认的一个或多个生活事件,是诊断适应性障碍必须具备的条件之一。应激源可以是单个的,也可以是多个的。适应障碍的严重程度与应激源的强度、性质、时间、可逆性等关系密切,但更多地与个体对应激源的主观体验有关。

(2) 个体素质因素

① 性格缺陷:如具有敏感、多疑、胆怯、偏执等性格的人,往往会妨碍个体良好

的社会适应,甚至与环境格格不入。这种性格在制造更多的社会心理应激的同时又难以有效抵御这些刺激,就易于发生种种不良心理反应,出现适应不良行为。

② 个体应激能力的缺陷:一个缺乏应付应激能力的人,在面对各种应激源时,可反复出现适应不良行为。

③ 个体的生理状态:个体中毒、脑外伤、脑血管病、妊娠期或产后、精神发育迟滞等均可削弱个体应付应激事件的能力。

(3) 其他因素

人际关系、社会、家庭支持系统等均可影响个体应付心理冲突、挫折的能力。

2. 适应性障碍的表现

适应性障碍患者以明显的生活事件为诱因,以情绪障碍为主要的临床表现,如烦恼、不安、抑郁、不知所措、胆小害怕等;同时有适应不良的行为,如退缩、不注意卫生、生活无规律等;或有生理功能障碍,如睡眠不好、食欲缺乏等。适应性障碍妨碍社会功能。适应性障碍开始于心理社会刺激发生后1个月内,病程至少1个月,应激因素消除后,症状持续一般不超过6个月。

(四) 人格障碍

人格障碍,又称为变态人格,是指人格特征偏离正常,使患者形成了一贯的反映个人生活风格和人际关系的异常行为模式。这种模式大大偏离了特定文化背景和一般认知方式,明显影响到患者的社会功能与职业功能,造成其对社会环境的适应不良,患者为此感到痛苦,并已具有临床意义。该病通常开始于童年期或青少年期,并长期持续发展至成年或终生,仅少数病人成年后有某种程度的有所改善。

1. 人格障碍的成因

(1) 生物学因素

有研究表明,基因在人格障碍的形成中起到一定的作用,人格障碍患者的一级亲属的患病率要高于普通人群,同卵双生子同时发生人格障碍的概率高于异卵双生子。脑成像技术显示,反社会型人格障碍的大脑前额叶皮层存在异常。

(2) 心理学因素

社会学习理论观点认为,人格障碍的行为特征和儿童期的学习经历有关,包括对不良和攻击行为的观察学习。儿童时期缺乏学会探险或独立行为的机会,会导致依赖性人格特征;父母过度严厉或控制欲强,会导致强迫性人格特征;对获得关注行为的不一致注意和强化,会导致表演性人格特征;缺乏对社会赞许行为的可预测和连续的强化,会导致反社会性人格特征。

儿童期是人格形成的重要阶段,若此阶段受到精神创伤,对其人格发育有着重大的影响,这也是未来形成人格障碍的主要因素。青少年伦理道德与法制观念尚未充分形成,容易通过观察、模仿、教唆而习得不良性格与行为;他们的情绪波动较大,自我控制力较差,容易出现越轨行为。尤其是成长于家庭环境不好的青少年,如父母离婚或死亡,父亲有酗酒、吸毒、斗殴、偷盗、放纵等行为,均易于形成异常人格。

2. 人格障碍的分类

(1) 偏执性人格障碍

偏执性人格障碍以猜疑和偏执为特点,始于成年早期,男性多于女性。偏执性人格障碍患者的主要特点表现有:① 对挫折和遭遇过度敏感;② 对侮辱和伤害不能宽容,长期耿耿于怀;③ 多疑,容易将别人的中性或友好行为误解为敌意或轻视行为;④ 明显超过实际所需的好斗和对个人权利的执意追求;⑤ 易有病理性嫉妒,过分怀疑恋人有新欢或伴侣不忠,但不是妄想;⑥ 有过分自负和以自我为中心的倾向,总认为自己正确,而将错误归因于外,因此总感觉受压制、被迫害,甚至去上告、上访,且不达目的不肯罢休;具有将其周围或外界事件解释为"阴谋"的不合理的先占观念,因此过分警惕和抱有敌意;⑦ 忽视或不相信反面的例证,难以用说理等方式改变其意见,十分固执。

典型案例 1-3

韩某在早期与女友来往时,对女友十分关心和体贴,其女友也十分满意,自认为找到了如意郎君。然而在确立了恋爱关系之后,韩某变得疑心越来越重,总怀疑女友私下与其他男人交往,非常不放心女友的行踪,每天都要给女友打多个电话询问其在哪里,和谁在一起,在干什么;一旦发现女友和其他男人接触就发脾气。为此两人经常吵架,发展到后来他还打女友,有时下手特别重,但打过之后又会痛哭流涕求女友原谅。女友实在无法忍受他的折磨提出分手后,他威胁说不会放过她和她的家人。

(2) 分裂样人格障碍

分裂样人格障碍以观念、行为和外貌装饰的奇特、情感冷漠及人际关系有明显缺陷为特点,男性略多于女性。分裂样人格障碍患者的主要特点表现有:① 性格明显内向,与家庭和社会疏远,除生活或工作中必须接触的人外,几乎不与他人主动交往,缺少知心朋友;② 过分沉湎于幻想和内省;③ 表情呆板,情感淡漠,甚至不通人情,不能表达对他人的关心、体贴、愤怒等;④ 对赞扬和批评的反应差或无动于衷;⑤ 在遵循社会规范方面存在困难,行为怪异;等等。

(3) 反社会性人格障碍

反社会性人格障碍的核心特征是道德缺乏和行为冲动,以行为不符合社会规范、经常违法乱纪、对人冷酷无情为特点,男性多于女性。研究发现,患者往往在童年或少年期,即18岁前就出现品行问题,成年后习性不改。

反社会性人格障碍患者的主要表现有:① 严重和长期不负责任,无视社会常规、准则、义务等;有违反社会规范的行为,且这些行为可能构成犯罪;② 不尊重事实,如经常撒谎、欺骗他人,以获得个人利益;③ 对他人漠不关心,如经常不承担经济义务、拖欠债务、不照顾子女或父母;④ 不能与他人维持长久的关系,如不能维持1年以上的夫妻关系;⑤ 很容易责怪他人,或对其与社会相冲突的行为进行无理辩解;⑥ 对挫折的耐受性低,微小刺激便可引起冲动,甚至产生暴力行为;⑦ 易激惹,并有暴力行为,如反复斗殴或攻击别人,包括无故殴打配偶或子女;⑧ 对别人造成危害时缺少内疚感,不能从经验特别是惩罚经验中获益。

由上述反社会人格障碍的特点可以看出,这类人群非常容易违反社会规范、甚至触犯法律。在违法犯罪人群中具有反社会性人格的人数量较多,可达30%以上,远远高于一般人。犯罪行为以暴力性犯罪多见,同一性质的屡次犯罪以及罪行特别残酷或情节恶劣的犯罪人中,有1/3~2/3的人都属于此类型变态人格。反社会行为会持续存在,缓和期不超过5年,除非已被监禁起来,其反社会行为和犯罪行为随着年龄的增加会减少,40岁后会逐渐消失,但与之相关的一些其他特征,如自我中心、强控制欲、对他人缺乏同情心、罪恶感、羞耻感、麻木不仁,会相对稳定地存在下来。

(4) 冲动性人格障碍

冲动性人格障碍又称攻击性人格障碍,患者以情感爆发、伴随明显行为冲动为特征,男性明显多于女性。冲动性人格障碍患者的主要表现有:① 容易与他人发生争执和冲突,特别在冲动行为受到阻碍或受到批评时;② 有突发的愤怒和暴力倾向,对冲动行为不能自控;③ 对事物的计划和预见能力明显受损;④ 不能坚持任何没有即刻奖励的行为;⑤ 有不稳定和反复无常的心境;⑥ 自我形象、目的及内在偏好(包括性欲)紊乱和不确定;⑦ 容易产生人际关系的紧张或不稳定,时常导致情感危机;⑧ 经常出现自杀、自伤行为。

(5) 表演性人格障碍

表演性人格障碍又称癔症性人格障碍,以过分的感情用事或夸张言行吸引他人的注意为特点,女性多见。表演性人格障碍患者的主要表现为:① 富于自我表演性、戏剧性、夸张性,情感表达肤浅和易变;② 自我为中心,自我放纵,不为他人着想;③ 追求刺激和以自我为中心的活动;④ 不断渴望受到赞赏,情感易受伤害;⑤ 过分关心躯体的性感,以满足自己的需要;⑥ 暗示性高,易受他人影响。

(6) 强迫性人格障碍

强迫性人格障碍以过分的谨小慎微、严格要求与完美主义及内心的不安全感为特征,男性多于女性,约 70% 强迫症患者有强迫性人格障碍。强迫性人格障碍患者的主要表现有:① 因个人内心深处的不安全感导致优柔寡断、怀疑及过分谨慎;② 需提前对所有的活动做出计划并不厌其烦;③ 凡事需反复核对,穷思竭虑,唯恐出错,因对细节的过分注意,以致忽视全局;④ 经常被讨厌的思想或冲动所困扰,但尚未达到强迫症的程度,过分谨慎多虑,过分专注于工作成效而不顾个人消遣及人际关系;⑤ 刻板和固执,要求别人按其规矩办事;⑥ 因循守旧、按部就班,缺乏表达温情的能力。

(7) 焦虑性人格障碍

焦虑性人格障碍以患者一贯感到紧张、提心吊胆、不安全及自卑为特征。焦虑性人格障碍患者的主要表现有:① 一贯的自我敏感、不安全感及自卑感;② 对遭排斥和批评过分敏感,希望自己被人接受和受到欢迎;③ 除非确定能被他人所接受和不会受到批评,否则拒绝与他人建立人际关系;④ 惯于夸大生活中潜在的危险因素,达到回避某种活动的程度,但无恐惧性回避;⑥ 因"稳定"和"安全"的需要,生活方式受到限制。

(8) 依赖性人格障碍

依赖性人格障碍患者的主要表现有:① 要求或让他人为自己生活的重要方面承担责任;② 将自己的需要附属于所依赖的人,过分服从他人的意志;③ 不愿意独自面对别人提出的任何要求,哪怕是所依赖之人提出的合理要求;④ 感到自己无助、无能,或缺乏精力;⑤ 沉湎于被遗忘的恐惧之中,不断要求别人对此提出保证,独处时感到很难受;⑥ 当与他人的亲密关系结束时,有被毁灭和无助的体验;⑦ 经常把责任推给别人,以应对逆境。

有依赖性人格障碍的个体在童年、青春期面对选择时都会求助于父母,成年后也会让他人替自己做决定,甚至帮他决定和谁结婚。婚后,患者会依赖配偶来做决定,回避要承担的责任,从事低于自身能力的工作,拒绝晋升和挑战。由于他们在结束一段亲密关系或开始独自生活后,会觉得被摧毁,因此他们会过分地取悦对方。

(五) 精神病

精神病,又称"重性精神病",属于心理障碍的一种,是指在生物、心理和社会环境因素的不利影响下,精神功能明显异常,以致不能应付日常生活需要,且社会功能受损而不能与现实保持恰当联系。根据病理解剖学基础,可分为功能性精神病和器质性精神病两大类。

1. 精神病的成因

(1) 遗传因素

对精神病如精神分裂症的研究显示,家族中精神病的患病率明显高于一般普通人群,而且血缘关系愈近,发病概率愈高。Gotteswman 于 1991 年指出,父母一方是精神分裂症患者,其子女的患病可能性是 13%,而父母均患病,其子女患病可能性达到了 46%,和普通人群可能的发病率 1%～2%差异显著。而同卵双子精神分裂症的平均一致患病率为 46%,是异卵双生子平均一致患病率 14%的 3 倍多。

(2) 神经生物学因素

研究显示,精神分裂症病人的多巴胺系统有不同形式的紊乱,如中脑边缘系统的多巴胺亢进,与阳性症状有关,而中脑皮质系统到前额的通路呈现多巴胺活动降低,这是与阴性症状和认知缺陷密切相关的一个特征。另外,孕期病毒感染、产伤、外伤、中毒等也可能是发病的原因。

(3) 心理社会学因素

环境压力过大、个体与社会环境不适应、家庭的异常交往模式等均可导致精神障碍的发生。

2. 精神病的分类

(1) 精神分裂症

精神分裂症是一组病因未明的精神病,多起病于青壮年,常缓慢起病,具有思维、情感、行为等多方面障碍,以精神活动不协调或脱离现实为特征。通常意识清晰,智能尚好,可出现某些认知功能损害。随着病程迁延,部分患者可发展为精神活动的衰退。患病期自知力基本丧失,缓解期自知力不完全恢复。

偏执型精神分裂症,是精神分裂症中最常见的一个亚型,以妄想为主要症状,常伴有幻觉、思维障碍、情感障碍等。发病年龄较其他亚型晚,多于中年发病。起病较慢,起初为敏感多疑,逐渐发展为妄想,妄想内容大多为关系、被害妄想,常有泛化趋势。可伴有幻觉,但整个病程中仍以妄想占多数。幻觉妄想大多离奇、脱离现实,影响其情感行为,可能发生各种严重的危害行为。

青春型精神分裂症,多在青春期急性或亚急性发病,主要表现有:① 思维松散或破裂;② 情感喜怒无常,变化莫测;③ 姿态做作,行为幼稚、愚蠢,兴奋冲动。常伴有食欲、性欲等本能活动亢进、意向倒错。男性患者易出现猥亵、强奸等违法行为,女性患者则容易被人强奸,但较少出现杀人等严重案例,在情绪激动时也会冲动伤人。

紧张型精神分裂症,大多起病于青年或中年,起病较急,以精神运动性抑制障碍、紧张性木僵和紧张性兴奋交替出现为主。兴奋时,患者行为冲动,不可理解,言语内容单调刻板,思维联系散漫,内容离奇,动作古怪作态,持续数日或数周。木僵时,言语动作明显受抑制,重者终日卧床,不语、不动、不食、不便,并可出现蜡样屈曲、违拗等症状,持续数周或数月,甚至更长时间。患者在两种状态之间转化,容易破坏物品,伤害他人,从而造成危害性后果。

单纯型精神分裂症，较少见，常于青少年时期发病，缓慢持续发展，早期常不被人注意。主要表现有：① 孤僻、被动、活动减少、生活懒散的情况日益加重；② 情感逐渐淡漠，对亲人也是如此；③ 行为退缩，日益脱离现实生活，一般无幻觉和妄想。此类精神分裂症较少发生危害社会的行为，但也有少数涉及偷窃、侮辱妇女、无动机杀人等。

(2) 偏执性精神障碍

偏执性精神障碍又称妄想障碍，是一种以系统妄想为突出临床表现的精神性障碍。本病病因不明，起病一般在30岁以后，发展缓慢，女性患者偏多，未婚者多见。病前人格多具有固执、主观、敏感、猜疑、好强等特征。妄想常有系统化的倾向，内容有一定的现实性，并不荒谬，个别可伴有幻觉，但历时短暂且不突出。

患者的意志行为受妄想影响和支配，歪曲现实，失去正常的辨别能力，往往导致伤害、杀人、诬告等各种危害行为。在被害妄想的支配下，患者会拒食、逃跑、控告或采取"自卫"而攻击伤人。

嫉妒妄想者会毫无根据地猜测自己的伴侣背叛自己，偶尔看到对方与异性在一起，就会坚信他们有不正当关系，或对其盯梢追踪，或纠缠不休、打骂，或限制自由、逼其承认，严重的甚至伤害、杀害对方。

自罪妄想者坚信自己犯有不可饶恕的罪行，应受惩罚，常出现绝食、自杀等行为，也有的为避免家属受牵连，而发生先杀家人后自杀的"扩大性自杀"，有的甚至主动"自首"，编造犯罪事实，要求处罚。

钟情妄想者往往对爱恋的异性进行性骚扰，甚至采取暴力强奸、行凶报复等行为。

非血统妄想者则认为自己不是现在父母所生，本是名门之后，因此常对父母进行虐待，或四处招摇撞骗，扰乱社会治安。

偏执性精神障碍的妄想对象是固定的，采取报复行为之前，常做好各种充分的准备和周密的计划，由于被害者往往缺乏防范意识，因此常造成较为严重的后果。

(3) 急性短暂性精神病

急性短暂性精神病是指一组起病急骤，以精神病性症状为主的精神障碍，如旅途性精神病，在发病前存在明显的综合性应激因素，如精神刺激、过度疲劳、过分拥挤、慢性缺氧、睡眠缺乏、营养水分缺乏等，在旅行途中急性起病。主要表现为意识障碍，片断妄想，幻觉，行为紊乱。停止旅行并充分休息后，在数小时至一周内可自行缓解。在发作时，容易给周围的人造成危险或不良后果。

(4) 分裂情感性精神病

分裂情感性精神病是指一组分裂症状与情感症状同时存在又同样突出，常有反复发作的精神病。分裂症状为妄想、幻觉及思维障碍等阳性精神病症状，情感性症状为躁狂发作或抑郁发作。

当躁狂症状出现时,患者往往眉飞色舞,内心充满喜悦和自信,思维敏捷、联想迅速、口若悬河,注意力转移快,精力旺盛,由于情感高涨导致自我控制减弱,因此会出现行为轻率、生活奢侈、道德观念薄弱、性欲亢进等表现,容易出现伤人、诈骗、偷窃、妨碍公共安全、性侵犯等行为。

当抑郁症状出现时,患者情绪低落,思维迟钝,动作减少,终日愁眉苦脸,心事重重,消极悲观,甚至出现自杀行为。

三、促进心理健康的途径

人的心理也和身体一样,会"感冒""发烧",会出现各种问题,这是正常现象,是个体生命成长中必然要经历的过程。大多数人在一般情况下,心态好、精力旺,但仍免不了出现各种问题,如情绪疾病,可见,每个人的心理都需要及时呵护,补充养分。以下是改善与增进大学生心理健康的有效途径。

(一) 走出对心理健康的误区

身心是相互影响的,心理健康是维持正常学习、工作、生活的基础保障。每个人都需要了解心理健康的基本常识,这是一个认识自我的过程,而且这些常识都会在某个时期用得上。日常生活中的烦恼、焦虑不一定是什么心理问题,而是正常人的正常心理表现,正确看待、正确评估很重要。大学生不要总是给自己心理暗示,很多心理问题的发生与自我暗示有关。出现心理问题后也不需要隐瞒,一定要积极地寻求帮助,就像身体不舒服时,我们要去求医问药一样,懂得求助是有智慧的表现。

(二) 接纳不完美的自己

我们都知道每个人的成长环境和成长经历都是不一样的,也因此造就了不一样的我们,有些人的成长环境缺少爱或者过分溺爱,有些人经历了曲折的人生,甚至心灵受到重大创伤。种种原因的存在,让我们总是觉得自己不够好,所以不敢和别人接触交往,害怕走出自己的世界。事实上,我们的心态决定了我们的幸福指数,我们必须要学会为进入我们生命中的人、事、物负责,学会调节自己不快乐的情绪,接受各种不完美。人生不可能一帆风顺,更不会有人十全十美,不如顺其自然地去接纳令你不开心、不满意的事情,面对它、处理它、放下它,学会接纳不完美的自己。

(三) 理解痛苦和快乐都是生活的常态

叔本华说:"痛苦是生命本身产生的,而生命又是意志的现象。"也就是说,只要生命存在,每个人注定要在追求一个又一个目标的过程中付出努力,承受压力,要学会抑制渴望,忍受痛苦。简而言之,痛苦就是常态。痛苦是有正面价值和意义的。痛苦会通过不同的情绪体验表达出来,比如愤怒、焦虑、恐惧、失望、内疚等。其实,我们要感谢自己不压抑这些情绪,因为正是它们的到来,才使我们敢于面对自己,从痛苦的内在根源中找寻自我完善的动力。当知道痛苦是生活的常态后,要学会乐观面对;乐观者相信导致坏事情的原因只是暂时的,会有改变的空间。有时外界的客观条件是不因个体的意志而改变的,只有放松心态,乐观面对,才可能闯出另一番天地。

(四) 学会管理、宣泄情绪

情绪就像一年四季的气候变化,每个人的情绪都是不断变化发展的。在日常生活中,我们都会经历喜、怒、忧、思、悲、恐、惊等情绪体验。其实,负面情绪有时是一种善意的提示。我们要学会觉察情绪、分解情绪、接纳情绪,了解负面情绪的正面价值。例如,恐惧的情绪告诉我们这个事情很危险,需要赶紧远离它;焦虑会告诉我们这个事情有点麻烦,需要引起高度重视。拥有健康情绪并不是指人时刻处于乐观状态,而是指个体所表现出的情绪应与所处的情境呈现出一致性。保持良好情绪也不是要求凡事都要保持开心的情绪状态,还应尽量保持规律的生活习惯,培养一些兴趣爱好,结交几个知心朋友,善于在生活中寻找乐趣,这样也会更有助于我们去管理自己的情绪。

(五) 坚持运动是保持心理健康的法宝

《黄帝内经》中《素问·上古天真论》有云:"上古之人,其知道者,法于阴阳,和于术数,食饮有节,起居有常,不妄作劳,故能形与神俱,而尽终其天年,度百岁乃去。"由此可见,身心是互相影响的,运动有助于身心的健康发展。运动锻炼被公认为一种心理治疗方法。体育运动能促进身心发展,为心理健康发展提供坚定的物质基础;体育锻炼能产生丰富的情绪体验,改善情绪状态;体育锻炼能培养良好的情操和意志品质;体育锻炼能预防和治疗心理疾病。当然,我们可以选择适合自己的运动方式,长期坚持,养成习惯,心理问题自然会离我们越来越远。

(六) 建立适度的学习生活目标

《素问·汤液醪醴论》说:"嗜欲无穷,而忧患不止。"可见,欲求过度不仅是造成精神困扰的重要因素,也说明了节欲守"神"的重要性。那么如何节欲守"神"呢?就是要求,心理养生不仅要看到外界环境对个体的影响,还要注重自身精神的修炼,学会控制自己的欲望,减少主观欲望的需求,保持内心平静,呵护身心健康。现代人总是想法太多,给自己定了很高的目标,想法太多,目标太高,爱与他人比较,就会给自己平添很多烦恼,内心就无法平静,也会伤神。因此,建议大学生根据自己的实际情况,制定合适自己的学习和生活目标,从小目标开始,一步一个脚印向前进。

(七) 建立适度的社会链接

适度的社会链接是个体保持心理健康的重要支持体系。人是社会性动物,不能把自己封闭起来,因为精神需要与外界接触,一方面可以丰富精神生活,另一方面可以及时调整自己的行为,以便更好地适应环境;另外,人需要建立各种积极正向的社会关系,这是必要的社会支持体系。人际关系的协调与否,对人的心理健康有很大的影响,选择心理健康的朋友,设置良好的界限,积极参与互动,将有助于保持良好的情绪。因此,当学会尊重、理解、倾听、关心,并且有限度地发挥自己的才能与兴趣爱好时,适度的社会链接就会逐步建立起来。

(八) 懂得求助是你智慧的表现

调查发现,大部分人无法识别自己的心理问题,在知道自己可能有心理问题后也不懂得或不愿意求助,认为自己的问题自己能解决,不需要让别人知道,也不需要专业帮助。这就导致很多人一开始心理问题并不严重,因为不求助、不处理反而使问题加重。所以,要根据自己的情绪表现和症状特点,适时适当地求助,不要隐瞒疾病,也不要扩大疾病的症状,及时寻求专业帮助。求助的方法有很多,学生可以求助学校的心理健康服务中心,也可以寻找专业的咨询机构或者医院的精神科。当然如果问题较轻,求助你身边信赖的人也是一种可行的方式。若问题较重的话,建议求助专业人员进行辅导或治疗,以免导致更加严重的后果。

四、心理咨询原则与目标

大学生心理问题可以通过自我心理调适、朋友长辈心理辅导及社会支持系统来解决,如果通过这些途径都不能很好地解决自己的问题,那么可以向专业的心理咨询专家求助,向他们倾诉,试图找到解决问题的途径。总之,要学会通过自助或其他途径最终解决心理问题。

（一）心理咨询及其原则

心理咨询是指由受过专门训练的咨询师，运用心理学理论与技术，通过语言及非语言的交流，给来访者以帮助、启发和教育，使来访者改变其认识、情感和态度，解决其在生活、学习、工作等方面出现的问题，促进来访者人格的发展和社会适应能力的改善。专业的心理咨询必须遵守以下原则：

1. 来访者自愿原则

来访者自愿原则是建立和维持良好咨询关系的前提。每一次咨询都是以来访者意愿做出改变为前提的，咨询师不能以任何形式强迫来访者接受或维持心理咨询，有学者称之为"来者不拒，去者不追"原则。没有咨询愿望和要求的人，咨询师不应主动为其提供心理咨询，只有来访者自己意识到自身存在的问题，并愿意向咨询师倾诉以寻求心理援助的人，才能够使问题得到解决。

2. 保密原则

保密性原则是心理咨询中的重要原则，是指在咨询过程中，未经来访者的同意，咨询师不得以任何方式向任何机构或个人透露来访者的咨询信息。只有在某些特殊或紧急情况下，如来访者的情况可能危及自身或他人的安全时，咨询师才能按照一定程序向有关机构或个人透露来访者的信息。

3. 感情限定原则

咨询师与来访者之间关系的确立有利于咨询工作的开展，但是需要遵循一定的限度，即在心理咨询的过程中，原则上禁止与来访者在咨询室之外有任何接触或交往，也不能将自己的情绪带到咨询过程中，不对来访者在感情上产生爱憎或依恋，更不能在咨询过程中寻求爱憎、欲求方面的满足和实现。

4. 理解与支持原则

咨询师对来访者的语言、行动和情绪等要充分理解，但不会从道德和个人价值取向上来评判对错，要帮助来访者分析原因并寻找出路。

5. 时间限定的原则

心理咨询必须遵守一定的时间限制。咨询时间一般规定为每次45分钟左右，原则上不能随意延长咨询时间。

6. 重大决定延期的原则

在心理咨询期间，由于来访者情绪不稳定，原则上咨询师会劝来访者不要轻易做出诸如退学、转学、转专业等重大决定。这样，在咨询结束后，待来访者的情绪稳定时再做出决定，往往不容易后悔或反悔的概率较小。

（二）心理咨询过程及目标

1. 心理咨询的过程

心理咨询的基本过程包括：① 初期阶段，建立咨询关系，咨询师根据来访者的资料进行分析和诊断，确定其心理问题的类型、性质及程度，分析问题产生的原因；② 指导与帮助阶段，双方共同制定具体可行的咨询目标，并选择咨询方案，由咨询师实施指导与帮助；③ 巩固与结束阶段，主要是巩固咨询效果，进行追踪调查。

2. 心理咨询的目标

心理咨询的总体目标有：① 帮助来访者解决自身的心理问题，克服心理障碍；② 让来访者认识自己的内、外世界，增强自知之明；③ 纠正不合理的信念和错误观念；④ 学会面对现实和应对现实；⑤ 学会理解他人，构建合理的行为模式。具体可分为：

初级目标是解决问题，解决来访者面临的具体的独特的心理与行为问题，如适应问题、学习困难问题、人际交往问题、职业规划问题以及某些心理障碍等。

中级目标是预防问题，让来访者掌握必要的心理学知识，学会应对技巧，提高挫折耐受力和适应环境的能力，提高心理素质，保持较高的心理健康水平。

高级目标是促进发展与完善，更注重长远效果，通过咨询使来访者了解、认识、肯定自己，增强自信，完善人格，树立正确的人生观、世界观，发挥自己的潜能，促进自我发展，达到自我完善和自我实现。

本章案例

王丽与李杰是某公安院校大二的学生，同在一个宿舍生活。入学不久，两个人成了形影不离的好朋友。王丽活泼开朗；李杰性格内向，沉默寡言。渐渐地，李杰觉得自己像一只丑小鸭，而王丽却像一位美丽的公主，心里很不是滋味，她认为王丽处处都比自己强，把风头占尽，时常以冷眼对待王丽。大三时，王丽参加了学院组织的手绘活动比赛，并得了一等奖。李杰得知这一消息后，先是痛不欲生，而后妒火中烧，趁王丽不在宿舍之机将其参赛作品撕成碎片，扔在她的床上。王丽发现后，不知道怎样与李杰相处，更想不通为什么自己会遭受这样的对待。

案例分析

王丽与李杰从形影不离到分道扬镳，令人十分惋惜。导致这一结果的根源，关键是两个字——嫉妒。既然嫉妒心理是一种损人损己的病态心理，严重影响自己

的身心健康,克服的方法有以下几种:

1. 认清嫉妒的危害。嫉妒别人一方面会影响自己的身心健康,另一方面由于整日沉溺于对别人的嫉妒之中,没有充沛的精力去思考如何提高自己,反而会耽误自己的前途。

2. 克服自私心理。要根除嫉妒心理,首先必须根除这种心态的"营养基"——自私。只有驱除私心杂念,拓宽自己的心胸,才能正确地看待别人,悦纳自己。

3. 正确认知。既要客观公正地认识自己,也要客观公正地评价他人。一个人只有清醒地认识自己的优势和劣势,客观地衡量自己的才能,为自己找到一个恰当的位置,才可以避免嫉妒心理的产生。

4. 完善个性因素。但凡嫉妒心理强的人,都是心胸狭窄、多疑多虑、自卑、内向、心理失衡、个性心理素质不良的人。克服嫉妒心理,需努力完善自己的个性因素,提高自己的心理素质,以健康的心态面对生活。

5. 树立正确的竞争意识。以公平、合理为基础的竞争是向上的动力,对手之间应树立正确的竞争意识,应互相取之所长,共同进步。

一、健康自我

活动目的 让每个学生找出自己最想改变的最不健康的行为或心理,以及最渴望培养的健康心理和行为,并制定相应方案。

活动器材 纸、笔。

活动步骤

(1) 老师布置任务。

(2) 学生在表格中(表1-1)写出最想改变的最不健康的行为或心理,以及最渴望培养的健康心理和行为。

(3) 选取学生提出的最普遍的3~5种最不健康的行为或心理,引导同学们讨论如何克服不健康的行为或心理。

(4) 指导学生制定相应的行动方案。

(5) 交流心得。

表 1-1　健康自我

序号	最想改变的最不健康的行为或心理	最渴望培养的健康心理和行为	行动方案
1			
2			
3			
4			
5			

二、走出"舒适圈"

活动目的　体验改变习惯的困难及改变习惯的普遍反应;让学生意识到要不断挑战自己、改变自己的习惯是可能的。

活动时间　大约需要 25 分钟。

活动场地　以室内为适。

活动方法

(1) 所有学生面向中心围成一圈。

(2) 主持人邀请学生自然地十指交叉相扣约 5 秒。

(3) 主持人再邀请学生以相反的方向十指交叉相扣约 5 秒,感受和之前动作不同的地方。

(4) 恢复垂手状态,主持人再邀请学生随自己的习惯自然地绕手。

(5) 主持人再邀请学生以相反的方向绕手,感受和之前动作不同的地方。

(6) 恢复垂手状态,向学生提问:"第二次的十指相扣和绕手有什么感觉? 为什么有这种感觉? 改变习惯可能吗? 什么因素可帮助改变?"

分享讨论

在生活学习中,有哪些情况要求我们打破自身的舒适圈? 我们的舒适圈是如何产生的,如何拓展我们的舒适圈? 做完游戏后,大家又处于一种什么样的状态呢?

注意事项

由于舒适圈是个很抽象的概念,所以在讨论这个话题的时候,主持人一定要借助一个具体的载体而不能空讨论。最好结合与学生生活、学习有关的事件,让学生有一种切身的体验和感受。

延伸训练

(1) 如果自己害羞或不擅长人际交往,可以尝试多和陌生人打招呼和聊天,如假装问某个地方怎么走,你会发现与陌生人交往并不是一件难事;放学回家时换一条路走,或换乘另外一辆公交车,虽然可能会浪费一些时间,但往往会有一些意想不到的发现,如会发现更近的回家路线。

(2) 过去你只读小说、只听流行歌曲、只欣赏水彩画,没关系,从现在开始,你也读哲学、听古典音乐、欣赏雕塑,从个人兴趣着手,挑战自己过去不去接触的东西,让生活多一点选择。

(3) 试着用左手写字、拿筷子、打球、取东西等,笨拙一些也无妨,因为训练左手可以开发人的右脑。

(4) 尝试一些从前不敢尝试的"新"事物或"新"活动:如平时不敢吃辣,现在不妨尝点辣,说不定你也会喜欢那种很爽很刺激的感觉;穿一些色彩、风格和你平时衣着不同的衣服,说不定它会给你带来一种新的感觉和情绪。

复习思考题

1. 如何科学地理解心理健康?请根据心理健康的标准评价自己的心理健康状况。
2. 大学生心理健康教育中主要面临哪些问题?应如何调适?
3. 如何看待自身心理健康中出现的问题?如何增进大学生自身的心理健康?

第二章 公安院校大学生自我意识认知

第一节 自我意识概述

一、自我意识的含义

你喜欢照镜子吗？我想大部分人会回答："哪个少男少女不喜欢照镜子呢？"那你在照镜子时，在镜子里看到了什么，发现了什么呢？你或许会说："怎么会问这么傻的问题，我当然看到我自己了，难道还会看到妖怪？"你随意的一句回答，却准确地展现了"自我"的两种状态，即"我"可以分成一个处于观察者角色的"我"和一个处于被观察者角色的"我"。很明显，在"我看见我自己"这句话里，前一个"我"处于观察者的地位，后一个"我"处于被观察者的地位。这就是我们经常讲的自我的两种分类。

先回答一个问题："镜子中的你长得很漂亮吗？"对于这个问题，你或许会回答"我长得很漂亮，貌似潘安（貂蝉）"，或者"我长得很丑"，或者"我长得还可以"等。这个自我评价，就是自我意识，反映了生理的自我，即对自我相貌特征的评价。

什么是自我意识？它是人对自身以及自己同客观世界关系的认识。自我意识是人的意识活动的一种形式，也是人的心理区别于动物心理的一大特征。它同时是一个复杂的、多层次的心理系统。个体对自我外在特点的认识，如"我长得很漂亮"就是生理自我意识的体现；个体对自己所承担的社会责任等认识，如"我要爱护公共环境"就是社会自我意识的体现；个体对自己性格特征、智力发展水平、心理健康程度等的认识，如"我是个性格内向的人"就是心理自我意识的体现。个人对自己生理的、社会的、心理的种种认识是密切联系在一起的，每个人都有对自己的看法和态度，并有其独特的形式和内容。

就自我认知中的自我观念来看，自我意识又可分为现实的自我、投射的自我、理想的自我。现实的自我，也称现实我，是个人从自己的立场出发，对自己目前实际状况的看法。投射的自我,也称镜中自我,是个人想象中他人对自己的看法,以及由此而产生的自我感,如"大家都说我长得很漂亮"就是投射的自我的表现。个人对自己现实的观感,即现实的自我不一定与想象中他人对自己的观感,即镜中自我完全相同,两者之间可能有差距。当这个差距加大时,便会感到自己不为别人所了解。理想的自我也称理想我,是指个人想要达到的完善的形象,如"我想成为一名医生""我想做一名诚实的人"等。理想我是个人追求的目标,不一定与现实我是一致的。理想我虽非现实,但它对个人的认识、情绪和行为影响很大,是个人行为的动力和参照系。

二、自我意识的结构

自我意识可以从不同的角度进行分析。

(一) 自我意识的活动内容角度

根据自我意识的活动内容,可将自我意识可分为生理自我、社会自我、心理自我。

1. 生理自我

生理自我是个体对自己的身体、生理状态(如身高、体重、容貌)的认识和体验,它是个体在与他人交往的过程中通过学习而逐渐形成的,它使个体把自我和非我区别开来,意识到自己的生存是依托于自己的躯体的。生理自我是与生俱来的,个体只能接受而不能改变它。随着自我意识的成长,个体逐渐对生理自我有一个明晰的看法与正确的认识。但由于青年时期的不确定性,有的学生对生理自我有较高的心理关注,如关注自己的身高、体重,在意自己是否有吸引力等。这些都是因为大学生正处于青年期,对生理自我处于高度关注时期。

2. 社会自我

社会自我是个体对自身与外界客观事物关系的认识、体验和愿望,包括个人对自己在客观环境及各种社会关系中的角色、地位、权利、义务、责任、力量等的意识。青年男女常用"我已经长大了"来表达自己的社会自我,期望社会给予自己积极的肯定与认可。

3. 心理自我

心理自我是个体对自己的心理活动、个性特点、心理品质的认识、体验和愿望,包括对自己的感知、记忆、思维、智力、能力、性格、气质、爱好、兴趣等的认识和体验。心理自我也伴随着成长历程不断成长,因此我们的情感、智力、能力、兴趣、情绪等都随着时间的变化有所变化,我们要学会评价自己的心理自我、体验心理自我,如初恋与失恋的体验、成功与失败的体验等。随着自我意识的发展,个体的社会角色渐渐浮出水面并占据重要位置,与此相对应的责任感、义务感、角色感都在增强。

生理自我、社会自我、心理自我是密切联系、相互影响的,它们都包含着不同的自我认知、自我评价与自我控制。由于个体的不同,因此个体的自我意识存在差异,也使得每个人都有自己的对人、对己、对社会的独特的看法和体验。

(二) 从知、情、意角度

根据知、情、意,可将自我意识分为自我认识、自我体验、自我控制。

1. 自我认识

自我认识是自我意识的认知部分,它是主体我对客体我的认知和评价,即自我认知和自我评价。其中,自我认知是自己对自己身心特征的认识;自我评价是在自我认知的基础上对自己做出的某种判断。

自我认识主要解决"我是一个什么样的人"的问题,例如,有人观察自己的形体,认为自己属于"健壮型";分析自己的为人处世方式,认为自己是热情友善的;用批评的眼光审视自己时,觉得自己脾气暴躁、容易冲动等。可见,自我认识涉及个人的自我感觉、自我观察、自我分析和自我批评等。

在客观的自我认识基础上做出正确的自我评价,对于个人的心理活动、行为表现及个人在社会群体中人际关系的协调,都具有重大的作用。如果一个人在社会生活中把自己看得低人一等、没有价值,那么他就会产生自卑感,做事缺乏信心,没有主动性和积极性,其结果是无论做什么事情都难以成功。相反,如果一个人只看到自己的长处,就会产生盲目乐观的情绪,自我欣赏、自以为是,结果往往不能处理好人际关系,难以与人合作,或被他人拒绝、被群体孤立。可见,对自我的客观认知和评价对个人的健康发展有着不可忽视的影响。

2. 自我体验

自我体验是通过认识和评价而表现出来的情绪方面的感受,包括满意或不满意、自尊、自爱、责任感、义务感、优越感、羞怯、自卑等。每个人不仅有肯定的情绪体验,也有否定的情绪体验;此外,还要按照自己在社会中的地位或角色体验多种不同的情绪。

自我体验的产生是环境与个体内部的心理因素相互作用的结果,它是由外在环境的变化引起的,而外在环境能引起一定的情绪状态,又与情绪经验的积累与概括相联系。尤其是当个体的动机活动受到环境的阻碍或干扰但又无法控制时,其情绪就容易激动,这种激动水平的大小,又可能随着受到挫折的强弱、范围、过去受挫折次数和可能受到的压力程度的不同而产生不同的情绪体验。愉快、兴奋、愤怒、恐惧与羞怯都是以动机的形式对自我知觉发生作用,激起人们的行动。情绪有更大的适应环境变化的特点。行为的成功与失败,总会引起一定的积极或消极的情绪反应。例如,如果学生把考试取得的优良成绩归因于自己的努力和能力,就能提高自我价值并增强自信心;如果把考试的失败也归因于自己的努力和能力等内部因素时,则会降低自我价值并挫伤自信心。这说明行动原因的归位与情绪有密切的联系。

3. 自我控制

自我控制是主体对自身心理行为的主动的拳握。自我控制表现在意志方面,就是对自己的行为和活动的调节,从而了解自己在达到目的的过程中,应如何克服外部障碍与内部困难,采取何种手段实现自己的目标。

一个具有坚强意志的人,具有自立、自主、自制、自强、自信、自律的品格,表现出独立性、坚定性、责任感较强;遇到挫折时,沉着冷静;做事果断且有韧性,执行计划时,绝不半途而废;不说空话,不炫耀自己,不哗众取宠。而一个意志薄弱的人,则缺乏主见,容易受暗示,随波逐流,自制力差,情绪不稳定,不善于思考;面对困难时,畏缩不前,缺乏竞争意识;有的人怯懦,有的人易冲动,轻易地或随便地违背应遵守的原则,不负责任,不尽义务;有的人在人际关系中防卫心理较强,嫉妒或提防他人,或者害怕与他人发生冲突、忍让退缩。因而,需要进行自我监督、自我命令和自定义务。但监督自己的执行要与个人具体特点相结合,当缺乏某种知识或技能时,就不会取得积极的效果,反而对自我产生不满。自我监督的实际意义在于根据个人能力水平确定任务和目标,实现计划时不受其他事件的引诱与干扰,防止改变决定。对各方面的条件评估越全面,接受的信息越多,越有利于实现自我监督。例如,有的学生在阅读文艺作品时,注意到作者表达思想的论证方法,从而改变了读书的目的,把过去注意情节是否有趣转向思维与论证,并学会监督自己。自我命令不限于自我强制或自我压抑,它的实际作用取决于个人的信念,以使自己的决定符合生活的主要目标和信念。自我命令有时会因自己的惰性而不能执行,在这种情况下,要做到以下两点:第一,要求有意识地养成严于律己的习惯,不随便放纵自己,不轻易改变决定;第二,提高责任感水平,进行自我说服。青年期思维与论证能力的逐步发展,可以使青年从增强认识与信念上,克服自己的缺点,加强果断执行的意志力。

三、自我意识的作用

自我意识是人类特有的心理现象,它的作用十分巨大。从种系发展过程来看,人类的心理因具有自我意识而大大地优越于任何动物；从个体来看，当个体进入青年期，其自我意识褪去了少年儿童的幼稚，逐步发展成熟，进入成人阶段，开始具有责任感和义务感。

（一）自我意识经常把自身作为自己活动的参照物

人们活动的方式和内容都是以自己为参照物。人们对外部世界的各种看法，大多是相对于自己的情况而来的。例如，我们说"那儿离这儿很远"，是相对于自己所处的地理位置而言。造成这种情况的原因是人类总把自己作为参照物去观察外部世界，用这种方式把自身与外部世界作为一个参照系。

（二）自我介入对个体活动的意义重大

我们将某一事物与自我的内在关系，称为自我介入。在个体活动中，自我介入通常与感情因素有关。自我介入在幼儿3岁左右开始产生，表明个体对于自身有一定的认识，已经知道自己与其他人、其他事物的不同。之后，自我介入的范围越来越广。到成年时，和自我有关的事物不但包括国籍、财产、家庭、职业等，而且还包括价值观、信仰、目标等，如果这些受到损害或威胁，个体便会进行自我防卫。

（三）自我是个体活动的觉察者、调节者和发动者

自我作为个体活动觉察者是使个体知道自我在干什么、干得如何，并随时修正。而某一活动干得是否恰当，自我会对它做出评价，并提供反馈信息，从而保持或改变活动的内容、方向和强度。自我调节有时是有意识的，有时是无意识的。当个体总感到自己不能决定自己的活动时，会认为自己处于一种危险的境地。临床发现，如果个体长期处于被强迫的活动状态之中，就会产生心理上的烦恼，丧失自信心，从而产生生理或心理疾病。由此可见，自我作为个体活动的发动者的重要性。

（四）自我使个体的活动具有一致性、独特性和共同性

人们常说，"做人要对得起自己的良心"。那么，无论在何种情况下，个体都会努力按照这一信念去做，否则便有一种过失感和罪恶感。个体活动的一致性是相对于他们自身而言的，如果个体感到自己处处与他人一样，会感到不满意，因此，个体总是要寻求自己活动的独特性。当个体预计自己的行为可能会受到惩罚时，会试图寻求与其他个体活动的共同性。

（五）不同的自我优势会引起相应的自我评价与自我追求

当生理自我占优势，在其自我评价的基础上，个体主要追求外在、物质欲望的满足，获得家庭成员的关心与爱护等；如果以社会自我为主导，那么在其自我评价的基础上，个体则处处追求他人的注意与重视，追求他人对自己的情感，追求名誉、地位、金钱；如果心理自我占优势，在其自我评价的基础上，个体主要追求自己在思想、道德等方面的进步，并且努力发挥自己的智慧。

（六）自我寻求理想自我实现

理想的自我不一定是客观上有价值的，它是个体希望使自己成为什么样的人。每一个健康的个体都需要两种类型的关心——社会的关心和个人的关心。假若个体没有感受到别人对他的关心，以及缺乏一种具有真实基础的对自身价值的意识时，他就不可能是正常的，也不可能正确地发挥作用。完全理想自我实现的个体几乎是没有的。从个体的角度看，个体很少有自我满足的时候，他总是处于不断地追求和奋斗的状态中，即寻求理想自我实现。

四、自我意识的发展

（一）自我意识发展过程

进入青春期后，大学生的自我意识会出现一个分化—冲突—统一的过程。这一过程是大学生自我意识不断发展，趋于成熟的过程。

1. 自我意识的分化

儿童的自我意识是一个尚未分化的整体，其意识内容主要停留在对自己外部行为和自己与周围关系的外部特征上。进入青年期，原来在儿童、少年时期统一不可分割的自我意识一分为二：一是理想自我，它是根据主观的自我和主观感受的社会现实所希望自己未来成为什么样的人而达成的自我状态。理想自我是处于观察者的地位，也就是"主体我"。二是现实自我，是指当前实际所达到的自我状态，即我现在是什么样的人。现实自我处于被观察者的地位，是理想自我所要观察的对象，也就是"客体我"。

自我意识的明显分化，使大学生主动、迅速地对自己的内心世界和行为具有了新的认识，开始意识到自己那些从来没有被注意到的"我"的许多方面和细节。在这一时期，大学生的自我沉思、自我分析、自我反省的时候明显增多；对自我新的认识、体验和控制而带来的种种激动、焦虑、喜悦和不安也显著增加；为自己应该怎样做、能怎样做、不应该怎样做等而开始认真思考,不再像中学生那样随心所欲。

此时,如果个体的理想自我(主体我)和现实自我(客体我)能保持大致的平衡,也就是说,个体的真正能力、性格、欲望能如实地表现出来,个体能以自己的本来面目出现在别人面前,既不用掩饰自己的努力,也不怕暴露自己的缺点,从而有利于发挥自己的实际能力,促进个体健康发展,但也常常会出现理想自我和现实自我的失衡感。

现实自我占优势的个体往往表现出较强的虚荣心和自我陶醉感,特别在乎他人对自己的评价,期望事事都得到他人的赞赏。他们担心暴露自己的缺点,常常炫耀自己的知识,追新猎奇,甚至哗众取宠,以换取他人的赞赏。

理想自我占优势的大学生,往往将"客体我"隐藏在实际能力之下,总认为自己事事处处不如人。他们往往自卑感较强,为自己某方面的欠缺,如口才不好、身材不佳、相貌一般、家境贫寒、能力不强等而苦恼,甚至放弃了应有的努力,形成自我怜悯或伤感的心理状态。

总之,自我意识的分化促进了大学生的思维和行为的主体性的形成,从而为客观地评价自己和他人,合理地调节自身的言行奠定了基础。这是自我意识开始走向成熟的标志。

2. 自我意识的冲突

自我意识的分化,一方面使青年开始意识到自己不曾注意的许多"我"的方面和细节,发现理想我与现实我的差距;另一方面,由于处于发展阶段,自我形象不能很快确立,自我概念不能明确地形成,因而自我冲突加剧,表现为内心冲突,甚至有很大的内心痛苦感和强烈的不安感。

归纳起来,当代大学生自我意识的矛盾冲突主要表现在以下几个方面:

一是"理想我"与"现实我"的冲突。这可以说是大学生自我意识矛盾的最突出、最集中的表现。大学生对未来充满信心,抱负水平较高,成就欲望较强,但由于他们生活范围相对狭窄,社会交往比较单一,缺乏社会阅历,对自我认识的参照点较少,因此,不能很好地将理想与现实结合起来,从而使"理想我"与"现实我"之间产生较大差距。这种差距给大学生带来苦恼和不满的同时,也会激发大学生奋发进取的积极性;但如果这种矛盾与冲突过于强烈,且若不能及时加以调适,则会导致自我意识的分裂,从而带来一系列的心理问题。

二是独立意向与依附心理的冲突。上大学后,大学生的独立意识迅速发展,他们希望自己能在经济、生活、学习、思想等方面独立,希望摆脱父母的管束,自主地处理所遇到的一些问题,但他们在心理上又依赖父母,无法真正做到人格上的独立,这种独立意向与依附心理的矛盾也一直困扰着他们。

三是交往需要与自我闭锁的冲突。大学生迫切需要友谊,渴望理解,寻求归属和爱。他们有强烈的交往需要,希望能向知心朋友倾吐自己对人生和生活的看法,盼望能有人分担痛苦,分享欢乐。但同时他们又存在自我闭锁的倾向,许多人往往不愿主动敞开自己的心扉,而把自己的心灵深藏起来,在公开场合很少发表真实意见。他们在与人交往时存有较强的戒备心理,总是有意无意地保持一定的距离,正是这种交往需要与自我闭锁的矛盾冲突,让不少大学生备受"孤独"的煎熬。

四是自信心与自卑感的冲突。大学生刚刚考上大学时,受到老师、家长、亲朋好友的赞赏、同辈人的羡慕,因而优越感和自尊心都很强,对自己的能力、才华和未来都充满了自信。然而进入大学后,群英荟萃,许多大学生发现"山外有山",尤其当学习、文体、社交等方面显露出某些不足时,有些大学生就会陷入怀疑自己、否定自己的不良情绪中,产生自卑心理。在这些大学生的内心深处,自信心和自卑感常常处于冲突状态。

五是追求上进与自我消沉的冲突。许多大学生都有较强的上进心,他们希望通过努力来实现自身的价值。但在追求上进时,遇到困难、挫折在所难免,不少大学生常常出现情绪波动。虽然在困难面前望而生畏,消极退缩,但他们又不甘放弃,心中依然想追求、想奋进,内心极为矛盾,困惑、烦躁、不安、焦虑的情绪也由此而生。

3. 自我意识的统一

由自我意识的分化带来的种种矛盾冲突是大学生自我意识发展中的正常现象,也是大学生迅速走向成熟的集中表现。自我意识矛盾冲突,一方面会使大学生感到焦虑苦恼、痛苦不安,可能影响他们的心理发展状况和心理健康程度,另一方面也会促使他们设法解决矛盾,以实现"理想我"与"现实我"的统一。但是,由于个人的社会背景、生活经验、智力水平、追求目标等方面的差异,自我意识的统一途径也有所不同。总的来说,自我意识的统一途径有三个方面:一是努力改善现实自我,使之逐渐接近理想自我;二是修正理想自我中某些不切实际的过高标准,并改善现实自我,使两者互相趋近;三是放弃理想自我而迁就现实自我。按照心理学健康标准,无论通过哪种途径达到自我意识的统一,只要统一后的自我意识是完整的、协调的、充实的、有力的,就是积极和健康的统一,就有利于个体的心理健康和发展,有利于社会的文明与进步。

由于个人的社会背景、生活经验、智力水平、追求目标等方面的差异,大学生自我意识的分化、冲突、统一的途径不同,其统一的类型也不同,结果也不同。一般来说,我们把理想自我和现实自我的矛盾统一归纳为以下五种类型:

第一种是积极型。不断完善现实自我,使之与符合社会发展要求的理想自我达到统一。这是有抱负、有志气的青年采取的一种统一类型,反映了青年人积极向上、努力进取的精神,是值得鼓励和提倡的。

第二种是现实型。一方面不断完善现实自我,另一方面又根据现实自我的实际状况,修正理想自我,达到两者统一。在这里,虽然理想自我也有朝着现实自我"靠拢"的修正,但是出于较现实的考虑,仍不失为一种积极的统一。

第三种是庸碌型。放弃理想自我,以迁就现实自我,达到统一。这是不思进取、安于现状、庸庸碌碌、得过且过的一种统一。例如,有的人原来有良好的理想自我,但在改善现实自我的过程中遇到挫折,便消极处世,作茧自缚,放弃理想自我,随波逐流。这是需要教育者促其前进的一类。

第四种是虚假型。通过对现实自我的过高评价或虚妄的判断,获得与理想自我的统一。这类人往往狂妄自大、自命不凡,以主观臆想代替客观现实,沉浸于自我陶醉之中。这是需要教育者击其猛醒的一类。

第五种是消极型。理想自我和现实自我在不符合社会发展要求的方向上的统一。这多为自甘堕落、执迷不悟的人所采取的一种统一类型。例如,有的人形成了与社会进步相悖的理想自我,只是由于种种主客观条件的束缚(如主观上的自尊心、客观上的道德舆论等),现实自我才滞后于理想自我,一旦束缚被挣脱(如自尊心已挫伤或无视道德舆论),便破罐子破摔,使现实自我一下子滑向消极的理想自我,获得统一。这是有极大危害性的统一,应引起教育者高度警惕。

虚假型和消极型的学生实际上都有不同程度的心理障碍,属于自我意识的变异状态。虽然这类学生人数极少,但是他们表现出来的心理与行为问题波及面较大,是高校学生思想政治教育和心理卫生咨询引导的重点对象。

总之,青年中期是理想自我与现实自我矛盾突出的时期,也是使其趋向统一和转化的关键时期。过了青年中期,自我意识就逐渐趋于稳定。一般来说,大学一年级时,学生具有一定的依赖性和盲目性;大学二年级时,学生的理想成分较多,容易想入非非;大学三年级以后,学生就显得沉着稳定了。这表明,大学生的自我意识正处在矛盾、统一、转化并日趋稳定的阶段。高校教师应把握大学生的自我意识发展的各个重要环节,认识大学生自我意识发展的规律性,促使大学生的自我意识沿着正确健康的方向发展。

(二) 自我意识发展的特点

在校大学生正处于自我意识发展的关键时期,其自我意识的发展出现了许多新的特点。确定大学生自我意识发展的水平,应以其自我意识结构之间是否协调发展为重要指标。如果要素协调发展一致,自我意识的发展水平就高;如果要素协调发展不一致、不统一,自我意识的发展水平就低,就会出现情绪障碍。下面将从自我认识、自我体验和自我控制三个方面来了解大学生自我意识发展的特点。

1. 大学生自我认识的特点

(1) 大学生更加注重对自己内在素质的认识

调查表明,在中学尤其是高年级,学生对自我的认识比较看重一些外在的东西,如身材、外貌等。到了大学阶段,学生对自己的认识发生了很大变化,这种变化不是说学生不看重外在的东西,而是与外在的东西相比,他们更加注重内在的素质。在一所大学的问卷调查中,在回答"你认为你是一个什么样的人"时,多数学生回答的是自己的一些心理品质,如善良、热情、诚实、乐观、自信、自尊等。

(2) 大学生更加注重自己在社会中的地位和作用

随着年级的升高,大学生对自我的社会属性(社会地位、社会角色、社会责任、社会义务等)越来越关注。经常在校园里听到大学生们说:"社会的进步不是靠哪一个救世主,而是靠社会成员的共同努力,我们要自己掌握自己的命运。"此外,经常有许多高年级的学生以未报答父母的辛苦劳动而感到内疚。

(3) 大学生的自我认识以肯定性评价为主

值得注意的是,在大学生中存在着自我评价的偏差,他们要么高估自我,要么低估自己,但从总体上看,现代的大学生看到更多的是自己的优势、优点。从一定意义上说,这一状况显示了当代大学生的自信、积极向上的心理状态。但同时,过分地看重自己的优势,而看不到自己的缺陷,也可能走向另一个极端,即盲目自大、目中无人,而这对大学生的发展是极为不利的。

(4) 大学生的自我评价从高估到走向平衡

西方心理学家的研究认为,大学生对自己的评价有过高评估的倾向。从我国大学生的实际来看,低年级的学生自我评价的倾向明显过高。例如,他们认为自己考上大学,十分优秀,是"天之骄子"。但是,经过四年的大学学习、观察和体验,他们的自我评价趋于平衡,对自己的评价更为客观和现实。

2. 大学生自我体验的特点

(1) 大学生自我体验的发展水平渐趋稳定

根据大学生的自我体验测验显示,个体在大一和高三时处于同一级水平,但他们的自我认识与评价能力有所增高,自我体验仍在发展变化。但大二和大三时的自我体验的测验得分有所下降。这是因为,在大学期间,大学生的自我体验受到社会需要和主体的意识与客体的相互关系的影响,理想和现实往往产生矛盾冲突,这种矛盾一直持续到大四时才得到解决,因而自我体验经过大三这个转折点,到大四时又回升到较高水平。

(2) 大学生的自我体验较为强烈

大学生在自我评价和提高的基础上,认识到自我的价值、地位和作用,责任和义务感增强,在学习和各项活动中争强好胜,自尊心有突出的表现,一旦受挫和经历失败就会产生内疚和压抑的情绪。成功与失败都会引起大学生强烈的情绪反应。

(3) 大学生的自我体验敏感性大

处在青年期的大学生对涉及自我的一切事物都非常敏感,特别是在与异性的接触中,更容易出现情绪波动,在行为与自我形象的塑造上往往触景生情,通过想象抒发自己的情感和生活的体验,因而在思维中经常流露出一些感触和遐想等。

从性别差异来看,在自我体验强度方面,男生大于女生;在体验的持续性方面,女生比男生更持久。

3. 大学生自我控制的特点

(1) 大学生自我控制的能力与自我监督能力的提高

自我监督与调控有两种类型:一种是不随意的,在知觉结构中进行,使计划中动作的程序重复反馈,符合预期的模式;另一种是使外部的规范标准与自己的动作标准一致。通常我们的行为与规范的关系有三类:第一类是一致性信息,个人的行为表现与规范标准一致;第二类是连续性信息,个人的行为表现与规范标准在任何场合都相符合;第三类是区别性信息,针对不同的目标,行为的表现也不同。不随意的自我监督是被动地使自己的行为与规范要求一致,也可以重复表现出来。大学生的自我控制已经发展到能够由自觉提出的动机、目的来调节与支持,不会轻易改变,坚决实行预定的行动计划,因而能应用逻辑分析提高执行过程的知觉水平。例如,运动员运用逻辑分析控制跑步速度。大学生自我监督的自觉性来源于社会责任感、成就目标、生活的价值定向、意志的努力和锻炼等方面,而外部直接诱因的作用则相对减少了。

(2) 大学生自我控制的社会性增加,更多地用社会标准要求自我

根据一项某高校 500 名大学生的调查发现,多数大学生希望自己能够成为可以为社会做贡献、适应时代发展特点、德才兼备、富有开拓精神、肩负重任的人,只有少数人认为自己只能做一个普普通通、没有远大理想的人。

(3) 从高估和低估自我向平衡发展

大学生由于自我评价与自我体验发展的不平衡,有时表现出高估自己的倾向。所谓高估,就是自我评价高于自己实际水平。有些学生的自信心和优越感强,他们用自己之长比他人之短;有的学生出现了盲目的抗拒心理,认为别的同学都不如自己,甚至采用各种方式表现自己的能力,思想偏激、武断,甚至出现错误的行为。这种自我扩张型的大学生在行为上缺乏理智,情绪容易冲动,妄自夸大自我形象,幻想高于现实,当现实条件不如意时,就埋怨客观环境不佳,学业与品德向不良方向发展。还有一类大学生表现为低估自己,在大学生活和学习中积累了更多的挫折和困难,自卑感严重,出现了焦虑和紧张情绪,倾向于自我否定。这两种表现都说

明大学生在自我控制方面更需要注意调整,让自我控制由不平衡向平衡发展。

(三) 自我意向的发展

在自我认识、自我体验、自我控制的基础上,产生了个人对待自我的意向:是接纳自我,还是拒绝自我;是对自我严格要求,还是自由放任,任其发展;是不断完善,还是"破罐子破摔"等。

大学生对待自我的意向主要表现在以下方面:

1. 独立自主的意向

绝大多数大学生已过18岁,自认为身体发育已经成熟,具有一定的科学知识与生活经验,已确立了一定的生活目标,掌握了一定的道德规范,并具有一定的独立分析问题和解决问题的能力。因此,大多数学生认为自己已是一个成年人,强烈要求像个成年人那样独立自主地行事,不愿受父母的约束和教师的训诫,要自己主导自己的人生,"走自己的路"。根据对湖北省武汉市部分高校大学生自我意识的问卷测查发现,30%的女生表示,她们愿意孝顺父母,但不愿意按父母的意见行事。

2. 获得尊重的意向

获得尊重的意向表现为大学生希望在人格上得到别人的尊重,在能力上受到别人的赏识,在社会地位上受到别人平等的对待。

大学生获得尊重的意向使他们产生强烈的自尊心、荣誉心和好胜心,成为推动他们勤奋好学、拼搏进取的动力。但是,过分自尊的意向也不利于大学生的成长,会使他们在遭受工作上的失利和人际关系上的挫折后产生消极的情绪。

3. 自我完善的意向

当大学生为自己设计了一个"理想我"的形象和目标以后,就竭力要使自我形象得到圆满的实现,要把自己塑造成一个完美的人:既有优美的仪表与风度,又有美好的心灵;既有远大的理想和抱负,又有坚韧不拔的实干精神;既有渊博的知识与才干,又有开拓、创新的进取精神;既有声誉,又有权位,可以施展抱负等。

这种自我完善、追求完美的愿望成为激励大学生蓬勃向上的动力,但过分追求完美的意向,也可能带来不利的影响,必须进行适时适度地调整。

4. 渴求理解的意向

青年人同长辈们出生在不同的年代,生活在不同的环境,便与长辈们产生了"代沟"。青年之间由于个性化的发展,形成了各自向深层发展的内部主观世界,增加了彼此间相互沟通和了解的难度。因此,大学生觉得自己不为别人所理解,而他们又希望被别人理解。有的学生说:"人生得一知己足矣!我多么希望得到别人的理解啊!"有的说:"我有强烈的自尊心,希望得到别人的尊重和社会的重视,但人们似乎不理解我的需要,我感到苦闷、孤独。"

大学生这种渴望获得理解的意向既可以成为他们追求真诚的友谊、追求异性朋友的重要动机,也可以使他们同集体的关系更加冷漠而陷于孤独和苦闷。

第二节　公安院校大学生自我意识

一、公安院校大学生自我意识偏差

自我意识是一个人对自己的认识和评价,包括对自己心理倾向、个性心理特征以及心理过程的认识与评价。人具有自我意识,能够对自己的思想和行为进行自我控制和调节,从而形成完整的个性。

自我意识在个体发展中具有十分重要的影响。公安院校大学生的自我意识在推动自身完善、适应职业方面具有重要作用。例如,公安院校的学生在职业意识的形成过程中,要有正确的自我认识,认识自身与警察职业所要求的个性特点之间的差距,从而促进学生进行自我教育与行为调控,使自己的行为更加符合警察群体的行为规范,符合警察职业道德的要求。在自我监控的过程中,学生自身的内心体验(包括自信、自满、内疚、自尊等情绪体验)在某种程度上会促进或阻碍自我调控的进程。

公安院校大学生的自我意识偏差主要表现在以下几方面:

(一)过度的自我接纳与自我拒绝

过度的自我接纳是指公安院校的大学生不切实际地高估自己的能力和长处,一方面没有意识到自己的缺点和不足,自以为是,另一方面贬低他人,拒绝别人的批评和意见。这种过度的自我接纳容易导致他们形成盲目乐观与骄傲自满的性格,从而形成偏激和固执的人格,甚至很有可能使自身在行动中遭到失败的打击。与此相反,过度的自我拒绝就是不喜欢自己,难以容忍自身的缺点和不足,对自己过度的否定和苛求。这种过度的自我拒绝往往也会使其他人忽视了自己的优势和价值,甚至让自己对生活失去信心和兴趣。

(二)过强的自尊心与自卑感

公安院校中,不能客观、全面地进行自我评价的大学生占相当大的比例,究其原因,主要是"理想自我"与"现实自我"存在着强烈的反差,不能正确地看待自己的优点和缺点,甚至夸大了优越感和自卑感。大学生自我设计的必然性与主、客观条件实现的可能性存在矛盾,这往往涉及他们生活的方方面面,甚至对他们的思想与信念产生深远的影响。在学校中我们经常看到:有一些学生来到公安院校后,认为自己已经迈向了成功,有一种飘飘然的优越感;而另一些学生则对警察身份与职业前途不甚明朗,产生忧虑和自卑感。这种优越感和自卑感大多是自尊心变态的表现,并且常常因为一点小事而变得沮丧,影响情绪。

自尊心是一个人接纳并尊重自己,对自己持肯定态度,尊重自己的人格,尊重自己的荣誉,不向别人卑躬屈膝,不容许别人歧视侮辱自己,维护自我尊严的自我情感体验。自卑感是对自己不满,对自己持否定态度的情感体验,表现为对自己缺乏信心,对自己的能力评价过低,缺乏主见。著名心理学家阿德勒曾提出:人都有自卑感,无论成功或是失败,伟大或是平凡。据调查,42%的公安院校大学生认为自己有时候很自信,有时候很自卑。适度的自尊心和自卑感是促使个体前进的动力;过强的自尊心和自卑感则是自我体验的两个极端,对学生心理健康的发展是不利的。过强的自尊心会引起虚伪、做作和装腔作势,无法忍受一丝委曲。持这种心态的大学生会特别在意别人的评价,如果他们的自尊心屡屡受挫,便会羞愧无比,觉得无地自容,进而走向另一个极端——过度的自卑感。这种情感状态容易产生严重的自责、自怨自艾等挫折反应。产生自卑心理后,他们往往会怀疑自己的能力,不敢与人交往,甚至会封闭自己。自卑感严重的人看不到未来,看不到生活的光明和希望。

(三)过分的独立意向与从众心理

独立性是大学生的重要特征之一,指的是个体希望摆脱监管的各种自我意识的倾向,表现为他们渴望独立面对生活、学习以及工作中遇到的各种问题,不喜欢别人过多干扰自己的言行。由于缺乏经验,他们把握不好独立的意向与尺度,且公安院校有其独有的特殊性——学生当前学习的方向和未来就业的领域已基本确定,因此公安院校大学生的自我设计能力和实践欲望远比普通院校的学生强烈得多。强烈的独立意向与认识能力呈不平衡状态,是公安院校大学生自我意识的最突出表现,也是公安院校大学生心理发展的主要矛盾之一。由此也造成了逆反和从众等非理性自我意识,使学生们很难正确认识社会,摆正其社会角色。

二、警察个性心理特点

警察个性心理研究是将一般个体的个性研究应用于警察职业,在警察职业的背景下探寻警察个性的特点及形成。

现实生活中，警察作为普通人也有自己的个性特点。例如，有的警察脾气暴躁，遇到问题盲目求解。这些与警察应该具备的个性心理是不相符合的，甚至是背道而驰的。因此，我们在讨论警察个性心理的时候，侧重探究的是具有警察职业特点的个性心理，这是区别于普通人的独特的、稳定的心理特征。

（一）独特性

警察个性是在一般人个性心理基础上发展的，既具有普通人个性心理的基本特点，又具有自身独立性。这种独立性是具有警察特色的个性特点，是由警察职业特殊性对个性心理需求的特殊性决定的。由于警察职业的特殊性，因此要求警察必须具备与职业要求相匹配的职业性格。例如，警察应当具备观察细致入微的心理品质，能够明察秋毫，根据案件中的细微线索寻找有力证据；在遭遇突发事件，比如面对人质被劫持时，警察要保持头脑冷静，并能急中生智解决问题；等等。这些心理品质或许在其他职业中并没有过分强调，但对于警察顺利完成警务工作而言，尤为重要。

（二）较强的稳定性

警察个性是在职业活动中逐渐形成的，一旦形成就具有较强的稳定性，在其今后的生活和工作中发挥着作用。警察应有的理想个性品质可通过从事警务活动逐渐养成，并具有稳定性，有指导警察顺利完成警务工作。

（三）能为警察选拔和训练提供标准

具有理想的警察个性，为警察的选拔和训练提供了标准。如对于个性特点中攻击性的测试，通常有一个可参考的数值范围，若偏离这个数值范围较大时，则认为此人具有攻击性，不适合从事警察职业。每个立志成为警察的人应当努力使自己的个性特点符合警察职业要求。

因此，对公安院校大学生在入校前就进行适当的个性测试和筛选，既能提高其职业适应力，也能提高整个警察队伍的心理素质。

三、警察个性心理的形成

警察个性的形成是一个较为复杂的过程，个体在从事警察职业之前已经具备了较为稳定的自身个性品质，从选择警察职业开始，他们就将理想的警察个性特点融入自己的个性，在自身个性特点与理想的警察个性要求之间进行比较与选择。理想的警察个性是警察职业对个体心理品质的内在要求，在警察个性形成的过程中起到了目标和导向作用。

对警察个性心理形成的影响因素有以下几点：

（一）已有的个性心理基础

个体已有的个性心理特点在警察个性形成中有着重要的影响，不仅为进一步形成警察个性提供了基础条件，还决定着个体对理想的警察个性的取舍。当个体已有的个性心理特点与理想的警察个性一致时，容易形成作为一名警察应具备的个性特点；当个体已有的个性心理特点与理想的警察个性特点不一致时，就会拒绝或者接受并重新塑造个性特点。

在个体已有的个性形成中，人的生理遗传因素影响着个性发展的方向。俄国生理心理学家巴甫洛夫认为，个体的生理基础是神经类型和动力定型的结合。尤其是人的气质类型，受高级神经活动类型的影响较大，当人在现实生活的影响下，神经系统的特性影响着人对客观现实信号的加工和处理。例如，一个神经活动类型属于兴奋型的人，做事比较冲动，若其成为警察，在办案过程中可能会出现鲁莽等行为。

在个性的诸多要素中，与生理有关的部分，如自我观念中有关身体意象、动机以及情绪等部分受遗传因素的影响比较大。例如，公安院校大学生中，有的人身材高大、体格健壮，那么他在运动方面就比较有信心，如在警务搏击课中可能会发挥自己的优势，从而增强他的入职动机，这将有助于他从警以后的良好工作表现。

另外，父母是孩子的第一任教师，父母的一言一行、信仰、价值观念等，都会对子女产生着潜移默化的影响。例如，有些学生报考公安院校，就是受到父母的影响，若他们父母也是警察，则他们的入警动机会比他人更强烈。

（二）公安院校的职业教育

警察是一个特殊的职业，职业本身所具有的高危险、高应急的特点，对从业人员的体能、技能等方面的要求相对较高，对其个性的要求也很高。例如，警察应具有敏锐的感知觉能力，才能在案件侦查过程中发现犯罪嫌疑人的蛛丝马迹；警察必须具有冷静的头脑，才能在错综复杂的案情中发现有用的线索；警察还必须具有强烈的正义感、见义勇为的品质；警察更需要有稳定的情绪以及调控情绪的能力，否则很难执行危机干预等任务。这些优秀的个性品质必须通过较为系统的职业教育方式进行个体的内化，才能让一个普通人成长为一名合格的警察。公安院校是培养预备警察的摇篮，学校通过科学合理的课程设置，教授学生警察职业所需的警务技能和业务知识，加强学生的体能训练，在学习知识和技能训练中形成良好的职业意识，为形成良好的警察个性特点奠定良好的基础。具体来说，这些影响因素主要

有以下几种:

1. 警务化管理模式有助于警察个性的养成

公安院校的性质决定了对警校学生的日常管理实行警务化管理模式。警务化管理是依据《公安机关人民警察的内务条令》,结合警察职业培养目标的特殊性和从警规范的要求制定的,强调建立全面化、制度化、规范化、标准化的管理制度。它将学生在校期间的学习、训练、生活、警容、风纪、内务设置等要求都纳入了规范化、制度化轨道,并对他们制定具体的量化标准和严格的奖惩规定。

在警务化管理模式的严格要求下,学生原本自由散漫的个性特点得以改变,学生的组织性、纪律性等品质逐渐得到强化;每天的队列训练使学生步调一致,整齐划一。通过警务化管理手段,在学生的日常生活中加强了警察意识教育、警察职业道德教育、警容风纪教育,培养了学生的服从意识和"令行禁止"的作风,使学生的行为习惯逐渐适应警察职业的特点。

2. 合理科学的职业课程设置,培养素质全面的预备警力

公安院校较为系统的课程设置,有助于在传递知识的过程中培养和提高学生的心理素质。公安院校的课程体系一般由基础课程、专业基础课程、专业课程以及选修课程等构成。基础课程和专业基础课程涉及警察职业的相关知识、技能领域,通过教学,学生在学习业务知识的同时形成必备的警务技能实战技术。在学习中,学生的能力得到锻炼,能够站在警察的角度去发现问题、分析问题以及解决问题;在专业课程的学习中,让学生体验警察职业会面临的问题,逐渐形成警察职业所需要的心理品质。

从学科的性质来看,警察职业类的课程有法律类课程、刑事技术类课程、侦查类课程、治安类课程以及警务搏击类课程。法律类课程让学生了解法律、运用法律,培育学生依法执法的理念,为将来依法执法、文明执法奠定基础;另外,法律条文的严密细致,有助于训练学生的思维能力,锻炼记忆力以及运用法律分析问题的能力。刑事技术类课程通过各种不同的实验,如指纹检验、文件检验等,培养学生细致且敏锐的观察能力以及耐心、细心等心理特点,并从认识的角度逐步植入警察的工作方式、工作程序。侦查类课程,如现场勘察等,让学生将所学知识与实际相联系,在模拟现场的勘察过程中,培养学生的侦查能力以及根据现场状况推断案发过程的想象能力。警务搏击类课程,让学生练就强健的体魄,掌握擒拿格斗的技术。

3. 实践课程的设置,提升个体实战能力,锻炼意志品质

公安院校为了提高学生的实战技能,除了设置职业课程外,还有实践课程,包括军训、早晨出操、每周的队列训练、劳动周、课程实习环节以及毕业实习环节等,通过这些实践课程,锻炼学生的各方面能力,以形成适合警察职业的个性特点。例如,刚进警校的新生都要经历军训的磨炼,经过一个多月的跌打滚爬擒拿格斗训练,使自己从软弱逐渐走向坚强,不仅锻炼了身体、提高了体能,还在一次又一次的摔打中磨炼了不怕苦、不怕累、遇到困难不低头的意志品质。早晨出操、队列训练,使学生拥有良好的精神面貌,培养了他们的团队精神以及良好的自我控制能力;劳动周的门岗值勤,让学生亲身感受警察值勤的责任;毕业实习让学生有机会将自己在校所学在实践中进行验证,从而发现自身存在的不足;等等。学校的实践课程都是围绕着培养合格的预备警察而展开的,学生参与其中,也会将活动中的感受纳入自己的个性之中,改变自己的态度,尤其是学会从失败中总结经验教训,在磨炼意志的同时提高自身的心理素质。

4. 教职工的言传身教对学生个性的形成也有一定影响

公安院校中,教职工的精神面貌、工作态度和方式等也会潜移默化地影响学生,会在某种程度上对警察个性的形成起着间接的作用。教师的教学方法、教学态度以及管理老师的管理方式和工作态度都会影响学生的个性发展。

经过公安院校的系统训练,学生的心理从幼稚走向成熟,在原有个性特点的基础上,一点一滴地增加着警察的职业特征,从而在走上工作岗位后能够较快地适应警察职业的要求,出色地完成各项任务。

(三)警察职后培训

就目前的警察招录体制而言,警察队伍的来源不仅有从公安院校招聘的相关专业的学生,还有部分警察来源于社会公开招考。由于这部分人没有经过系统的警察职业教育,因此在入职之前必须要经过相应的职业培训。通过培训,他们能全面了解警察职业的特点及要求,为适应职业做好前期准备工作。因此,职业培训也在某种程度上为警察个性的形成提供了帮助。

因为青年警察正处于职业性格的形成和发展期,所以需要对青年警察的职业心理进行评估、指导,鼓励他们向经验丰富的优秀公安民警学习,使其尽快形成与警察职业相匹配的个性心理品质,增强青年警察的职业适应性。例如,当一名新警来到基层派出所后,派出所一般都会安排一名老民警对其进行指导,以师傅带徒弟的方式进行职后培训。这种言传身教的方法对新警的警察个性形成非常有帮助。

近年来,警察的心理训练方法呈多样化特点,包括放松训练法、心理图像训练法、模拟训练法、暗室迷宫训练法、再认回忆训练法、抗T扰训练法、自我暗示训练法、角色扮演训练法,以及训练团队合作与竞争的室外拓展训练等,这些训练方法能够帮助提高在职警察的心理素质。

（四）社会因素

社会实践活动对警察个性的培养和发展的作用也不容忽视。当公安院校的学生走上社会后，为了适应日益扩大的生活领域和人际交往圈，在反复学习担当警察角色、完成警务工作应有的行为方式和对事物的态度的同时，也在改变着某些已经形成的个性心理品质。

1. 警察的职业角色

一个人的道德标准和价值系统，是在社会交往过程中逐渐形成的。警察的职业角色包括警察应有的行为方式以及道德规范。受社会文化的诸多影响，对于警察职业角色的内涵界定，每个时期都有所不同。警察职业的特殊性，要求每一位即将成为警察的人必须具备与职业要求相匹配的职业性格。例如，警察必须具有较稳定的情绪、严肃审慎的工作态度、勇于担当的责任心，同时还应具备敢于冒险、敢作敢为、自律严谨等性格特征。每个警察都应将这些性格特征作为他们个性塑造的方向与目标。警察职业的道德规范影响着警察个性的形成。

2. 警察职业的社会地位和工作环境

警察职业的社会地位、劳动报酬、荣誉、与领导和同事的关系等都会对警察个性的变化起着重要作用。例如，周围人际关系和谐、获得上级领导的信任、警务工作干得得心应手，都会使警察对工作保持热情，做事积极主动，充分发挥自身的主观能动性。

3. 媒体的宣传与报道

媒体对于警察相关事件的宣传与报道，也在某种程度上影响着在校预备警察以及警察群体，影响着警察个体对自己职业和警察理想个性的认同。例如，公安部每年都会在新春晚会上举行"全国优秀人民警察"的颁奖活动，并通过媒体对优秀民警的感人事迹进行报道等，对在职民警有着鼓舞作用，加深了在职民警对自身警察职业的认同感，也激发了在职民警在今后的工作和学习中进一步发展警察理想个性的热情。

（五）个体的自我意识

个体的自我意识对个性形成起着决定作用。自我产生后，在与环境的相互作用下，自我教育便开始发挥作用。个体自我教育的能力是指个体自觉主动地把社会要求的思想道德规范在内心加以理解与体验，并通过个体的实践活动化为自己较为稳定的自觉行为的能力。教育应培养个体的自我教育能力。一个有较强自我教育能力的人，才能形成正常的人格特征，其心理才能健康发展，其智慧潜能和才干才会在有计划、有步骤地挖掘下得以发挥,各方面的综合素质才能得到提高。在警察个性的形成过程中,警察或想成为警察的人如果有较强的自我教育、自我管理能力,正确看待自己的长处和不足,将有助于其发扬优点,克服缺点,促进良好警察个性的形成,提高职业的适应力;同时,也有助于其不断地进行自我监督、自我修养、自我完善,避免不良个性的形成,促进个人职业成长。

第三节 自我意识的养成

一、自我意识发展的影响因素

根据我国学者对大学生自我意识所做的调查,我国大学生自我意识的发展基本上是积极的、健康的,但发展的过程并非直线向上,而是有起伏的矛盾斗争过程。有人认为,大学二年级是自我意识矛盾最尖锐的时期,也有人认为大学三年级是自我意识发展的关键时期。总的说来,直到大学四年级,大学生的自我观念才基本趋于统一,自我意识的发展才趋于稳定。那么,在大学四年的学习过程中,到底有哪些因素制约着大学生自我意识的发展和变化呢?我们认为,自我意识的发展变化离不开整个社会环境与教育的影响,离不开学生自身的思维和实践体验。

(一)社会楷模的影响

自我成为一个什么样的人,总是离不开社会生活中各种楷模的影响。中国古代就十分重视社会楷模的影响,如受教育者同正人君子生活在一起,则会每天"目见正事,闻正言,行正道,左视右视,前后皆正人"。但是,大学生受社会楷模的影响并不是单纯的模仿和崇拜,而是从众多社会楷模身上吸取有意义的、令人敬佩的品格,作为创造理想自我的素材。不同的时代有不同的楷模,他们对不同时代大学生自我意识中"理想我"的形成起着重要作用。

为了帮助大学生塑造"理想我"的形象,引导大学生学习古今中外历史上为人类社会的进步和发展做出贡献的科学家、思想家、教育家和革命家的优秀品格,有利于大学生从中汲取"理想我"的养料,尤其是引导大学生学习那些和他们年龄与角色相近的同时代的青年英雄和杰出大学生的光辉事迹,对于他们建构"理想我"的形象具有重要的作用。

(二)他人评价的影响

俗话说:"旁观者清,当局者迷。"他人评价是个体客观认识自己的一面镜子,可以帮助自己了解"现实我"的形象,认识自己的长处和短处,知道自己在别人心目中是一个什么样的人,既是作为建构"理想我"的依据,也是提高"现实我"的重要参照。

大学生可以通过教师评语、参加各类竞赛等途径获得别人对自己的评价,从而对自我意识产生影响。然而,别人的评价与大学生的自我评价总会有一定的差距,如何使别人的评价与大学生的自我评价趋于一致,从而为大学生所采纳,取决于许多因素。

1. 评价要从肯定优点入手

对大学生的优点和缺点进行全面的评价,即使是指出缺点,也应从肯定他们的成绩和优点入手。一般情况下,应从正面对大学生进行肯定和鼓励,以激发其信心和斗志,不要一提优点就一笔带过,一讲缺点和错误就大做文章,这种消极的批评难以收到积极的效果。

2. 评价要从关心和爱护的角度出发

出于爱护和关心的善意批评,即使是指出缺点和错误,也应尽可能使人心悦诚服;而恶意的指责、指桑骂槐、冷嘲热讽就难以为人所接受。从关心和爱护的角度进行正面评价,往往能对大学生的自我实现产生强有力的激励作用。例如,有一个大学生牢记一位长者对他的评价:"你心地善良,待人宽厚,将来一定会有远大的前途。"他认为这个评价是对他自我个性和品格的认可,而且增加了他对未来生活和工作的信心。因此,亲人、爱人、受敬重的人所做的评价往往具有强大的激励作用。有时,一个有威望的教师或长者的肯定评价会成为学生的座右铭,鼓舞着他们终身不懈奋斗。

3. 评价要尊重大学生的心理特点和人格

大学生是趋于成熟的青年,有强烈的自尊心和独立自主的人格。因此,对大学生的评价必须尊重他们的自尊心和人格。通过谈心或民主探讨的方式,使他人的评价与大学生自我的评价达成共识,有利于促进大学生自我意识的发展;而采取专制性的批评指责,并强加于人,容易伤害大学生的自尊心,不仅会造成大学生心情压抑,甚至可能产生逆反心理。

在对大学生进行评价前,还应该了解大学生自我评价的特点,才能进行有效的沟通,使别人的评价与大学生的自我评价趋于一致,从而达到提高自我认识的目的。

(三)个人实践的体验

大学生的自我意识是随着学习活动、课外活动和各种社会交往活动而不断发展的。他们通过实践活动增进对自我的认识,获得自我体验,并进一步修正自我观念,调整对自我的要求和自我实现的行动。例如,当他们在学习中获得显著进步时,他们就体验到成功的愉快,提高了对自我学习能力的评价,增强了信心;而当学习成绩下降时,他们不但体验到失望和痛苦,而且会对自己的学习能力产生怀疑,降低对自我的信心。当他们参加某些竞赛活动(如唱歌、舞蹈、运动、绘画和演讲比赛等)而获奖时,他们会为自己过去未曾发现的才能而感到欣喜,并相应地提高对自己的评价;如果比赛受挫,有些人不但会感到失望和难过,可能还会质疑自己的能力,灰心丧气。有个大学生说:"我原来认为自己很聪明,可是第一学期几门课程的成绩都考得不好,我开始对自己的智力产生怀疑;后来,我的成绩又上去了,我又恢复了对自己学习能力的信心。"可见,实践的结果会不断影响着大学生的自我认识和自我评价。

实践中角色地位的变化也会影响到自我评价。例如,一个学生当选为班长,会提高他对自我的积极评价,由此增加对自我的满意感和自信度;如果落选,则会降低对自我的评价和信心。通常,大学生对自我的评价和认识并不是一次实践活动的直接结果,而是他们经过实践—认识—再实践—再认识反复实现的。大学一年级的时候,许多学生对自我缺乏全面的、统一的、稳定的认识,对自我的评估一般偏高。经过几年学习生活实践的反复认识后,他们才形成了比较统一的、稳定的认识,形成了比较确定的自我观念。

(四)网络信息交流的影响

目前,我国80%以上的互联网用户是青少年,其中,大学生占了很大的比例。如今,大学生受互联网信息影响较大,"自我"的主体地位日益明显。当他们利用互联网和计算机接受信息、处理信息和发布信息时,正发挥着自己的主动性、探索性和创造性,以一种前所未有的方式促进自我意识的发展。

二、自我意识的养成

培养大学生具有良好的自我意识,使他们具有健康的自我概念、自我体验和自我实现的意向,主要包括两个方面的工作:一是要营造一个有利于大学生自我意识发展的良好的环境;二是大学生要加强自我意识的修养。

(一)营造良好的社会环境

这是涉及大学生教育培养全方位的工作,是涉及家庭、学校和整个社会教育思想、教育制度和教育方法改革的大问题,需要慎重地加以对待。

1. 提倡新时代的思想观念

一个民族的思维模式和社会性格总是同民族的文化渊源密不可分。我国传统文化历来重视人与人之间的伦常关系和道德规范,这往往使学生形成一种传统的思维模式和拘谨的性格特征。有人对我国青年学生观念现代化做过调查,发现有 82.3% 的学生处于由传统观念向现代观念的过渡阶段, 13.4% 的学生传统观念十分严重,只有 4.3% 的学生具有较为现代化的观念。

具有传统观念的学生对世界大局不关心,只关心本地区同自己密切相关的问题;他们在表达意见时,表现谨慎;他们缺乏接受新事物的勇气,对周围的人缺乏信任感;他们关心国家的改革开放,但缺乏参与的积极性与勇气。

上述这种传统观念显然同时代的要求、同培养社会主义现代化人才的要求不相符合。如果我们培养的大学生只能恪守传统,而没有自己的独立意识,缺乏参与竞争的精神,他们如何才能在现代社会的竞争中坚定自信,克服困难,迎接挑战呢?他们又如何能在未来的事业中独立思考,开拓进取,进行新的发明和创造呢?

2. 改革传统的教育体制

受传统思想的束缚,我国大学生的集体主义、依从性等性格特征较为显著,在独立性方面有所欠缺。教育部等部门所做的一项调查表明,有 65.5% 的学生经常会对老师和课本的说法表示怀疑,但公开质疑的人却很少;即使有人提出质疑,公开表示赞同的人也很少;甚至有 16.5% 的同学认为,如果质疑,"大多数同学会予以非议"。随着年龄的增长,这种思维定式和对权威的服从思想会日益增强,这种状况显然不利于大学生自我意识的健康发展。只有当学习变成主动探索和发现的过程,大学生才能在学习过程中不断自我发现、自我完善和自我实现。

3. 在家庭和学校中营造良好的人际关系氛围

有什么样的人际关系氛围就会培养出什么样的自我意识。根据某高校对 700 名在校学生的家庭教养方式所做的调查发现,我国大学生家长的教养方式具有高拒绝否认和高惩罚的严厉的特点,而这种教养方式容易引发子女的高焦虑、自卑、有敌对情绪、不能正确认识自己等心理障碍,不利于大学生心理健康发展。因此,在处理亲子关系和师生关系时,要讲民主,反对家长制的教育方式,要建立相互关心、相互尊重、相互信任、相互帮助的人际关系,使大学生能从日常的人际关系中感受到人性的温暖,获得爱的体验,引导大学生热爱生活、关心他人,形成健康的自我意识。

(二)加强自我意识的培养

为了帮助大学生更好地完善自我、超越自我、健康成长,应让他们学会积极主动地了解自己,弥补自我拒绝、自我否定、自以为是、自我中心等自我意识发展缺陷,形成正确的自我概念,培养健康的自我意识,使自我评价更加客观,自我体验更加积极,自我控制更加有力。

1. 正确地认识自我

"知人者智,自知者明。"对于自我的认识之所以是件困难的事情,是因为:其一,人对自己的心理不能像测量血压、身高一样有一个客观尺度,即使是心理测量,一般人也较难掌握;其二,人对自身的认识往往缺乏一定的客观性,容易产生"当事者迷"的情况。正确认识自我,就是要全面地了解自我,其中特别重要的是要了解自己的长处和短处,把握自己与群体的关系,明确自己在社会生活中所处的位置,对自我做出恰如其分的评价。正确认识自我是建立健全自我意识的基础,有利于调适现在的我和构建未来的我。德国著名作家约翰·保罗(John Paul)曾说:"一个人真正伟大之处,就在于他能够认识自己。"如果一个人能对自己有一个全面、正确的认识和评价,就能够扬长避短,就能根据自己的实际情况,选择相应的目标并为之努力奋斗。要做到正确认识自我,有以下几种方法:

(1) 在经常的自省中认识自我

孔子曰:"吾日三省吾身。"要引导大学生学会自省,经常检查自己行为和动机正确与否,行为过程中有什么不足,结果如何,有哪些收获和缺憾,从中发现自己的优、缺点,以便他们有的放矢地进行自我调整。

(2) 通过他人的认识来认识自我

个体与社会、与他人有着密切的联系,个体要超出自身来认识自我,必须通过认识他人、认识外界来进行。所以,大学生应该积极投身于认识世界、改造世界的社会实践,不断丰富自己对自然、社会、他人的认识,并在此基础上进一步认识自我。深刻的自我认识是以深刻地认识和理解他人、社会为前提的。

(3) 在他人的评价中认识自我

心理学家认为,当一个人的自我评价与别人对他的客观评价有较大程度的一致性时,表明他的自我意识较为成熟。了解他人对自己的看法,有助于发现自己忽视的问题。个体可以通过他人对自己的态度、期望、评价来进一步认识自己。当然,大学生不能简单地全盘接受他人的评价,评价者的特点(是否学有专长,是否值得信任,是集体评价还是个人评价)、评价的特点(例行公事还是私人性质、与自我评价的差距大小、他人评价的一致性、评价是肯定的还是否定的)都会影响到大学生对他人评价的接受。因此,值得注意的是,对别人的评价应持有一个正确的态度,不因过高的评价而飘飘然,也不为过低的评价而失去信心。

(4) 在与人的比较中认识自我

有比较才有鉴别。人们在缺乏客观评价标准的情况下,可以通过与他人的比较来评价自己。与周围的普通人比较,能认识自己的实际水平及在群体中的地位;而与杰出人物比较,则能找出自己与对方的差距和努力的方向。与他人比较时,最重要的是要选定合适的参照系,同时还要学会用发展的眼光、辩证的方法去看待自己和他人,比较的视野越广阔、方法越科学,自我的位置就定得越恰当。恰当地与他人比较且正确地评估自己的人,才能做到既不妄自尊大,也不妄自菲薄,从而能合乎实际地确定自己的奋斗目标和行动计划。

(5) 通过自我比较来认识自我

人们不仅可以通过与他人比较来认识自我,还可以通过把目前的"自我"与过去或将来的"自我"相比较来进一步认识自我。心理学家曾提出"自尊＝成就/抱负",这说明个体的自我评价不仅取决于个体的成就,而且取决于个体的抱负水平,取决于两者之间的比较。过去的成就水平越高,个体越容易积极地评价自己;而指向未来的抱负水平越高,个体越不容易满足,越难以对自己做出肯定的评价。所以,教育者在培养大学生正确的自我意识的过程中,一方面要鼓励学生超越自我,不满足现有的成绩;另一方面也应该引导大学生确立能达到的目标,不能一味地跟自己"过不去"。

2. 积极地悦纳自我

要学生积极地悦纳自我,首先教师要引导学生积极地评价自己,这是促使他们产生自尊感、克服自卑感的关键。其次是在教育的过程中,教师要处处保护学生的自尊心,即使在批评学生时,也要尊重学生的人格。此外,就学生自身而言,需要强化四个理念:

一是坚信"只要真正付出努力,同等条件下,别人行,我也一定能行",以此来增强自信。强烈的自信和理智的努力可以激发个体的潜能,促进其获得成功,并且成功后的愉悦又可以进一步使个体增添自信,形成良性循环。

二是不忘"尺有所短,寸有所长",正确地认识自己,而不是苛求自己。

三是懂得"失之东隅,收之桑榆",正视自己的短处,既努力扬长,也注意补短。一个人在某些方面自觉不足,如果通过积极的努力来补偿,以最大的决心和最顽强的毅力去克服这些缺点,往往最终能取得成功。华罗庚以"勤能补拙"为良训而最终成为数学家就是例证。

四是记住"失败是成功之母",要正确地对待成功和失败,两者是相辅相成的。成功的果实,只能在艰辛的努力中逐渐成熟。

3. 科学地塑造自我

大学生情感丰富,社会磨炼不足,加上人生观和价值观没有完全确立,很容易受到各种社会思潮与其他外部环境的影响,对待问题容易偏激和情绪化,对自己的长处和短处往往估计不足。顺境时,容易自视过高;遇到挫折时,又容易走到另一个极端,自暴自弃。有时充满希望,有时又极度烦恼。尤其是毕业生,要做出一生中重大的社会选择:进什么单位?从事什么工作?常面临"理想我"和"现实我"、"自我肯定"与"自我否定"等矛盾,常常表现出心理不平衡的状态,情绪体验较强烈,易振奋,也易波动。大学阶段不仅是个体成才的准备阶段,也是人生的转折时期。这个时期的大学生尤其需要注意塑造自我,为日后在社会竞争中取得成功打下良好的基础。大学生应有崇高的抱负和远大的理想,也应脚踏实地,从点滴小事开始,从行动开始。科学地塑造自我,需要做到以下几点:

(1) 确立明确的行动目标

人的行为特点是有目的的,个体的行为是否具有目的性,导致其行为结果是不一样的。一般地说,有目标指向的行为较无目标指向的行为成就大得多。因为正确的目标能够诱发人的动机,强化人的行为,并促使其指向预定的方向。例如,有的同学能够抵御种种诱惑,刻苦学习,是因为他把学习成绩与自己未来的发展联系起来了。确立正确的自我目标,关键是要按照社会的需要和个人的特点来进行设计,做一个"自如的我、独特的我、最好的我、社会欢迎的我"。

所谓"做一个自如的我",是指不要给自己提出力所不能及的过高要求,使自己总是陷入自责、自怨、自恨的情绪,而是给自己制定一个只要付出足够的努力就能达到的目标,从而能够在坦然面对自己的客观存在的前提下,仍积极的生活。

所谓"做一个独特的我",是指不要一味地追求时尚,在刻意模仿中失去自我,而是在接受自我的过程中,扬长避短,得以自在地生活。

所谓"做一个最好的我",是指立足于现实,选择适合自己的人生道路,尽最大努力,达到最佳水平,充分实现自己的人生价值,能够满意地生活。

所谓"做一个社会欢迎的我",是指要有正确的价值取向,把自我实现的蓝图与祖国的富强、人类的文明结合起来,努力为社会做出自己最大的贡献,真正充实的生活。

(2) 培养坚强的自控能力

在实现人生目标的旅途上,既会有各种本能欲望的干扰,又会有各种外界诱惑的侵袭。本能的欲望常令人失去理智,如贪图安逸、追求物欲等。名利和物质的诱惑,容易使人偏离正确的前进轨道,丧失奋进的斗志,放弃对远大目标的追求,甚至把青年学生引向堕落。一个人要想成就一番事业,就必须能够抵制诱惑,主宰自己的行动,这就需要有较强的自我控制能力,以保证理智地约束自己的情感,把握自己的行为。自我控制的动力来源,在于从根本利益和长远利益上去看问题。有些诱惑之所以对个体很有吸引力,就是因为它充分地显示了表面的、暂时的利益。比如,在学习紧张的时候,看一场精彩的球赛可能比枯燥的学习更有吸引力,因为它能使人短暂地忘记痛苦的学习过程。类似的种种诱惑,每天都可能存在,如果不能有效抵御,作为学生,最终可能使自己在各类竞争中处于不利地位。如果能牢记自己的根本利益和长远目标,就会有控制自己的动力,得以抵御表面的、暂时的利益诱惑。

个体在决定做某一件事的时候,常会产生各种对立动机的内部斗争,主要是高尚的动机(义务感、责任感、道德感等)跟低级的动机(满足个人的某种欲望)之间的斗争。根据斗争的结果,可以看出个体自制力的高低。要检验一个人自制能力的强弱,可以看他的行为主要是臣服于本能的欲望或偶然的冲动、情感的驱使,选择"我要做"的事情,还是受理智的制约,选择"应该做"的事情。在自我意识未能达到高度统一时,个体觉得"应该做"的事情与"我要做"的事情往往是不一致或者是有差别的。如果要有较强的自制力,那么就会倾向于做"应当做"的事情,克服妨碍"我要做"的愿望和动机(如恐惧、懒惰、过分的自爱、不良的习惯等),从而自主地塑造自己。

(3) 塑造健全的人格

人格,也称个性,"是一个人在与其环境相互作用过程中所表现出来的独特的思维模式、行为方式和情感反应的特征","它组织着人的经验并形成人的行为和对环境的反应"。因而,人格不仅是人的心理面貌的集中反映,而且是人的心理行为的基础,它在很大程度上决定了人对外界的刺激做出怎样的反应,包括反应的方向、形式和程度等,因而会直接影响人的身心健康、活动效果、潜能开发以及社会适应情况,进而也将影响一个人包括生理、心理和社会文化素质在内的综合素质的发展。医学研究认为,许多心理和生理疾病都有相应的人格特征模式,这种人格特征在疾病的发生、发展中起到了生成、促进、催化的作用。健康的自我意识的形成,除了要有对自我的正确认知外,还要有健全人格的支撑。帮助大学生培养积极、和谐、健全的人格,对健康的自我意识的发展将起到良好的生成和促进作用。大学生要认识自己,树立自信;悦纳自己,建立自尊;完善自己,走向自强。

本章案例

下面是一位大学女生的自我描述。

"我已步入'花季'的年龄,我究竟是一个什么样的人呢?我很爱美,我总希望自己拥有一个清纯可爱的外表;我希望自己处处整洁干净,做事有条不紊,有时把自己的房间收拾得出奇得干净;我爱一切能表现美的事物;我爱画画、唱歌、听音乐……我是一个理想主义者,妈妈说我是一个过于浪漫的人,我也经常能感受到自己变幻不定、波澜起伏的内心情感,我容易对哪怕是一面之缘的男孩产生好感,我总幻想在遥远的地方有一位白马王子在等待着我。我有极强的同情心,我见不得别人受苦,不忍心看乞丐沿街乞讨。我内心非常渴望自己将来能成为一个成功的人,成为一个优秀的完人。我讨厌平庸,不安心现状,一定要活得与众不同,因此我对自己要求非常严格:对于学习我从不松懈,制定的学习目标也一定要实现;对于我不感兴趣的课程,我也是努力学习,力求各门课程的成绩都达到优秀水平。我非常敏感,不愿意接受别人的批评,即使是非常婉转的意见我也觉得不中听,甚至有时候有点小心眼。我妒忌比我强的人(尤其是女孩),总想超过她,否则,我就觉得非常不舒服,甚至会有自卑感。除了学习之外,我认为自己非常漂亮,身材苗条,气质就像电影明星一样,同时,我也希望我的品质也像电影中的一些优秀的女主人公一样。我愿意和男孩子交往,他们爽朗大方、一点也不小气,不像有些女孩子,小心眼。我还特别喜欢运动,喜欢打篮球、排球;我爱听轻音乐,特别是小提琴曲,如《梁祝》。我有时觉得自己非常成熟,什么都明白,可有时又觉得自己傻傻的;我觉得我的意志力不是特别坚强,常常会盼望出现奇迹,可又怕吃苦。我害怕死亡,从来不去想死后的事。我的心中总是充满理想和美好的愿望,可是现实中有时和想象的不一样,所以有时候我也很失望。但总是过一会儿就好了⋯⋯"

"这就是我,我认为我是一个非常好的女孩子,我希望自己将来能成为一个事业成功的女强人,我不怕世俗的目光,我也相信我能够实现!"

 案例分析

自我描述是常用的研究自我意识发展的方法。

通过和这个女学生的接触,以及周围熟悉她的人的介绍,可以发现,这个女学生各方面都表现不错,尤其是语言表达能力很好,还参加过演讲比赛,得过奖,对于自己的描述基本符合现实的情况。

由此我们可以发现,这名学生的自我意识非常清晰明确,自我描述也能做到基本上准确,没有大的偏差,语言表达清楚,自我意识特点鲜明;她的自信心比较强,自我评价较高,自我目标也比较明确,自我控制能力也比较强。总体来说,她的自我意识水平较高,心理发展符合她的年龄特点,她较为正确、客观的自我意识对于她日常的学习、生活会有一个大的促进作用。由此可以反映,学业、生活较为顺利的学生,一般自我评价都较高,自我控制能力也比较强,尤其是语言发展水平对于自我意识的作用是很大的。但是,该生不能够接受他人对自己的评价,特别是批评性评价,这就使她失去了通过他人认识自己的渠道,影响其正确自我认知的形成,不利于其自我意识的进一步发展。

一、认识自己

活动目的 探索自我,增进对自我的了解,培养积极健康的自我意识。

活动器材 白纸或者硬质卡片、笔、透明胶带。

活动步骤

(1)"自我"概念的说明和活动介绍。

(2)请参与者用15分钟填写"我是谁"活动卡,然后将活动卡固定在胸前,参与者之间相互自由交谈沟通15分钟。

(3)请参与者用15分钟填写"投射活动表"并固定于胸前,参与者之间相互自由交谈沟通15分钟。

(4)讨论如下问题:

① 填写"投射活动表"的时候有什么感受?

② 交谈沟通过程中看到别人所写的内容时会有什么样的体验?

③ 自己为什么会写出上述内容?

④ 上述内容代表真实的自己吗?

⑤ 自我概念对人际关系有影响吗?

(5)"我是谁"活动卡的结果可被认为是参与者的"主观我",而"投射活动表"的结果可视为"理想我",别人的反馈可视为"客观我"。

(6)"我是谁"活动卡可以用如下形式的句型表示:"我……""我是……""我可以……""我想……""我曾经……""我愿意……"等。

(7)投射活动表可以用如下形式来表示:"假如我是……我希望……因为……"

二、高台演讲

活动目的 锻炼学生在特殊情境下的逻辑思维和语言表达能力。

活动方法

(1)所有人轮流站到高台上进行演讲,共3分钟。

(2)用1分钟讲讲自己的过去,用1分钟讲讲自己的现在,用1分钟讲讲自己想象中的未来,可以将过去、现在、未来无规律重复一遍。

(3)如果演讲结束而时间未到,请继续站在台上,即兴演讲其他话题。

分享讨论

(1) 有人说:"演讲就是生产力。"也有人说:"演讲就是领导力。"对此进行交流分享。

(2) 站在高台上时,对自己的语言表达能力和逻辑思维能力有影响吗?

(3) 前面同学的演讲对你的影响有哪些? 在多次的活动中发现,后上台演讲的学员容易受到前面学员的话题影响。例如,曾经有一组的同学在讲到未来时,希望有了一定的经济能力之后去西藏旅游,随后演讲的同学中有五人表明自己也计划去西藏、云南旅游等,这些可能会影响学员的既定思路,甚至引起攀比心理。

(4) 社会学家研究结果表明,"在公众面前讲话"是人们较为害怕的八件事情之一。曾经有一个男生上台后一直不语,后来说了一句"我终于在这么多人面前讲话",就"羞涩"地跑下台来,后来他认为自己收获颇大,队友们也给了他更多的鼓励和赞同。

(5) 在一个"计划方案"的讨论会上,小王本想提些"批评性的意见",随着时间的推移,几个老同志发言完毕后,小王只想提些"建设性意见";再后来又有几位同志发言完毕,小王暗自庆幸没有过早发言,轮到他发言时,他只说了些"附和性意见"。试分析小王的心理变化。

复习思考题

1. 试述大学生自我意识发展的特点。
2. 多角度描述你自己。(既可以从学业自我、人际自我角度;也可以从理想我与现实我角度描述。)
3. 用 20 个形容词描述自己。
4. 结合自身实际,谈谈如何建立理性的自我意识。

第三章 公安院校大学生人际关系心理

第一节 人际关系概述

一、人际关系的含义

所谓人际关系,就是人们在社会生活中,通过相互交往和协同活动而形成的各种心理关系,它反映了人与人之间心理距离的远近,也被称为"人际交往"。人际交往是人们为了满足特定的需要,通过一定的语言与非语言(如面部表情、肢体动作等)表达方式,彼此之间交流信息、沟通感情的过程。人际关系以人际交往为手段,是人们借助于交往,彼此之间加强了解、增进感情、拉近心理距离的结果。大学生要培养良好、和谐的人际关系,需要掌握科学、合理的人际交往原则与方法。

心理健康是一种高效而满意的、持续的心理状态,是现代人健康标准的重要组成部分。在大学生的发展过程中,心理健康日益受到人们关注。在心理健康的标准中,人际关系是重要的一个方面。人际关系和谐是心理健康的重要标准之一。良好的人际交往对一个人的心理健康具有重要作用。我国著名的心理学家丁瓒教授曾指出:"人类的心理适应,最主要的就是人际关系的适应,所以人类的心理病态,主要是由于人际交往的失败而来。"

良好的人际交往对心理健康的作用具体表现在以下几方面:

(一)良好的人际交往有利于满足个人需要

需要是有机体感到某种缺乏而力求获得满足的心理倾向。美国心理学家马斯洛把人的需要分为生理需要、安全需要、归属与爱的需要、尊重的需要和自我实现的需要五个层次。生理需要是人类维持自身生存的最基本要求;安全需要是人们希望受保护与避免威胁从而获得安全感的需要;归属与爱的需要是人们有被他人或群体接纳、关爱、鼓励和支持的需要;尊重的需要是人们希望获得稳定的社会地位,希望自己的能力和价值得到他人与社会的承认;自我实现的需要是人们追求充分发挥自己的潜在能力并达到完善。马斯洛认为,人的需要被满足的程度与健康状况成正比,当所有的需要被满足后,就可达到最佳的健康状态。人们要满足个人的需要,要获得安全感、归属感、关爱感、尊重感等,良好的人际交往是一个重要的条件。通过人际交往,人们相互心理取暖,共渡困境;通过人际交往,人们彼此增进感情,相互支持;通过人际交往,人们彼此尊重,能更好地融入集体。需要的满足使人际交往成为人们在社会生活中不可或缺的一个部分。

(二) 良好的人际交往有利于产生健康的情绪

情绪健康是心理健康的重要标志之一。情绪健康是指情绪活动的主流是愉快的、幸福的、稳定的。个体在生活中,积极的情绪占主体地位,并善于控制和调节自己的情绪。某种情绪的产生是以客观情景是否符合个人的愿望和需要为中介的,如果客观情景符合个人的愿望和需要,大多会产生积极的情绪,反之则可能产生消极的情绪。人际交往是个体健康成长的共同需要,几乎每个人都渴望拥有良好的人际关系,如果人际交往状态是良性的,符合个人的愿望和需要,就更容易产生积极的情绪,更容易体验到幸福感。

此外,良好的人际交往也为个体有效地控制和调节自己的情绪提供了条件。当我们情绪愉快时,与人分享可以增加我们的幸福感;当我们情绪压抑时,与人倾诉可以宣泄不良的情绪;当我们情绪低落时,与人交流可以使我们重振信心;当我们情绪激进时,与人相伴可以使我们恢复理智。这些对情绪的控制和调节都是以良好的人际交往为前提的。

(三) 良好的人际交往有利于形成良好的个性

个体在个性发展的过程中,会受到人际环境的影响。心理学家通过研究发现,健康的个性总是与健康的人际交往相伴随的。如果一个人长期生活在友好和睦的人际氛围中,很容易形成乐观、开朗、积极、主动的个性。

二、大学生人际交往的特征

大学时期是青少年从青春期向成年期过渡的阶段,这一时期,大学生在人际交往上会出现一些新的特征和变化,主要表现在以下几方面:

(一) 大学生有更加强烈的交往需要

交往是人正常的社会生活需要。大学生从中学到大学,远离了父母、熟识的同学和朋友,突然置身于一个陌生的环境中,会产生一定的失落感,这种失落感会引发心理的不平衡,使人产生更加强烈的交往需要,他们渴望得到周围同学的关心、爱护、信任和支持,渴望在孤独和不适中相互取暖,以弥补这种失落感。

(二)大学生人际交往更加生活化

中学阶段,学生生活的主题主要是学习,同学之间的人际交往主要集中在学习领域,如相互讨论学科问题、共同参加课程活动等。进入大学后,学生开始从家庭生活转向集体生活,同学之间的人际交往领域开始由单纯的学习领域拓展到更加细微和丰富的日常生活领域。大学生将面临很多新的人际交往问题,有些问题还十分生活化。例如,同一个寝室中,有些同学睡觉时间早,有些同学睡觉时间晚;有些同学非常在意卫生状况,有些同学则有些不拘小节;等等。

(三)大学生人际交往更加追求平等性和独立性

大学阶段开始进入成年期,随着自我意识的逐渐成熟,大学生的价值感和自尊感越来越强烈,他们在人际交往过程中更加追求平等,希望彼此坦诚相待,相互尊重和理解。研究人员在大学生最喜欢的教师类型的调查报告中发现,大学生普遍倾向于朋友型师生关系,即教师能平等公正地对待每个学生,尊重理解学生,善于与学生沟通交流。此外,大学生的独立意识、自主精神也明显增强,他们在人际交往过程中不想过分依赖家长和老师,更渴望能够自主的选择、独立的思考。

三、人际交往的心理效应

(一)首因效应

首因效应是指人在交往过程中,最初获得的关于交往对象的信息会给人留下深刻的印象,在一定程度上影响着个体今后的交往态度,也就是我们通常所说的"第一印象"。

在人际交往中,第一印象往往较深刻、鲜明和牢固,这种印象在个体的社会认知过程中所起的作用要比以后得到的信息更强,甚至会使人产生心理定势,在今后很长一段时间内,影响着对他人的行为解释。即使他人的表现与"第一印象"有所差别,个体在一段时间内也不轻易改变对他人的看法。例如,在大学新生交往中,一位同学在一开始对他人的所有承诺都能按时完成,会给人留下诚实守信的第一印象,即使在后来某一次聚会中迟到了,同学们也可能认为他临时有急事,而不是不守信。可见,在大学生人际交往中,给他人留下良好的第一印象是非常重要的。著名的人际关系学大师卡耐基在其著作《怎样赢得朋友,怎样影响别人》一书中,总结出给人留下良好的第一印象的六种途径：
(1) 真诚地对别人感兴趣。
(2) 微笑。
(3) 多提别人的名字。
(4) 做一个耐心的听者，鼓励别人谈他们自己。
(5) 谈符合别人兴趣的话题。
(6) 以真诚的方式让别人感到他很重要。

社会心理学家艾根经研究得出：同陌生人交往时，依照SOLER模式表现自己，可以显著地增加别人对自己的接纳性。SOLER模式中，S表示坐或站要面对别人，O表示姿态要自然放开，L表示身材微微前倾，E表示目光接触，R表示放松。通过SOLER模式让对方感受到"我很尊敬你""对你很有兴趣""我内心是接受你的"，以此给对方留下良好的第一印象。从卡耐基和艾根的研究中可以看出，要给人留下良好的第一印象，必须有效地把握很多个"第一次"或"头几次"，在最初交往中，要努力向对方传达积极的信息。

例如，在新同学第一次见面时，首先应该给予对方真诚的微笑，主动地打招呼，还可以为对方提供一些帮助，如帮忙提东西等，给人留下友好、热心的第一印象。在与同学第一次约会时，一定要准时赴约、衣着整洁、举止文明，给人留下诚信、文明的第一印象。在与同学的第一次合作中，要认真倾听他人的意见，坦诚交流自己的思想，给人留下礼貌、真诚的第一印象。在与同学第一次发生误会时，要认真反思自己的行为，充分理解他人的想法，主动与同学沟通，化解矛盾，给人留下包容、坦诚的第一印象。

当然，我们要知道，虽然第一印象影响深刻，非常重要，但它并不是一成不变的，要获得良好的人际关系，我们不能指望凭借给人留下良好的第一印象就可以一劳永逸。人际交往是一个长期的过程，也是一个动态变化的过程，随着时间的推移，人们也可能根据交往对象思想和行为的变化而改变最初的人际态度。例如，有一位大学生，刚开始担任学生干部时，工作积极、主动、热情，给老师和同学们留下了良好的第一印象。一段时间后，随着工作新鲜感的消失，这位同学的工作积极性下降，对老师交办的工作经常拖沓、应付。刚开始时，老师和同学们以为是他身体不适或心情不好等原因造成的，但时间一长，却发现是其性格使然，最初建立的良好的第一印象也发生了改变。所以，当我们已经给人留下了良好的第一印象时，切不可沾沾自喜、得意忘形；同样，当我们由于某些原因一开始就遭到同学们的误会，给人留下的印象不好时，也不可自暴自弃，要相信"精诚所至、金石为开""路遥知马力、日久见人心"，要通过自己的良好表现，改变他人对自己的看法。当然，我们在评价他人时，也应该用发展的眼光去看待他人，不要因为第一印象就全面地、彻底地否定他人。

（二）近因效应

在人际交往中，个体给他人留下的最近的印象对他人的影响比较深刻。例如，某位大学生平时表现得很好，可最近做错了一件事，就给别的同学留下深刻的负面印象；两个平时关系很好的同学，往往会因为最近发生的一件小事而产生矛盾，彼此闹得很不愉快；高中同学到你所在的大学找你玩，平时你都照顾得很周到，但因离别时你说了一句不太合适的话，让他觉得很不舒服，可能你这几天的付出都白费了；等等。这些都是近因效应而带来的影响。

为了防止近因效应带来的人际认知偏差，我们需要把"近因"与"远因"放在一起，进行综合分析，用动态的、历史的、长远的眼光看待他人。比如，当我们为最近发生的一件小事和朋友生气的时候，我们可以回想他过去对自己的帮助，可能会让自己消除怒气，重新冷静地审视这段友情。

此外，由于近因效应，因此大学生要格外注意一些重要的交往时间，如聚会的结尾、学期的结束、周末时间、毕业时间、送别时间等，在这些时间里，个人的言行很容易给对方留下深刻的印象，如果交往方式得当，对方会非常怀念你，对彼此的相处回味无穷；如果言行失误，可能会让对方耿耿于怀。

（三）晕轮效应

在人际交往中，人们很容易出现以点代面、以偏概全的心理倾向。当一个人的一个优点被过度关注时，人们有可能主观上把这一优点放大，认为他在其他方面也很优秀，给他笼罩一个"好"的光环；相反，当一个人的某个缺点被过度关注时，人们也有可能在主观上把这个缺点放大，认为他干什么都不行、一无是处，给他贴上"差"的标签。这就是人际交往中的晕轮效应或光环效应。戴恩曾做过一个有代表性的实验：他向大学生出示了三张外貌不同的照片，请他们对照片上的三个人在27项特质上打分，并预测他们未来的幸福程度。结果表明：大多数被试者对外貌好的人给予较高的评价与预测，他们认为外貌好的人聪明、有趣、独立、会交际、能干等。

由于晕轮效应，一些大学生在人际交往中会出现绝对化的人际态度，即对他人全盘肯定或全盘否定。当自己非常欣赏他人的某一优点时，就会越来越觉得这个人趋于完美；但当他人的某一缺点出现的时候，就会认为此人一无是处，不值得交往。

要预防和纠正晕轮效应，关键是大学生要树立全面的人际认知观，从多个方面、多个角度去评价他人。当我们对他人的某一错误耿耿于怀的时候，要多想一想他人的优点,避免对他人的评价绝对化。当然,由于晕轮效应,当自己被他人不合实际地夸奖时,要保持清醒的自我认识,要认真地分析自己的缺点和不足;反之,当自己被他人不合实际地贬低时,也不要自暴自弃,或同样通过不合实际地贬低他人的方式进行人身攻击。因此,我们应该在真诚沟通的基础上,通过实际的行动改变他人不当的看法。

(四)刻板印象

刻板印象是指在人际交往中,个人对某一类人或事物产生的一种比较固定的、类化的看法。比如,我们一般认为男性是独立、刚强、心胸开阔、好攻击的,女性则是依赖性强、温柔、敏感、脆弱的;男性擅长学习理工类专业,女性更适合学习文史类专业;老年人比较古板、守旧,年轻人比较时尚、活泼;东北人比较豪爽、江南人比较温和;等等。这些看法都是类化的看法,在人脑中已形成刻板、固定的印象。

我们知道,人的心理特征具有个体差异性。在人际交往中,大学生如果忽略了个体的差异性而把这些刻板、固定的印象套用在交往对象上,就可能出现人际认知的偏差,造成言行的失误。例如,在入校之初,一位大学生与来自东北的新同学交往,如果这位大学生习惯性地认为东北人都是豪爽、直率的,就会与他交往时说话直来直去,但可能这位来自东北的新同学恰恰是一个细腻、敏感的学生,直来直去的说话方式会让他觉得很不舒服,甚至会给他造成一定的言语伤害。作为大学生,要对刻板印象在人际交往中产生的障碍有充分的思想认识,努力克服旧有的思维习惯,善于用新的眼光和思维对待他人。

(五)罗森塔尔效应

美国心理学家罗森塔尔和他的助手曾在一所学校进行了一次有趣的实验,他们随机选择了一个班级,并对该班的每一位学生以"发展预测"为名进行智力测试。测验后,他们郑重地向老师提供了一份"具有最佳发展前途者"的名单。实际上,他们并没有真正进行智力测试,这份名单也没有任何科学依据,完全是随机抽取的几个学生,其中包括一些已被老师厌弃的学生。一段时间后,他们又来到这所学校,发现凡是名单上的学生,比其他同学获得了更大的进步。这就是著名的"罗森塔尔效应"。名单上的学生,他们之所以能取得更大的进步,是因为作为"具有最佳发展前途者",他们得到了老师积极的期望,这些积极的期望带给了他们更大的发展动力。

罗森塔尔效应告诉我们,作为大学生,在人际交往中应该用积极的眼光看待交往对象,努力发现他们的优点,肯定他们的成绩,塑造积极、良好的人际交往氛围。反之,如果用消极的眼光看待他人,事事否定、打击他人,则会严重影响人际交往的效果。

第二节　公安院校大学生人际关系

一、公安院校大学生人际关系特点

任何工作都是有组织、有计划、有步骤的开展。警察组织有着严格的纪律,在警务活动中,任何警务人员个体的活动不仅要受到组织和集体的制约,还与集体中其他同事有着密切关联。因此,警务人员人际关系的好坏关系到警察组织效能的发挥。若警察组织缺乏良好的人际关系,彼此间缺乏信任和合作,甚至故意出难题、看笑话,那就无法形成集体的合力与战斗力,警务人员的工作和人身安全必然受到影响,并且个人的能力也不会得到充分发挥。研究警务人员人际交往心理有助于协调警察组织内部人际关系,这是公安院校大学生必须了解的内容。

(一)面临新的生活和学习环境

公安院校大学新生第一次较长时间地离开父母和熟悉的环境,需要一段时间来适应大学生活。然而有些学生长期受"怀才不遇""自我封闭"等心态的影响,容易产生消极情绪与行为,并影响到学习、生活、人际交往的方方面面。例如,压抑、对抗、逆反、孤独感等情绪易致人际关系紧张;烦躁、苦闷、恐怖感等易致情绪不稳定;倦怠、压力、自卑感等易致学习难以适应等。若不能在短时间内有效调节,就易导致恶性循环,对其将来的发展很不利。因此,公安院校大学新生应将警校视作一个新的起点,通过个人的努力进行有效的调整,如通过自我反省、广交朋友、积极参加社团和文体活动、请教师长等方式,建立良好的人际关系系统。

(二)交往愿望强烈

当代大学生背负着父母、家庭太多的期望,他们适应社会的能力还不强,加之学习、就业、经济方面的压力以及人际交往、情感、竞争等方面的影响,导致大学生容易出现各种各样的心理和思想问题。他们往往不能正确评价自己,使现实的自我与理想的自我距离较大,影响自我对现实的态度和行为,不能对自己的人生规划进行准确的定位。进入大学后,大学生也自觉意识到了良好的人际关系的重要性,他们不愿意把自己封闭在一个狭小的个人小圈子里,而是迫切希望能够建立良好的人际关系。

（三）交往目的具有多样性

根据"当代大学生心理特点与教育对策研究"课题组对重庆大学、西南师范大学、华南师范大学、西北师范大学、天津师范大学、首都师范大学、广州师范学院、喀什师范学院、海南师范学院、安徽大学、浙江大学等高校部分大学生的抽样调查表明，大学生对于不同的交往对象，抱有明显不同的交往目的。男、女生以及不同年级的大学生在交往的目的上还表现出一定的差异。例如，在与同性朋友的交往上，男生的娱乐性强于女生，女生的互助性强于男生；在与异性朋友的交往上，男生在助人、安全和自我表现三个方面高于女生，女生的自我中心高于男生；在与老师的交往上，男生在功利、自我中心方面较女生要强，女生在客观要求方面要高于男生；在与父母的交往中，男生在自我中心方面较女生要强；等等。年级差异主要表现在：在与同性朋友的交往上，一年级的功利性交往目的比二、三年级要弱一些；在与异性朋友的交往上，一、三年级的互助与助人的交往目的比二、四年级要强一些；在与老师的交往上，低年级的互助性交往目的比高年级要强一些；等等。

（四）人际交往具有浓厚的理想色彩

大学生正处在求知阶段，思想比较单纯，对未来充满向往和自信。因此，在日常交往中总是崇尚高雅、鄙视庸俗，崇尚真诚、鄙视虚伪。在大学里，那些学习认真，成绩优秀，有才能有智慧，同时为人又正直、坦率，凡事善于替别人考虑，善于关心别人、帮助别人，谦虚、朴实，在荣誉和利益面前能保持良好心态的大学生人际关系较好。反之，那些对集体和他人漠不关心，见利忘义，喜欢斤斤计较，为人虚伪不正派，甚至自以为是，自视高明处处利用别人，心胸狭窄，反复无常的人，尽管有的人学习也比较用功，成绩也很优秀，但人际关系较差，班集体中其他同学往往避而远之，甚至与之对立。

（五）人际交往相对比较简单，具有稳定性

大学生的活动范围主要是在校园内，其接触的对象主要是同学和老师，交往的目的是交流思想、联络感情、切磋学问、关心国事、探索人生、抚慰鼓励以及排遣烦恼等。交往方式主要是接触交谈，其次是参加社团，再次是使用手机、网络等。因此，大学生的人际关系相对比较简单。而且同一年级、同一专业的大学生要在一起生活、学习好几年，即使有时发生不愉快的事，由于彼此之间没有根本的利害冲突，因此问题也比较容易解决，一般不会有较大的波动，人际关系比较稳定。

（六）认知因素在人际交往中起着主导作用

研究表明，影响人际关系的认知因素、情感因素和人格因素在不同层面的学生

中有着不同的特点。中、小学生交往联谊偏重兴趣和爱好,而大学生交往联谊则偏重理性和认知。明显的表现是:大学生在人际交往中有较强的主见和选择能力,即认知能力。什么人能交往,什么人不能交往,大学生已能分清良莠,择善而交。

(七) 人际关系中的矛盾心理

公安院校大学生渴望正确认识社会,但对社会和人生又缺乏辩证思考的能力。与普通高校的大学生一样,他们即将走向社会,关注社会问题和社会变革,在人生价值目标的取舍上难免会有各种各样的冲突。这些冲突主要体现在对人生理想和信念、道德价值取向、就业及前途命运等方面,他们的心理变得复杂而迷茫,从而产生不安和焦虑,甚至可能会引发恶性事件。

二、影响人际关系的因素

(一) 仪表因素

个人的仪表,包括长相、仪态、风度、穿着等,会影响人们彼此间的吸引力。尤其在初次见面时,由于第一印象的作用,仪表因素在人际交往中占重要地位。虽然,我们常说"人不可貌相""不可以貌取人"等,然而在实际生活和交往中,人们往往还是难以摆脱仪表所起的微妙作用。亚里士多德曾经说过"美丽比一张介绍信更具推荐力",由此可见一斑。

仪表之所以能成为影响人际吸引的一个重要因素,是因为爱美是人类的一种普遍需要。美丽的仪表能使人产生愉悦的情绪,构成一种精神酬赏,从而容易对交往的对象产生好感。另外,仪表的美丑可以产生晕轮效应,即由一点推及其他。因此,美丽的仪表可以使人认为这个人还具有其他一系列的较佳品质,反之亦然。对此,心理学家兰德(D. Landy)和赛格尔(H. Sigall)于1974年做了一个实验。他们让实验组阅读一些附有作者照片的文章,文章的水平有高有低,作者的容貌有漂亮的与不漂亮的之分;再让对照组只看没附照片的同样文章,然后两组在阅读后做出评价。结果同样的文章,因作者容貌的不同而给出了不同的评价:长得漂亮的作者的文章评价分数高,而不漂亮的作者的文章评价分数低。

但是也有研究表明,随着交往时间的增长,双方了解程度的加深,仪表因素的作用也会越来越小,人际交往的吸引力将会从外在的仪表逐渐进入人们内在的品质。

(二) 空间距离因素

俗话说,远亲不如近邻。人与人在地理位置、空间距离上越接近,越容易形成密切的关系。因为距离拉近,相互接触和交往的机会就会增多,双方间更容易了解和熟悉,如同班、同组、同学院的人更易成为朋友。研究表明,在一个新的环境里,与陌生人的第一次交往,距离上的邻近因素是增进人际吸引的重要因素。心理学家西格尔(M. Segal)在一所警察学校做了一个十分有趣的实验:他把新入学学生的名字按字母顺序排列出来,再按这一顺序安排教室座位和宿舍房间,6个月后,要求学生说出三个自己最亲近的伙伴名字,结果发现,学生们的朋友都是名字字母顺序上和自己相近的人。当然也不能说邻近一定具有吸引力。我们知道,自己喜欢的人往往是邻近的人,而自己厌恶的人,也可能是邻近的人。邻近性是相互吸引的一个重要条件,但不是充分必要条件。

(三)交往频率因素

人们接触的次数称为交往频率。交往的次数越多,越容易具有共同的经验、话题和感受,因而越可能建立密切的关系。尤其对素不相识的人来说,交往频率在形成人际关系的初期起着重要的作用。在心理学家查荣克(Zajonc)于1968年的一个实验中,他让几名女性被试者"无意"中碰到5名陌生的妇女。实验不允许被试者和这5名妇女直接接触,而这5名妇女露面的次数有的多、有的少,然后要求被试者回答她们喜欢哪一位妇女。结果发现,被试者喜欢的人与对方露面的次数有关。最喜欢的是出现了10次的妇女,较不喜欢的是只出现了1次的。类似的实验做过多次,都说明交往频率也是增进相互吸引的一个因素。当然,交往的内容和态度在交往中也是至关重要的,如果仅是敷衍应付,即使交往频率再高,人际关系也不会真正密切起来。

(四)相似性因素

在人际交往过程中,双方若能意识到彼此的相似性,则容易互相吸引,产生亲密感,减少疏远感。相似性因素有很多,包括年龄、性别、学历、兴趣、性格、气质、态度等。研究表明,在教育水平、经济收入、籍贯、职业、社会地位、社会价值、资历等方面相似的人们容易相互吸引。在相似性因素中,价值观是最主要的因素,例如,在政治观、宗教信仰、对社会现象的看法等方面比较一致的人,在感情和交流上更为融洽。

美国心理学家西奥多·纽科姆(Theodore Newcomb)于1961年曾在密执安大学做过一实验,实验对象是17名大学生。实验者为他们免费提供住宿四个月,交换条件是他们定期接受谈话和测验。在被试进入宿舍前先测定他们关于政治、经济、审美、社会福利等方面的态度和价值观以及他们的人格特征。之后,实验者将那些态度、价值观和人格特征相似和不相似的学生混合安排在几个房间里一起生活四个月,其间定期测定他们对上述问题的看法和态度,让他们相互评价,喜欢谁或不喜欢谁。实验结果表明,在相处的初期,空间距离的邻近性决定人与人之间的吸引程度,到了后期相互吸引发生了变化,彼此间的态度和价值观越相似的人,相互间的吸引力越强。心理学家的进一步研究还发现,只要对方和自己的态度相似,哪怕在其他方面有缺陷,也同样会对自己产生很大的吸引力。

(五) 互补性因素

当交往双方的特点或需要正好互补时,会产生强烈的吸引力,这就是互补性吸引。例如,一个支配欲较强的人喜欢和依赖性强的人交往,性格外向的人可能和性格内向的人相处很好,这就是互补性因素在人际交往过程中的作用。研究证明,互补性因素增进人际吸引往往发生在感情深厚的朋友交往中,特别是在异性朋友和夫妻之间。美国社会心理学家 A. 克克霍夫(A. Kerckhoff)等人对已建立恋爱关系的大学生进行研究,结果发现,对短期的伴侣来说,推动吸引的动力主要是相似的价值观念,而驱使长期伴侣发展更密切关系的动力主要是需要的互补。在实际生活中也可发现,无论是一般的朋友之间,还是夫妻或恋人之间,既有"志同道合"的相似性因素作用,也有"珠联璧合"的互补性因素。

(六) 能力因素

一个人在能力才干方面比较突出,与众不同,其本身就是一种吸引力,容易使他人对之产生钦佩感并欣赏其才能,愿意与之交往。这就是为什么一般人都喜欢聪明能干的人,而不喜欢愚蠢无能的人。那么,是否人越聪明能干,就越招人喜欢呢?结论是不一定。E. 阿伦森(E. Aronson)等人研究证实:一个极其聪明能干的人,会使人感到高不可攀而产生自卑感,令人敬而远之,从而降低了吸引力。如果一个英雄或伟人、名人偶然暴露些小缺点,或者遭受一些小挫折,反而会使人更喜欢接近他。据美国的一项民意测验表明,虽然拳王阿里在最后的卫冕战中被击败,但其声望非但没有下降,反而更高,人们更喜欢他了。因为他失败后,让人们感到他并不是战无不胜的神,而是一个有血有肉的平常人,所以更加喜欢他。

(七) 个性品质因素

外表在人际交往开始阶段往往具有较大的影响,但随着交往的加深,这种影响会逐渐减弱,而个性品质的影响则逐渐增大。同外表美相比,优良的个性品质具有更持久的人际吸引力。优良的个性品质主要包括诚实、正直、真诚、热情、豁达、宽容、善良、机智、幽默、乐于助人等,而虚伪、冷漠、孤僻、不尊重他人、疑心重、嫉妒心强、固执专横、心胸狭窄等不良品格会严重妨碍良好人际关系的建立。

三、人际交往中的常见问题

（一）自负心理

自负的人只关心个人的需要，强调自己的感受，在人际交往中表现为目中无人。例如，与同伴相聚，不高兴时会不分场合地乱发脾气，高兴时则高谈阔论、手舞足蹈地讲个痛快，全然不考虑别人的情绪和感受。另外，在对自己与别人的关系上，过高地估计了彼此的亲密度，可能会讲一些不合时宜的话，这种过分的行为，会使人出于心理防范而与之疏远。

1. 自负的特征

（1）自视过高，很少关心别人，与他人关系疏远

这种人时时事事都从自己的利益出发，从不顾及别人的感受，不求于人时，对人没有丝毫的热情，似乎人人都应为他服务，结果落得个门庭冷落。

（2）看不起别人，总认为自己比别人强很多

这种人固执己见，唯我独尊，总是将自己的观点强加于人，在明知别人正确时，也不愿意改变自己的态度或接受别人的观点。总爱抬高自己、贬低别人，把别人说得一无是处。

（3）过度防卫，有明显的嫉妒心

这种人有很强的自尊心，当别人取得一些成绩时，其嫉妒心油然而生，总是极力去打击别人、排斥别人；当别人失败时，不仅幸灾乐祸，还不向别人提供任何有益的帮助。同时，在别人成功时，这种人常用"酸葡萄心理"来维持自己的心理平衡。

2. 形成自负的原因

（1）过分娇宠的家庭教育

家庭教育是一个人自负心理产生的第一根源。对于青少年来说，他们的自我评价首先取决于周围的人对他们的看法，家庭则是他们自我评价的第一参考系。父母的宠爱、夸赞、表扬会使他们觉得自己"相当了不起"。

（2）生活中的一帆风顺

人的认识来源于经验，生活中遭受过许多挫折和打击的人，很少有自负的心理，而生活中的一帆风顺，则很容易养成自负的性格。现在的大学生大多是独生子女，是父母的掌上明珠，如果他们在学校表现得出类拔萃，就容易养成自信、自傲和自负的个性。

（3）片面的自我认识

自负者会缩小自己的短处，夸大自己的长处。自负者缺乏自知之明，对自己的

长处看得十分突出,对自己的能力评价过高,对别人的能力评价过低,从而产生自负心理。当一个人只看到自己的优点,看不到自己的缺点时,往往会产生自负的心理。这种人往往好大喜功,取得一点小小的成绩就认为自己了不起,成功时完全归因于自己的努力,失败时则完全归咎于客观条件,他们过分的自恋和以自我为中心,把自己的举手投足都看得与众不同。

(4) 情感上的原因

有些人的自尊心特别强烈,为了保护自尊心,在交往中遇到挫折时,常常会产生两种既相反又相通的自我保护心理。一种是自卑心理,通过自我隔绝,避免自尊心的进一步受伤害;另一种就是自负心理,通过自我放大,获得自卑不足的补偿。例如,一些家庭经济条件不好的学生,怕被经济条件优越的同学看不起,于是自视清高,表面上做出看不起这些同学的样子,这种自负心理是自尊心过分敏感的表现。

3. 克服自负的负面影响

对青少年来说,在适当的范围内,自负心理可以激发他们的斗志,帮助他们树立必胜的信心,坚定战胜困难的信念,使他们勇往直前。但是,自负又必须建立在客观现实的基础上,脱离实际的自负不但不能帮助人们,反而会影响生活、学习、工作和人际交往,严重的还会影响心理健康。

第一,接受批评是根治自负的最佳办法。自负者的致命弱点是不愿意改变自己的态度或接受别人的观点,接受批评即是针对这一特点提出的方法。它并不是让自负者完全服从于他人,只是要求他们能够接受别人的正确观点,通过接受别人的批评,改变过去固执己见、唯我独尊的心理。

第二,与人平等相处。自负者视自己为上帝,无论在观念上还是行动上,都无理地要求别人服从自己。平等相处就是要求自负者以一个普通社会成员的身份与别人平等交往。

第三,提高自我认识。要全面地认识自我,既要看到自己的优点和长处,又要看到自己的缺点和不足,不可"一叶障目,不见泰山",抓住一点不放,失之偏颇。对自我不能孤立地去评价,应该放在社会中去考察;每个人都有自己的独到之处,都有他人所不及的地方,同时又有不如人的地方,与人比较不能总拿自己的长处去比别人的不足,把别人看得一无是处。

第四,要以发展的眼光看待自负。既要看到自己的过去辉煌成绩,又要看到自己的现在不足和将来努力的方向,不念过往,不惧未来。

(二) 嫉妒心理

嫉妒是一种消极的心理品质,是对他人的成就、名望、品德、优越地位及既得利益的一种不友好的、敌视与憎恨的情感,把强于自己的人看作对自己的威胁,是自己前进路上的绊脚石,因而对他人感到不悦,甚至产生怨恨、愤怒的烦躁情绪。嫉妒心理是一种想排挤别人、超越别人的心理状态,具有破坏和憎恨的感情色彩,是妨碍大学生人际交往的最卑劣的情感。有这种心理的大学生在交往中表现出强烈的排他性,并很快地导致诸如中伤、怨恨、诋毁等妒忌行为的发生。而更强烈的嫉妒心理还具有报复性,个体把嫉妒对象作为发泄的目标,甚至给对方造成巨大的精神损伤。

嫉妒心理的发展有以下几个阶段:最早的程度较浅的嫉妒,往往深藏于不易察觉的潜意识中,如自己与某同学相处得很好,对于其优势名誉、地位等并不想施以攻击,不过每念及此,心中总会感到有一些淡淡的酸涩味;程度较深的嫉妒,是由强度较浅的嫉妒发展而来的,其特点是当事人的嫉妒心理不再完全潜藏,而是自觉或不自觉地显露出来,如对被嫉妒者进行间接或直接的挑衅、造谣、诬陷等;当嫉妒心理非常强烈时,嫉妒者可能会丧失理智,出现攻击行为,甚至存在极端行为。

1. 嫉妒心理的特征

(1) 普遍性

嫉妒在大学生中是普遍存在的,不管是男生还是女生,也不管是低年级同学还是高年级同学,每个同学心中或多或少有嫉妒心理,只不过有的人嫉妒心理强,有的人嫉妒心理弱。

(2) 潜隐性

大学生中的嫉妒心理一般不表现在表面上,而是深藏于内心之中。这是由于他们既担心被别人发现自己的嫉妒心后会疏远他们,又不服气对方取得的成就。

(3) 邻近性

大学生嫉妒的对象往往是其身边的同学,甚至是十分要好的朋友。

(4) 社会性

大学校园是一个浓缩的小社会,嫉妒心是在这个特殊的小社会中逐步形成和表现出来的。

(5) 挫折感

嫉妒者会有一种无法摆脱、充满压抑和矛盾的挫折感,他们不愿承认和面对现实,但又不甘落后,对方的任何进步对于其来说都是挑战,为此他们终日闷闷不乐,精神萎靡。

2. 嫉妒心理产生的原因

嫉妒心理产生源于两种错误的认识:一是认为别人取得了成绩,就说明自己没有成绩,别人获得成功,就说明自己失败了;二是认为别人的成功就是对自己的威胁,是对自己利益的侵害。嫉妒的产生离不开人们生活环境和心理的空间中所发生的各种事件。大学生嫉妒心理产生的原因主要有以下几个方面:

(1) 失宠心理

大学生被认为是"天之骄子",经历了中考、高考的层层筛选,在中小学时期都是同龄人中的佼佼者,受到老师、同学和亲戚朋友的广泛关注,特别是深受老师的器重,而进入大学后,由于大学生活独立自主的特点,教师不再密切关注学生的一举一动,使某些学生产生了"失宠"的感觉。同时,学生团体具有相对独立性和自主性,其中必定会涌现出一批能力较强的学生干部,并为广大学生提供了发挥各自特长的舞台,在相互的对比中,有失宠心理的学生更容易消极地看待自我的行为及其结果,从而失去心理平衡。

(2) 匮乏感(自感知识面窄、阅历浅)

中学教学中,虽已广泛提倡素质教育,但现实中却仍然偏重于应试教育,因此,中学生的知识面较窄,又局限于理论,很少与实践相联系。同时,中学生与社会接触较少,阅历浅,而进入大学后,学习、生活都不同于中学阶段。大学里的学术氛围浓厚,并涉及各门学科、各个科学领域,加之大学的开放性和社会性更强调学生的实践能力,学生要接触的事件更现实化、社会化,人员更复杂,于是有学生产生匮乏感,从而导致自卑、恐惧等心理情绪,在有意或无意中与别人进行对照,由此极易产生嫉妒心理。

(3) 失落感

由于对大学的憧憬和向往,某些中学生往往把大学生活想象得过于美好,在主观上把大学生活理想化,而进入大学后发现大学生活并非想象中那么完美,理想与现实的差距使这类学生不可避免地产生某种程度的失落感,这种失落感导致各种消极情绪,嫉妒心理即是其中一种。

(4) 委屈

现代社会是一个充满竞争的社会,大学校园也是如此。在学校的各类竞争中,由于主客观各方面原因,难免出现难分上下而又不得不有所区分的时候,其中一方可能会感到委屈,进而对另一方产生嫉妒。

3. 嫉妒心理的克服

嫉妒这种"平庸的情调对于卓越才能的反感"的心理,常导致害人害己的不良后果,大学生应学会理智地处理嫉妒心理。主要有以下几个方面:

(1) 正确看待人生的价值

只有正确看待人生的价值,才能摆脱一切私心杂念,使自己心胸开阔,不计较眼前得失,更不会花时间和精力嫉妒他人的成功了。一个埋头于自己的事业追求的人是无暇顾及别人的。一个人没有理想,胸无大志,无所事事,就会想去挑别人的刺,寻别人的短,自己不思进取,却去阻碍他人前进,唯愿众人都平庸度过一生。

(2) 发挥自我优势

金无足赤,人无完人。每个人都有自己的优势和长处,追求"万事超人前"既无必要,也不可能。要全方位地认识自己,既看到自己的长处,又正视自己的差距,扬长避短,发现并开拓自身的潜能,不断提高自己,力求改善现状,开创新局面。

(3) 培养乐观的人生态度

人生就是一个大舞台,自得其所,各有归宿;要有勇气承认别人的优秀,从而重新认识、发现和创造自己。只有这样,才能从病态的自尊心和自卑感中走出来,从嫉妒的泥潭中自拔出来。

(4) 密切交往,加深理解

许多嫉妒心理是由误解产生的。嫉妒者误认为对方的优势会对自己造成伤害,从而耿耿于怀。所以要打开心扉,主动接近别人,加强心理沟通,避免发生误会,即使发生了也要及时妥善地解决。

(三) 猜疑心理

猜疑是人际交往中一种不好的心理品质,可以说是友谊之树的"蛀虫"。正如英国哲学家培根说的:"多疑之心犹如蝙蝠,它总是在黄昏中起飞。这种心情是迷陷入的,又是乱人心智的。它能使你陷入迷惘,混淆敌友,从而破坏人的事业。"具有猜疑心理的人,往往先在主观上设定他人对自己不满,然后在生活中寻找证据。带着以邻为壑的心理,把无中生有的事实强加于人,甚至把别人的善意曲解为恶意。这是一种狭隘的、片面的、缺乏根据的盲目想象。

1. 猜疑心理的表现

生活中我们常会碰到一些猜疑心很重的人,他们整天疑心重重、无中生有,认为人人都不可信、不可交,如看见两个同学在窃窃私语,就以为对方在说自己的坏话;别人无意之中看自己一眼,就以为别人不怀好意,别有用心;每当自己做错了事,即使别人不知道,也怀疑别人早就知道,好像正盯着自己似的;别人无意之中说了一句玩笑话也以为在讥讽自己;怀疑别人对自己是虚情假意的,整个世界都是罪恶的,自己没有一个可以谈心的朋友;经常感到孤独、寂寞、心慌、焦虑;等等。具有多疑的人特别注意留心外界和别人对自己的态度,对别人脱口而出的一句话很可能琢磨半天,努力发现其中的"潜台词",与人交往时不能放松、不自然,久而久之,不仅自己心情不好,也影响到人际关系。这种人心有疑惑却不愿公开,也少与人交心,整天闷闷不乐、郁郁寡欢。由于自我封闭阻隔了个体与外界的联系,妨碍感情交流,因此他们将会由怀疑别人发展到怀疑自己、失去信心,从而变得自卑、怯懦、消极、被动。

2. 造成猜疑的原因

（1）作茧自缚的封闭思路

猜疑一般总是从某一假想目标开始,最后又回到假想目标,就像画圆圈一样。最典型的例子就是"疑人偷斧":一个人丢失了斧头,怀疑是邻居的儿子偷的。从这个假想目标出发,他观察邻居儿子的言谈举止、神色仪态,无一不是偷斧的样子,思索的结果进一步巩固和强化了原先的假想,他断定邻居的儿子就是贼。可是,不久他在山谷里找到了斧头,再看那个邻居儿子,竟然一点也不像偷斧者。现实生活中猜疑心理的产生和发展,就如同这种封闭性思路,阻碍了正常思维的发展。

（2）对环境、对他人、对自己缺乏信任

古人说:"长相知,不相疑。"反之,不相知,必定长相疑。不过,"他信"的缺乏,往往又同"自信"的不足相联系。疑神疑鬼的人,看似怀疑别人,实际上是对自己没信心,产生怀疑。有些人在某些方面自认为不如别人,因而总以为别人在议论自己,看不起自己,算计自己。一个人越有自信心,往往越容易信任别人,越不易产生猜疑心理。

（3）对交往挫折的自我防卫

有些人以前由于轻信别人,在人际交往中受过骗,蒙受了巨大的精神损失,遭受了重大的感情挫折,结果万念俱灰,不再相信任何人。

3. 猜疑心理的克服

猜疑的人通常过于敏感。敏感并不一定是缺点,对事物保持一定敏感度的人往往是有创造力的人,但如果过于敏感,特别是与人交往时过于敏感,就需要想办法加以控制了。具体可采用以下几种方法:

（1）用理智力量克制冲动情绪的发生

当发现自己开始怀疑别人时,应当立即寻找产生怀疑的原因,在没有形成思维之前,引进正反两个方面的信息。如"疑人偷斧"中的那个农夫,如果在丢失斧头后能冷静地想一想,斧头会不会是自己砍柴时忘了带回家,或者是挑柴时掉在路上,那么,这个险些影响他同邻人关系的猜疑或许根本就不会产生。现实生活中的许多猜疑,实则无稽之谈,因此冷静思考十分必要。

（2）培养自信心

每个人都应当看到自己的长处,培养自信心,相信自己能处理好人际关系,会给别人留下良好的印象。当我们充满信心地进行工作和生活时,就不用担心自己的行为会给人带来不便,也不会随便怀疑别人是否会挑剔、为难自己了。

（3）学会自我安慰

一个人在生活中,遭到别人的非议和流言,与他人产生误会,是一件正常的事。因此,在一些生活细节上不必斤斤计较,尽量避免一些不必要的烦恼。如果觉得别人怀疑自己,应当安慰自己不必在意别人的议论,尽量让自己的精神得到放松,这样产生的怀疑自然就烟消云散了。

(4) 及时沟通,解除疑惑

世界上不被误会的人是没有的,关键是我们要有消除误会的能力与办法。如果误会得不到尽快解除,就会发展为猜疑;猜疑不能及时解除,就可能导致极端事件发生。因此,应尝试与"怀疑"的对象开诚布公地谈一谈,以便弄清真相,解除误会。猜疑者生疑之后,冷静思索是很重要的,但冷静思索后如果疑惑依然存在,那就该通过适当方式,同被猜疑者进行推心置腹的交谈。若是误会,可以及时消除;若是看法不同,通过谈心,可以了解对方的想法;若证实了自己的猜疑,那么,心平气和地与对方讨论,也有可能使问题得到和平解决。

(四) 自卑心理

自卑是由于意识到自己不如别人而产生的一种自我体验,表现为过低评价自己的能力与品质,轻视自己,担心失去他人尊重的心理状态。通俗地说,就是自己看不起自己,又以为别人也看不起自己的一种心理状态。自卑是影响大学生人际交往的严重心理障碍。有自卑心理的大学生常常缺乏自信,总觉得自己是个失败者,在交往过程中畏首畏尾。过度自卑的人,遭到一点挫折,便怨天尤人;受到别人的耻笑与侮辱,只会忍气吞声。他们缺乏足够的耐挫力,常常把失败归因于个人能力、性格或命运,总是灰心丧气,意志消沉。

自卑是一种因过多的自我否定而产生的自惭形秽的情绪体验。自卑感人人都有,只有当自卑达到一定程度,影响到学习和工作的正常进行时,才会被认为是心理疾病。在人际交往中,自卑的人主要表现为对自己的能力、品质等自身因素评价过低;心理承受力脆弱,经不起较强的刺激;谨小慎微、多愁善感,常产生疑忌心理;行为举止畏畏缩缩、瞻前顾后等。

1. 自卑心理的特征

(1) 泛化性

具有自卑心理的大学生,往往会因为某一方面的失败,落后于人,常把自己看得一无是处,全盘否定自己。一个在学习上不如别人的学生,往往会认为自己语言不够幽默,衣着不适宜,举止太笨拙。自卑情绪的这种泛化特点,使这些人无法看到自己的优点。

(2) 敏感性与虚荣性

自卑心理严重的大学生在同人交往中,对他人的态度、评价等表现得特别敏感,女性自卑者更是如此。例如,几个同学的小声议论会被认为是在议论他的缺点;身材矮小的人在同学们议论高矮的时候,总是借故避开等,这些都是自卑者敏感性与虚荣性的表现。

(3) 掩饰性

有自卑心理的大学生对自己主观上认为的缺点和短处总是设法掩饰,生怕别人知道。具有自卑心理的学生往往对自己的不足和别人对其的评价很敏感,常把别人无关的言行看成对自己的轻视。由于担心自己的缺陷被人知道,因而特意加以掩饰或否认。

2. 自卑心理产生的原因

(1) 自我评价过低

自卑者在对自己的身材、外貌、学习、交往等各方面能力的评价上,往往看不到自己的长处与优势,而夸大自己的不足。他们在认识和评价自己时,总拿自己的短处去比别人的长处,其结果是越比越泄气、越自卑。有些大学生因在学业上、工作上成绩平平,无出色表现而过低估计自己的才智水平,甚至对整个自我认识消极,认为自己"处处不如别人",于是在交往中过于拘谨,担心自己成为笑料或被人算计。

(2) 消极的自我暗示

有自卑心理的大学生习惯进行自我暗示,对自己的期望值总是很低,在参加任何活动之前,常对自己进行"我不行""我很难成功"等消极自我暗示。这种自我低估的倾向使他们不相信自己的能力,从而影响了能力的正常发挥,结果必然失败,而失败又似乎证明了他们早先过低的自我评价与期望,从而强化了他们片面的自我认识,增强了他们的自卑感。那些自认为性格怯懦、抑郁低沉、反应迟缓者,多不敢主动结交朋友,常常独来独往。

(3) 不当归因

大学生对自己学习与交往成功失败的不当归因也是自卑心理产生的认知原因之一,如片面地归因到客观因素等。

(4) 潜意识中的自负

这是大学生中一些人自卑心理产生的深层原因。许多人在行为中表现出的自卑、自我贬低是由于他们心灵深处的自负引起的。在他们的潜意识中,以为别人能的我都能,别人有的我也都有,总认为无论是外形长相还是学问才识,自己都要比别人高些。这使得他们在现实生活中容不得自己落后于人,一遇挫折,他们就很快走向原有状况的反面,表现出自卑心理。

(5) 理想自我与现实自我的冲突

由于当代大学生入学竞争的艰难,因此都为自己设计了一个令人钦羡的理想自我:外表英俊,才能拔萃,受人尊重……但现实自我总是与之有很大距离,两相对照,就会有自惭形秽、自我不满之感,从而形成自卑心理。

3. 自卑心理的调适

自卑是心理暂时失去平衡的一种心理状态,对此可以通过补偿的方法来加以调适,这种补偿又有消极和积极之分。例如,有的大学生知道自己的学习能力有限,学习成绩不理想,却故作姿态,甚至以奇异打扮来吸引别人的注意力,借以弥补自己内心的空虚。这种消极的补偿方法,是不可取的。积极的补偿方法有以下几种:

(1) 正确认识自己,看到自己的长处

俗话说,"尺有所短,寸有所长""金无足赤,人无完人"。每个人都有自己的长处与短处,既比上,又比下;既比优点,也比缺点。跟下比,看到自身的价值;跟上比,鞭策自己求进步。看到长处是为了培养自信,但也必须承认自己存在的短处,如知识的不足、经验的欠缺等。对于导致自卑的因素要积极地进行补偿,一是"笨鸟先飞,以勤补拙",二是扬长避短。

(2) 正确地暗示自己,避免使用否定自己的语言

自卑本身就是消极的自我暗示,做事之前就对自己说"我不行""我没什么用""我不会干",结果就真的干不好,这种消极的暗示导致不必要的精神紧张和精神负担,使自己的内心充满失败感。结果做事情就束手束脚、畏首畏尾,主动性、创造性受到压抑,自然就难以获得成功。因此,要勇敢地暗示自己"我能行""别人能干的事,我也能干""有志者事竟成""事在人为""坚持就是胜利"等,这样会增加自己战胜困难与挫折的力量,自卑也就逐渐丢在脑后。要避免使用否定自己的语言,打开积极进取、乐观自信的思维大门。

(3) 正确地表现自己,积极与人交往

认识到自己的长处,就要大胆的表现,要学会扬长避短,树立积极正面的形象。要相信自己的能力与价值,如抓住每一次展现自己的机会,如上台发言、参加各类竞争等,要积极自信地去做、去尝试,因为只有行动才是达到成功的唯一途径,退缩与回避只能带来自责、懊悔与失意。要注意循序渐进,先做自己最拿手、最容易做的事。在获得了一次成功后,你会惊奇地发现,你也行,这样自信心就随之增强;再去尝试稍难一点的事,积累第二次成功,接着争取更多的成功。

不要总认为别人看不起你而离群索居。你自己瞧得起自己,别人也不会轻易小看你。能不能从良好的人际关系中得到激励,关键还在自己。要有意识地在与周围人的交往中学习别人的长处,发挥自己的优点,多在群体活动中培养自己的能力,避免因孤陋寡闻而产生的畏缩躲闪的自卑感。长此以往,就能逐渐克服自卑心理了。

(4) 调整理想的自我,改变不合理观念

一是降低自我期望的水平,努力使理想自我的内容符合自我所能做出努力的程度,不过分追求完美或对自己提出过高的要求,避免给自己制定一个不切实际的、过于理想和美好的目标,从而造成理想自我与现实自我差距过大。一个人不能没有理想,但理想的建立一定要从自身实际出发,只有这样,才会在实践中不断取得成功,增强自信心。二是改变现有思维方中某些不合理的观念。

总之,克服自卑心理的关键在于必须有坚定的自信心和决心,只有这样才可以把自卑心理转化为自强不息的动力,让自己成为生活和学习中的强者。

(五) 害羞心理

害羞心理是大学生较常见的人际交往障碍。具有这种心理的人,在交往中由于过分的焦虑和不必要的担心,其在行为举止上的表现为言语上支支吾吾,行动上手足无措。有严重害羞心理的人甚至怯于交往,对交往采取回避态度;在交际场所或大庭广众之下,羞于启齿或害怕见人。害羞这一交往心理障碍对大学生的直接危害是交往者无法表达自己的心声与情感,常常造成交往双方的误解,使交往以失败告终;其间接危害则是会导致交往者情绪与性格的不良变化。害羞会使人在交往失败后产生沮丧、焦虑和孤独感,让人有种孤立无援的愁苦、不安和恐惧的情绪状态,进而导致性格上的变异,如软弱、退缩和冷漠。

1. 害羞心理的表现

(1) 站在陌生人面前,总感到有一种无形的压力,似乎自己正在被人审视,不敢正视对方的目光,感到极难为情。

(2) 与人交谈时,面红耳赤,虚汗直冒,心里发慌。即使硬着头皮与人交流,也是前言不搭后语,结结巴巴的。

(3) 不善于结交朋友,常感到孤独;常因不能与人融洽相处或不能充分发挥自己的才能而烦恼;不善于在各种不同场合对事物大胆地发表个人意见或评论;不能有效地与他人交换意见;容易给人一种拘谨、呆板的感觉。

(4) 常感到自卑,总担心发生不好的事,负面情绪较多。

2. 害羞心理的成因

(1) 先天因素

有些人生来性格内向,气质属于黏液质、抑郁质类型,他们说话低声细语,见到陌生人就脸红,甚至常怀有一种胆怯的心理,不敢与人交流。

(2) 家庭环境因素

家庭因素造成个体害羞心理的原因主要有以下两个方面:一是在家庭中,如果父母对个体过度干涉,凡事包办,那么会抑制个体的自主性和能动性,容易使他们对自己的能力产生怀疑,形成害羞胆怯的心理;二是如果在个体成长过程中,父母对其的批评指责过多,并且不顾及个体的自尊心,经常对其打骂,那么久而久之,个体在遇到问题时会畏首畏尾,产生害羞心理。

(3) 缺乏自信和实践锻炼

有些人认为自己的外貌和能力皆为平庸之辈,因此他们在交往中没有信心,患得患失。长期的谨小慎微不仅使他们体验不到成功的喜悦,还使他们更加怀疑自己的能力。还有一些学生生活环境比较单一,缺乏实践锻炼的机会,这些往往是导致害羞的重要原因。

(4) 挫折的经历

据统计,约有 1/4 存在害羞心理的成人在儿时并不害羞,反而在长大后却变得害羞了,这可能与其经受过挫折有关,可能因复杂的主客观原因,使其在屡屡受挫后变得胆怯、畏缩、消极、被动。

3. 克服害羞心理

要克服害羞心理,需要从以下几个方面做起:

(1) 正确评价自己,建立自信心

正确评价自己、建立自信心是要求个体肯定自己,发现自己的闪光点,而不是只看到自己的短处,这样有助于他们在交往中发挥自己的特长。否定自己是对潜力的扼杀,阻碍了个体能力的发挥。虽然我们不能盲目乐观,但要看到自己的长处,在人际交往中学会扬长避短。面对困难,要鼓起勇气,敢于迈出第一步。当个体在自信心的支持下终于有所成功的时候,就会对自己重新评价,并开始相信自己的能力。随着成功的次数越来越多,个体逐渐对自己形成一个比较稳定的自我肯定认识,从而克服害羞心理。

(2) 勇于和别人交往

勇于和人交往,就是要丢下包袱,抛弃一切顾虑,大胆前行,即不要怕做错了事,说错了话;做错了,要吸取教训,立即改正,把错误当作前车之鉴。这样,害羞者在行动之前就不会光想到失败,而能够想到羞怯并不等于失败,只是由于精神紧张,并非是自己不能应付社交活动,从而走出自我否定和自我暗示的阴影。许多害羞者在行动前过于追求完美,担心失败,害怕别人的否定性评价,这种自我否定和自我暗示肯定会影响个体能力的发挥,结果越担心、害怕,失败的可能性越大。

(3) 学会交往

学会交往也是摆脱害羞心理的有效方法。害羞者可以在与人交往中观察别人是怎样交往的,特别是要观察两类人:一是观察交往成功者,看看他们为什么总是社交的中心,为什么能将各种复杂交往方法运用得得心应手;二是观察已不再害羞的那些人,向他们学习摆脱害羞的方法。在日常学习和生活中,应多考虑我要怎么做;在各种社交场合中,要表现得大方、得体,不要担忧别人是否注意你。与人交往,特别是与陌生人交往时,要善于放松紧张情绪。例如,使用一些平静、放松的语句,进行自我暗示,常能起到缓和紧张情绪、减轻心理负担的作用。交往时要注意一些技巧,比如当与对方交谈时,眼睛要看着对方,通过眼神交流,可以增加彼此间的好感;在交流中不要担忧中间会有停顿,因为停顿一会儿是谈话中的正常现象;在谈话中,当感觉脸红时,不要试图用某种动作掩饰它,这样反而会使脸更红,进一步加剧羞怯心理。

(4) 学会克制自己的忧虑情绪

凡事尽可能往好的方面想,多看积极的一面。平时注意培养自己的良好情绪和情感,相信大多数人是以信任和诚恳的态度来对待自己的。如果个体把自己置于不信任和不真诚的假定环境中,对别人总怀有某种戒备心理,自己偶有闪失,或者并无闪失,也生怕别人看破似的,反而会更加重羞怯心理。人们可以通过意志的力量来改变自己性格上的缺陷,克服诸如优柔寡断、神经过敏、胆怯等不良心理。一些知名演员、演说家、教师,在青年时代曾是胆怯害羞的人,但是后来他们却能在大庭广众之下口若悬河,就是他们克服了害羞心理。事先做好准备,答题时就会应对自如;熟记演讲内容,演讲时便会口若悬河;发言时声音洪亮,结束时也会掷地有声。除了这些"策略"与"技巧"之外,更重要的是要培养自己各方面的能力。因为有能力才会有自信,才能克服自卑、羞怯的心理。

(5) 增强体质

户外锻炼是增强神经系统的最有效方法。性格内向、气质为黏液质或抑郁质的人,其神经系统比较脆弱,容易兴奋,一点小事就会闹得脸上红一阵、白一阵。通过体育锻炼,增强了体质,过度的神经反应会得到相应的缓和,害羞程度就会自然而然地减轻。

以下有几条克服害羞的小窍门,不妨一试。

① 做一些运动。例如,两脚平稳站立,然后轻轻地把脚跟提起,坚持几秒钟后放下,每次反复做30下,每天做2~3次,可以消除心神不定的感觉。

② 害羞会使你呼吸急促,因此,要强迫自己做数次深长而有节奏的呼吸,这可以使紧张的心情得以缓解,为建立自信心打下基础。

③ 与别人在一起时,无论是正式场合还是非正式场合,开始时手里可拿一样东西,比如一本书、一块手帕或其他小东西,这会使人得到放松,感到舒服,而且有一种安全感。

④ 学习毫无畏惧地看着别人。对于一位害羞的人来说,开始这样做时会比较困难,但要努力克服,因为与人交流时不能总是回避别人的视线,总盯着别处看,如

一件家具或墙角。

⑤ 有时羞怯不完全是由于过分紧张,而是由于知识领域过于狭窄,或对当前发生的事情知道得太少。如果你是个学生,你也许只注意学校的功课,对文学、音乐、艺术等领域没有涉猎。假若你能多读一点课外书籍、报刊,广泛地吸收各方面的知识,你就会发现,在社交场合你可以毫不困难地表达自己的意见,这将会有助于个体建立自信,克服羞怯心理。

第三节　和谐人际关系构建

一、良好人际关系界定

(一) 和谐人际关系的含义

要准确地把握和谐人际关系的含义,首先要理解什么是"和谐"。李殿斌等人认为,"和谐不是个别事物的本质,而是指事物内部或事物彼此间即系统之间由无序到有序、由纷乱到和谐的关系或联系"。在这里,"和谐"是唯物辩证法的一个关系范畴,较好地揭示了事物发展的状态。后来,学者们普遍认为应在此基础上进一步强调事物之间的联系,认为和谐是事物内部各组成部分以及事物之间的协同、协调、适应关系,这基本上代表了当前学术界对"和谐"的理解。

由此,可以认为,和谐人际关系是指人与人之间在各自的需要和利益得到协调实现的情况下彼此尊重、互利共生的状态和关系,体现为人们之间在利益关系平衡基础上的互相尊重、平等互利、诚信友爱、互帮互助、融洽相处。简单地说,就是人与人之间关系的和谐。从外延上来分析,和谐人际关系包括人自身的和谐、人与人之间关系的和谐、群体与群体之间关系的和谐。人自身的和谐是指人身体健康、人格健全、情感健康、精神充实、身心协调发展;人与人之间关系的和谐包括家庭成员关系、邻里关系、同学关系、同事关系等关系的和谐;群体与群体之间关系的和谐包括社会阶层之间、利益群体之间、民族之间、党与人民之间、干部与群众之间关系的和谐等。

和谐人际关系既是社会进步的表现,又是社会进步的要求。社会的融合与发展,决定了人与人之间必须和谐相处才能促进社会的更大发展。特别是在知识经济时代,社会化大生产以及讲求团队精神的今天,我们更需要和谐的人际关系。和谐的人际关系可以产生凝聚力、创造力和战斗力,在某种意义上促进生产力的发展;生产力的高度发展、社会的不断进步,又要求人们在改造客观世界的同时,不断改造主观世界,培养具有适应社会的健全的人格和优良品质,为建立和谐的人际关系奠定基础。

(二) 大学生人际关系的含义

大学生人际关系是大学生在学习、工作、生活的过程中同其他人所形成的学习、竞争、合作、交流等各种各样的关系,是高校校园人际关系的重要组成部分。广义的大学生人际关系包括大学生与各级领导、老师、父母之间,大学生与学校工作人员之间,以及大学生之间的人际关系。

以和谐人际关系、大学生人际关系的定义为参照,大学生和谐人际关系是指大学生在学习、工作、生活的过程中所形成的,相互之间利益与需要协调实现,彼此尊重,心理相容,感情认同的状态和关系。

二、建立良好人际关系的原则

(一) 平等原则

平等原则是马克思主义思想的重要内容,它指人们之间不论是经济生活、政治生活、法律生活,乃至于日常生活中,人与人都是平等的,不论现实中存在着怎样的差异,人人都享有同等的权利而不被其他人所歧视。平等原则是现代社会的基本准则。人与人在交往中只有感受到他人和社会的尊重,才能感受到自我存在的价值。相互尊重和平等待人,是处理人际关系、促进人际交往的一种基本准则。大学生在与他人进行人际交往时,双方存在着出身、资历、能力、学识等许多差异,但在人格上是平等的。平等就意味着尊重对方,对对方平等人格的认同和尊重,交往双方置身于平等的地位,互相尊重对方的人格、情感与隐私。平等真诚是进行正常人际交往的基础,交往为双方心灵的交流,离开了坦诚也就难以为继。人际交往中应坚持相互尊重、相互理解、相互支持的根本原则。在人际交往中,平等待人是建立良好人际关系的前提。以平等的态度对待他人,对他人利益、观点及隐私的尊重是理解、关心、爱护他人的表现,也是实现平等交往的保证。心理学研究表明,人都有交友和受人尊敬的需要,特别是大学生群体,他们交友和渴望获得尊重的愿望都非常强烈。大学生在人际交往中,要本着诚恳善良、平等待人原则,切不可因家庭经济条件优越等原因,就觉得高人一等,歧视他人。

(二) 诚信原则

讲信用是进行有效人际交往的最根本原则。诚信是中华民族传统美德,也是现代社会的基本要求。人际交往中要诚实守信,只有交往双方彼此都抱着心诚意善的动机和态度,才能引起感情上的共鸣。

首先,在人际交往中,诚信是个体的道德诚信,是个人为人处世的根本准则,是建立社会诚信的基础。"人无信则不立,业无信则不存。"一个社会要建立和完善经济诚信、政治诚信和法律诚信,必须要以人际交往诚信的建立和完善为基础。

其次,人际交往诚信有利于建立和谐的人际关系。从伦理学意义上说,人际交往中,人们看重的是对方的为人、道德情感和道德行为,如果双方以诚相待、相互信任、相互理解,就能忽视年龄、性别、地位、身份等差异,建立友好、和谐的人际关系。诚信的调节作用渗透在人际交往整个过程中,是建立良好人际关系的基石。

最后,人际交往中坚守诚信是满足个人安全感的需要,可以减少交往过程中不必要的误会。

(三)互利原则

互惠互利是人际交往得以有效实现的重要原则。互利是指双方在满足对方需要的同时,又能得到对方的回馈。人际交往是一种双向选择,你来我往的互动才能保持交往关系的长久。在交往过程中,双方应相互尊重、相互关心,既要考虑双方的共同利益,又要深化感情。

(四)合作原则

要获得和谐的人际关系,在交往中就必须遵守既有竞争又有合作的原则,主要有以下三点:

一是要处理好人际交往中竞争与合作的关系。竞争与合作不是截然对立的,而是相互渗透,相辅相成的。合作中有竞争,竞争中也有合作,竞争促进了合作的加强,合作又保证了竞争的胜利。在竞争中需要合作,需要互相关心,互相爱护,互相帮助。

二是要处理好个人与集体的关系。竞争与合作离不开个人和集体的努力,个人努力与集体合作之间存在对立统一的关系,没有个人努力的集体是缺乏生机活力的集体。没有集体价值导向之下的个人努力,是各行其是、矛盾丛生的个人努力。所以竞争中要坚持集体主义这一社会主义道德的基本原则,即在个人利益服从集体利益的前提下,充分发挥个人的积极性。

三是要处理好主角与配角的关系。在集体合作中,需要根据各自的专长和工作进行分工,有人负责总揽全局,有人起配合作用,从而最大限度地发挥个人优势,而不能相互嫉妒、相互拆台。

(五)宽容原则

由于性格、家庭、经历、文化、修养等差异的存在,因误会、不理解而产生矛盾是不可避免的,这就要求在人际交往中遵循宽容的原则。宽容表现在对非原则性问题不斤斤计较,能够以德报怨。人际交往中应该待人以诚、尊重、宽容别人。宽容是一个有信心、有坚定意志、有远大目标和理想、开朗豁达的人应具备的品格。个人应做到严于律己,即重视个人修养、扮演好自己的角色;对他人则要有宽容的胸怀,要能够移情交流,设身处地地为对方着想,容纳、接受他人,对他人的过错或缺点要理解和包容。人际交往中要树立积极健康的交往态度,要待人宽容友善,只有这样,交往双方才能展开对话,融洽相处,共同成长。

三、良好人际关系的构建

(一) 构建大学生良好人际关系的途径

1. 学会自我调适,完善人际认知模式

首先,学会正确认识自我。这是与他人建立和谐人际关系的前提。而自我认知偏差往往是影响大学生人际关系的重要因素。因此,如何全面、正确地认识自我是追求完善认知的首要内容。

其次,学会调整认知方式。大学生在人际交往中应学会适当地放弃自我关注,选择有利于人际关系和谐发展的态度和行为。要学会调整好理想与现实的关系,学会"弹性"思维,以合理的方式要求自己以及看待周围的人和事,对现实的人际交往给予合理的评价。

2. 重视角色沟通,善于转换人际关系角色

角色沟通是社会学的基本理论之一,社会学中的角色概念是从戏剧舞台用语中借用来的。最早系统运用这个概念的就是社会学家米德,他旨在说明在人们的交往中可以预见的互动行为模式,以及说明个人与社会的关系。当代大学生在与人沟通时,应重视这种角色沟通方式,即不仅要对自己的角色有一个准确的定位,避免角色冲突外,还要注意在人际沟通中坚持进行角色互换,学会适时转换角色,在"设身处地"中理解对方的观点、态度、行为、选择,从而缩小双方的心理差异,促使情感认同,其实也就是我们通常所说的"换位思考"。

3. 引入交往教育,提高人际交往能力

学校教育也在构建良好的人际关系中发挥着重要作用。首先,转变教育观念,高度重视大学生交往教育。其次,开设交往教育课程,向学生传授基本的交往知识和技能。对大学生来说,掌握人际交往知识和技巧是学习生活中的重要内容,也是客观需要,是深层次的文化需求。培养大学生的社会适应能力、交往能力,是高校必须适应现代社会发展对人才高素质要求的需要。因此,加强人际关系课程的建设,引导大学生形成健康、和谐的人际关系,是加强大学生素质教育的重要内容。

4. 强化思想道德教育,注重心理健康教育

第一,强化思想道德教育,提高当代大学生的人际道德品质。在建立、发展社会主义和谐人际关系的实践中,要善于运用道德的力量引导人际交往。同理,构建大学生人际关系,高校的思想道德教育不失为一个重要良策。通过思想道德教育使大学生从内心信念上充分认识到自己行为的善与恶,自觉弃恶从善。在人际交往中,自觉做到相互尊重对方人格、以礼相待、和睦相处、避免和减少人际纠纷,使大学生能够在友爱、合作、和谐的气氛中学习、生活。首先,引导大学生树立科学的交往观念。其次,引导大学生养成良好的交往品德。和谐的人际关系有赖于优良的道德品质。强化大学生个体的人际道德行为,建立和谐的、符合社会利益的人际关系,必须要提高大学生个体的人际道德品质。

第二,健全心理咨询工作机制,纠正当代大学生的不良交际心态。首先,建立一支专业素质过硬的大学生心理咨询工作队伍。心理咨询人员除了要具备良好的心理品质、一定的心理咨询知识与技巧、较强的沟通能力等基本素质以外,还应当对当前大学生人际交往现状有翔实的了解。其次,学校应设立专门针对大学生人际关系问题的心理咨询室或咨询中心。邀请专家坐诊,学生可以通过电话预约、留言预约及网上咨询等方式进行心理咨询。

第三,在大学生宿舍设立心理咨询分部,以性别、生源等不同维度对大学生进行系统式咨询。

第四,建立和完善校园心理咨询网站,通过网络实时聊天等形式进行心理辅导。同时在心理咨询网站上,设立人际关系的板块,提高针对性。

第五,设立学生心理素质发展档案。心理档案是反映大学生在学校期间的心理发展水平与特点的系统化的记录。

5. 优化人际环境,全方位营造和谐氛围

马克思曾说过"人创造环境,同样环境也创造人"。和谐人际关系的构建除了要重视个体的内因决定作用外,还要注重外部环境因素的影响。环境建设是构建和谐人际关系的重要途径,是学校、社会、家庭,包括大学生自身在内共同努力、积极配合的一项系统工程。

第一,丰富校园文化及实践活动,努力创设和谐人际交往氛围。首先,在校园文化建设中,不仅要注重硬件建设,更要通过校风、学风和各种制度的建设,加之适当的媒体宣传,传播健康向上的校园精神。其次,学校应该开展丰富多彩的实践活动。学生交往的需求要求学校采取多种形式,开辟多条渠道,积极为大学生提供更多、更有益的交往空间。

第二,积极规范,大力监控,创设和谐的网络交往环境。信息时代,大学生的网络交往已经成为了一种势不可挡的既有社会现象。网络区别于现实的交往环境，它是一个虚拟的"大社会"。人们一旦深入其中，难免会受到网络社会的深刻影响。为了使大学生这一重要的交往主体能够在网络社会中趋利避害，那么构建和谐的人际关系，绝不能忽视网络交往环境的建设与优化。首先，应建构起网络人际交往的伦理道德规范，即该规范具有普遍适用性，人人能遵守，让网络成为广大青年学生的美好人际交往空间。其次，加强对网站运行的监督管理，净化网络交往环境。一方面，要加快立法进程，不断完善法律法规；另一方面，要严格依法管网、依法办网，这是营造健康向上的网络环境的法律保障。除此之外，针对网络不良信息泛滥的情况，不仅要加强网站本身的监管，还要从技术手段上加以控制。

本章案例

小郭是大一新生，性格较内向，从来没有住过校，进入大学后与5名同学同住，在条件优越的环境中成长的他，看不惯同寝室同学不良的卫生习惯，更不喜欢他们不规律的作息习惯，尤其不喜欢他们的高谈阔论，总之，他看谁都不顺眼。性格内向的他本来就不擅长与人沟通，再加之不喜欢室友，于是常常独来独往。时间一长，他发现室友们在一起说说笑笑，进进出出都相伴而行，似乎视他不存在，他开始感到失落了，孤独感油然而生，曾经多次萌发过主动与他们交往的念头，可都事与愿违。他回寝室时总觉得室友们都在议论他，对他评头论足，还窃窃私语，一副嘲笑、鄙视的模样，他觉得受不了了，提出换寝室，但没有得到批准。此后，小郭有意避开他们，很少回寝室，只有睡觉时才回去，即使这样，似乎还是没有减少室友们对小郭的议论与不满，他开始失眠、食欲下降，精神状态越来越差，身体急剧消瘦。在寝室里，他的话越来越少；在课堂上听课的效率也越来越差；最后，他病倒了。在住院期间，室友们轮流守护在病床旁，看到那些平时让自己反感透顶的室友们都忙着照顾他，送水喂饭，就像照顾自己的家人一样，他的心被温暖了。他把内心的苦闷与孤独告诉了他们，才知道原来一切都是自己"想"出来的，室友们只是觉得他不愿与他们交往而已，并不知道由此引发了他内心如此大的震荡。

案例分析

小郭由于看不惯室友们而拒绝与他们交往，最终"落单"了。在"单飞"的日子里，他觉得失落、孤独，消极的心理状态导致他的身体状况越来越差，终于不堪重负而病倒，而后在室友们的温暖中找回了自己和他们之间的友情。他敞开心扉，重新收获了同学们的友谊。在人际交往中，我们切不可因为任何原因而封闭自己，每个人都需要别人的关心与支持,因此,我们要学会关心、理解他人、学会换位和适当的妥协。

一、我的人际资源财富

人际关系过疏或过密都容易引发心理问题,或自我迷失,或孤独无助。你的人际关系如何?你认为自己身上的性格或品质是否给你带来了好人缘?试着整理一下你的人际财富,反思一下在人际交往中你的表现和特点。

活动要求 每人准备一张纸、一支笔。首先在白纸的中央画一个实心圆点,代表自己;然后以这个实心圆点为中心,画三个同心圆,代表三种人际财富或人际圈;同心圆内任意一点到中心的距离,表示心理距离。将亲朋好友的名字写在同心圆上,名字越靠近中心点,表明他与你的关系越亲密。

另外,请大家静心思考,自己在友谊中的付出(或擅长方面)和需要,完成自己的人际手册,并和同伴进行分享。

我的人际手册

在友谊中,	在友谊中,	在友谊中,
我善于_____	我需要_____	我讨厌_____
我善于_____	我需要_____	我讨厌_____
我善于_____	我需要_____	我讨厌_____

二、信任之旅

活动目的 引导学生体验信任与被信任的心理感受;帮助学生学习非言语情境下的合作活动。

活动方法

(1)事先选择好盲行路线,最好道路不是平坦的,有障碍物,如上楼、下坡、拐弯,室内、室外相结合。给每个学生准备一个眼罩(或蒙眼睛用的布条)。

(2)将学生分成两人一组,一位做"盲人",一位做向导。

(3)"盲人"蒙上眼睛,原地转圈,暂时失去方向感,然后在别人的搀扶下,沿着指导者选定的路线,带领"盲人"进行室内外活动。其间指导者不能讲话,只能通过肢体接触给同伴提供指导,两人共同走完特定路程。

(4) 两人互换角色重复游戏。

(5) "信任之旅"活动结束后,将全班学生分成若干组,每组 8~10 人。

分享讨论

(1) 刚才在前进的过程中,作为"盲人",你什么都看不见,当时你有什么感觉(诸如害怕、恐惧、紧张等)?

(2) 在前进中难免磕磕碰碰,这时候你有什么感觉?是埋怨、生气、害怕,还是内疚、紧张、担心、慌乱?你对伙伴的帮助是否满意?

(3) 在整个活动过程中,你想起了什么?你对自己或他人有什么新的认识?

(4) 作为向导,你怎样理解你的伙伴?你是怎样想方设法帮助他的?你有什么感受?

(5) 每位同学在小组中谈自己在人际交往中的经历,交流彼此的感受与体会。

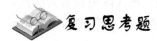 复习思考题

1. 结合实际,想一想你在人际交往的过程中容易受到哪些因素的影响?
2. 与你的同学进行人际沟通模拟训练。
3. 如何培养良好的人际交往能力?

第四章 公安院校大学生情绪管理

第一节 情绪概述

一、情绪的内涵

情绪一直都在陪伴着我们,它像空气一样包围着我们,让人欢喜让人忧。比如观看一场扣人心弦的体育比赛,会令人感到兴奋和紧张;失去亲人,会带来痛苦和悲伤;完成一项任务或工作后,会感到喜悦和轻松;受到挫折,会感到悲伤和沮丧;遭遇危险时,会出现恐惧和紧张;面对敌人挑衅时,会感到按捺不住的愤怒;在工作不称心时,会产生不满;在美好的期望未变成现实时,会出现失落感;在面临紧迫的任务时,会感到焦虑;等等。这些感受上的各种变化就是我们通常所说的情绪。

（一）情绪的心理学定义

在心理学中,情绪是身体对行为成功的可能性乃至必然性,在生理反应上的评价和体验,包括喜、怒、忧、思、悲、恐、惊七种。行为在身体动作上表现得越强,说明其情绪越强,如喜会手舞足蹈、怒会咬牙切齿、忧会茶饭不思、悲会痛心疾首等。情绪与信心中的外向认知、外在意识具有协调一致性,是信心在生理上一种暂时的较剧烈的生理评价和体验。信心构成要素中的外向认知是指人们对行为可能或必定成功的认识过程,由于这种认识过程是对行为未来发展状况的预期,所以这种认识过程实际上又是一种对行为过程的想象和推断。外在意识是指人们在行为中大脑对外界事物觉察的清醒程度和反应灵敏程度,如人们在睡眠时意识水平最低,在注意力高度凝聚时意识水平最高。

普通心理学认为,"情绪是指伴随着认知和意识过程产生的对外界事物的态度,是对客观事物和主体需求之间关系的反应。是以个体的愿望和需要为中介的一种心理活动。情绪包含情绪体验、情绪行为、情绪唤醒和对刺激物的认知等复杂成分"。情绪由以下四个部分组成：
① 情绪涉及身体的变化,这些变化是情绪的表达形式。
② 情绪是行动的准备阶段,这可能跟实际行为相联系。
③ 情绪涉及有意识的体验。
④ 情绪包含了认知的成分,涉及对外界事物的评价。

(二) 情绪的生物学定义

在生物学上,情绪亦称情动。一般把情感中诸如愤怒、悲哀、恐惧等这种短暂地、急剧地发生的强烈的情感称为情绪。当然,情绪也包含那种即使程度不强,但相同征候反复呈现的状态或一般情感状态。情绪在产生心理体验的同时,个体有关内脏器官的变化完全是生理现象的表现。与情绪相伴随的行为依据而采取同一的方式,是先天的反应方式。比较行为学对各式各样的情绪行为进行了研究,并对它的机构进行了说明。根据最新研究,情绪可能是由一个独立的功能系统完成的,这个功能系统包括下丘脑、边缘叶、丘脑核团等,丘脑核团是获得情绪的核心结构,丘脑中存在一种叫丘觉的遗传结构,丘觉就是产生情绪体验的组织。

二、情绪的特征和种类

(一) 情绪的特征

1. 情绪具有两极性

情绪是多种多样的,依据其性质,每一种情绪都能找到与其相对应的另一种情绪,情绪的这种特征即为两极性。

(1) 情绪有肯定与否定的两极

高兴、喜悦、热爱、敬慕等均属于肯定的情绪,而烦恼、忧愁、憎恨、蔑视等均属于否定的情绪。肯定的情绪与需要得到满足相联系,它们能提高人的活动能力。

(2) 情绪有强与弱的两极

同属一类的情绪按其强度不同,可定为不同的等级,从而形成系列化的阶梯。阶梯的一端为最强,另一端为最弱,两极之间根据强度变化依次排列。例如,怒可以分为很多种,如愠怒、愤怒、大怒、暴怒、狂怒等。情绪的强度由引起情绪的事件对人的意义的大小来决定,也由个人动机、原定目标与心理准备状态来决定。

(3) 情绪有紧张与轻松的两极

紧张的情绪体验通常与有决定意义的关键时刻和繁重、紧迫的活动进程相联系。例如,经过长时间努力后完成的事情在情绪上表现为轻松。但适当的紧张情绪可以使人集中精力,充分调动自己的心理潜力,提高活动效率;过分的紧张则会减弱自控力,妨碍活动的正常进行。

(4) 情绪有激动与平静的两极

激动的情绪短暂而强烈,并伴有明显的表情动作,如狂喜、暴怒、酷爱、恐惧等。这类极端的情绪可以成为人们上进的强大动力,也容易抑制人的理智分析能力,减弱人的自我控制能力,使行为失去控制。平静的情绪表现为安静、平稳、适度、理智等,平静的情绪是进行正常的学习、生活、工作的必要条件。

2. 情绪有内在体验、外显表情和生理激活三种成分

情绪的内在体验是人的一种自我观察,即大脑的一种感受状态。许多感受只有个人内心能够感受到,这些情绪情感的主观体验反映了人丰富多彩的内心世界。在人的情绪反映中常常伴有一定的生理激活,神经系统一定部位的激活为情绪的发生和活动提供能量。在情绪产生时,人们还会出现一些外部反映过程,在这个过程中情绪得到了表达。例如,痛哭流涕、开怀大笑、手舞足蹈等身体姿势和面部表情就是情绪的外部表现行为。通过情绪的外显表情,才能传递情绪信息。

3. 情绪是生理和心理多水平整合的产物

从进化论的角度看,情绪是在脑进化的低阶段发生的,特别是与那些同调节和维持生命的神经部位相联系。情绪作为脑的功能,发生在神经组织进化上的部位。由此可见,神经系统的各级水平几乎都参与了情绪的变化发展过程。

此外,情绪还发生在心理多级水平上。从社会化的角度上区分,有与本能需要相联系的感情反映和生物-社会事件相联系的感情反映;从意识水平上区分,有语词意识水平上的感情;从情绪存在形式上区分,有感情状态,如心境、兴趣专注状态。

(二) 情绪的种类

1. 情绪的基本形式

一般认为,人的基本情绪有四种,即快乐、愤怒、恐惧和悲哀。

快乐是所期盼的目的达到时产生的情绪体验。

愤怒则相反,它是目的无法达到,因紧张积累而产生的情绪体验。如果受挫者认为自己的目标受挫是因为别人故意所为,受挫者的愤怒会油然而生,甚至可能会诱发攻击行为。

恐惧是无法摆脱可怕情境时产生的情绪体验。恐惧程度完全取决于可怕情境的状况及个人处理可怕情境的能力和方法。悲哀是失去所爱所求的对象时产生的情绪体验。

悲哀的程度既取决于失去对象的重要性和价值大小,如重大的损失容易触发极度的悲哀,也取决于个人意志、个性品质及准备状态。

2. 情绪的基本状态

情绪状态对人的生活有着重大的意义,它会影响着人们的工作、学习效率;也对人们的身心健康产生影响。人的一切心理活动都带有情绪色彩,根据情绪发生的强度、速度、紧张度和持续性,可分为心境、激情、应激和挫折四种情绪状态。

(1) 心境

这是一种比较微弱、持久且具有渲染性的情绪状态。人逢喜事精神爽、遇到烦心事会忧心忡忡等,均为心境的不同表现。大学生活中人际关系的远近、气温的高低、学习中遇到的困难均可能导致某种心境的产生。心境具有渲染性,当个体处于某种心境之中时,他的言行举止、心理活动都会蒙上一层相应的情绪色彩;同时也具有弥散性,此时心境不具有特定的对象,蔓延的范围较广,常常会影响大学生的言行。"忧者见之则忧,喜者见之则喜。"由于各自的心境不同,因此个体会带着自己的渲染性、弥散性的心境去看待其他事物,往往体验是不同的。例如,某大学生学习成绩好,获得了奖学金;平时各方面表现好,又得到教师夸奖,心里当然乐滋滋的。在这一心境下,他上课会很有精神,思维敏捷,反应快,课后做事也轻松麻利,与同学交谈兴致勃勃,进出宿舍、课堂、食堂都哼着小调,脸上带着笑容,生活中的一切对他来说是那么的美好。这种愉快喜悦的体验使他在较长时间都会感染上一种满意的愉快的情绪色彩。反之,如果因为人际关系处理不好,或受到老师的批评,那么他在某段时间内都会感到心情压抑、愁眉苦脸,做什么事都打不起精神来。

心境持续时间的长短取决于产生该心境的客观环境和个体的个性特点,短则几分钟,长则几年。重大的生活事件导致的心境持久,性格内向、沉闷的人心境持续时间可能更长。心境都是由一定原因引起的,但有些原因通常是个体意识不到的。一般来说,个人生活中的重大事件,如事业是否成功,工作是否顺利以及人际关系、健康状况、疲劳程度等都可以引起心境的变化。

心境对人的生活、工作、学习和身体健康有很大影响。积极的心境能提高人们的生活、学习、工作等效率,有助于身心健康;而消极的心境使人悲观消沉、活动效率降低,无益于身心健康。无论是在大学生活,还是在今后的生活中,我们最常经历的情绪状态是心境状态,因此,要善于调节和控制自己的心境,保持积极的、良好的心境。

(2) 激情

激情与心境相反,它是一种强烈的、短暂的情绪状态,如勃然大怒、暴跳如雷、欣喜若狂等。激情是由重大的事件引起的。当人处于激情的状态下,人的生理状况会发生剧烈的变化,从而产生相应的表情、动作,严重时也容易失去理智,导致意识狭窄化,理智分析能力明显减弱,做出不顾一切的鲁莽行为。因此,在激情的状态下,要注意调控自己的情绪。

激情具有两重性。积极的激情是行为的内在动力,具有激励作用,它能使人们冲破艰难,坚定不移地去实现自己的目标。消极的激情则有严重的危害性。它对肌体有着极大的摧残作用,如心跳加快、血压升高、神经系统处于极不平衡的状态中,诱发高血压、冠心病、脑卒中之类的急剧性病症。此外,还会引起人际冲突,甚至将多年建立起来的良好关系毁于一旦。消极的激情尽管具有突发性,但它发生与否取决于人的自制力的约束程度。

(3) 应激

应激是出乎意外的紧迫情况所引起的高度紧张的情绪状态。当人面临危险或突发事件时,人的身心会处于高度紧张状态,引起一系列的生理反应。在应激状态下,人可能有两种表现:一种是目瞪口呆,手忙脚乱,陷入窘境;另一种是急中生智,及时行动,摆脱困境。应激时会产生一系列的生理反应。1974年,加拿大生理学家塞利(Selye)指出,在危急状态下的应激反应会导致适应性疾病。有关研究表明,应激会引起"一般适应综合征"的发生,出现警觉阶段—反抗阶段—衰竭阶段等一系列症状,最终使个体精疲力竭,抵抗力下降,出现适应性疾病。

应激状态下有积极反应与消极反应两种。积极反应表现为急中生智,力量倍增,使体力和智力充分调动起来,获得"超常发挥";而消极反应表现为惊慌失措,四肢无力,眼界狭窄,思维阻塞,动作刻板或反复出错,正常处理事件的能力大大削弱。因而在大学学习生活中,应发挥积极反应作用,避免出现消极反应,并适度控制应激反应,促进身心健康。

(4) 挫折

挫折是指个体在有目的的人生事件中,因欲求的目标受到阻碍而无法满足所造成的心理困境。这种心理困境引起心理上的欲求不满足,继而伴随一系列的挫折反应。挫折情境是导致个体欲求不满足的心理困境的障碍物。挫折情境的存在既可以是主观的,又可以是客观的。

三、情绪的功能

情绪是个体与环境、事物之间关系的反映,它具有独特的主观体验和外部表现形式,对人的活动有着非常重要的影响。就其功能来说,主要表现在以下几个方面:

(一) 情绪的动机作用

情绪构成一个基本的动机系统,能够驱使有机体发生反映、从事活动,在最广泛的领域里为人类的各种活动提供动机。有时我们会努力地去做某件事，只因为这件事能够给我们带来愉快与喜悦。

从情绪的动力特征来看，有积极增力和消极减力两种情绪。情绪也被视为动机潜力分析的指标，即对动机的认识可以通过对情绪的辨别与分析来实现。动机潜力是在具有挑战性环境下所表现出来的行为变化能力。例如，当个体面对应激场面时，个体的行为会发生生理的、体验的及行为的三个方面变化，这些变化会告诉我们个体在应激场合动机潜力的方向和强度。

（二）情绪的调控功能

情绪对于人们的认知过程既有积极影响，也有消极影响。很多研究表明，适当的情绪对人的认知活动具有积极的组织功能，而不当的情绪对人的认知活动具有消极的瓦解功能。良好的情绪会提高大脑活动的效率，提高认知操作的速度与质量。耶尔克斯-道森定律说明了情绪与认知操作效率的关系，不同的情绪水平与不同难度的操作任务有关系。情绪的消极影响体现在对认知活动功能的瓦解上。一些消极情绪，如恐惧、悲哀、愤怒等，会干扰和抑制认知功能。由此可见，情绪的调节功能是非常重要的。情绪的好坏与唤醒水平会影响人们的认知操作效能。

（三）情绪的健康功能

人在社会中，所具有的社会适应性是通过情绪来进行的，情绪的调控功能的好坏直接影响着个体的身心健康。积极的情绪有助于心理健康，维持心理平衡，而消极的情绪可能会引起人的各种疾病，影响人的工作、生活、学习状态等。

（四）情绪的人际交流功能

情绪具有服务于人际交流的功能。情绪通过独特的非语言手段实现信息传递和人际间的互相了解。情绪信息的交流是语言交际的重要补充。在日常生活中，人们不断地通过情绪来传递情感信息和思想愿望。心理学家研究表明，在日常生活中，一般的信息是靠非语言表情来传递的，与语言的产生相比，情绪是更早的心理现象，如我们在婴儿时主要是靠表情来与他人交流的。人们可以通过表情准确而微妙地表达思想感情，也可以通过表情去辨认对方的态度和内心世界。所以，表情作为情感交流的一种方式，被视为建立人际关系的纽带。

第二节 公安院校大学生常见不良情绪

一、大学生的情绪特点

人们的情绪经历着从简单到丰富、从不成熟到成熟的发展进程。每个发展阶段都有各自的特点。大学时期是青年人心理发展的重要时期,也是情绪丰富多变、相对不稳定的时期。随着社会地位、知识素养的提高以及所处特定年龄阶段的变化,大学生的情绪带有鲜明的特征。其具体表现在以下几个方面:

(一)丰富性和复杂性

大学生活内容的丰富多彩,使得大学生的情绪活动对象扩大,会出现许多前所未有的情绪体验,随着情绪活动的对象和内容增多,使得大学生的情绪体验更加敏感、细腻和深刻。例如,从自我意识的发展过程来看,大学生表现出较多的自我体验,自我尊重的需要十分强烈,易产生自卑、自负等情绪体验;从社交方面来看,大学生的交际范围日益扩大,与同学、朋友及师长之间的交往更细腻、更复杂,有的大学生还开始体验一种更突出的情感——爱情,而恋爱活动往往又伴随着深刻的情绪体验,这种特殊的体验对大学生有着十分重要的影响;在情绪体验的内容上,大学生的情绪呈现出相当丰富多彩的特征,以惧怕的情绪为例,大学生所怕的事物,主要与社会的、文化的、想象的、抽象复杂的事物等有关,诸如怕考试、怕与陌生人交流、怕受到惩罚、怕寂寞等。

(二)波动性和两极性

大学生情绪的波动性与两极性是由他们所处的年龄阶段和生活环境决定的。大学生年龄一般在17~23岁,身心发展处在走向成熟而又未完全成熟的阶段,情绪反应不稳定,有时易走极端。大学时期是人生面临多种选择的时期,学习、交友、恋爱等人生大事基本在这一阶段完成。社会、家庭、学校及生活事件都会对大学生的情绪产生影响。尽管大学生的认识水平有了一定的提高,对自己的情绪也有了一定的控制能力,情绪趋于稳定,但同成年人相比,大学生相对敏感,情绪带有明显的波动性。一句善意的话语、一个感人的故事、一支动听的歌曲、一首情理交融的诗歌,都可以致使其情绪发生骤然变化。特别是在社会转型过程中,社会的变迁、体制的变革、新旧价值观的更替,种种复杂的社会现象都容易使大学生产生困惑和迷茫,产生情绪的困扰与波动。

同时,大学生正处于情绪表现的"动荡"时期,由于自我认知、职业生涯发展及心理发展还未成熟等,他们的情绪起伏较大,带有明显的两极化特征:胜利时得意忘形,挫折时垂头丧气,欢喜时花草皆笑,悲伤时草木流泪。他们情绪的反应摇摆不定、跌宕起伏。有人对大学生进行调查,发现70%的人情绪经常出现两极波动,就像"波动曲线一样,忽高忽低,忽愉快忽愁闷"。

(三) 冲动性和爆发性

美国心理学家霍尔(Hall)认为,青年期处于"蒙昧时代"向"文明时代"演化的过渡期,其特点是动摇的、起伏的,他把这一时期称为"狂风暴雨"时期。大学生因知识水平和认知能力的提高,对自己的情绪控制能力也有所提高,但由于他们兴趣广泛,对外界事物较为敏感,加之年轻气盛和从众心理,因而在许多情况下,其情绪易被激发,犹如急风暴雨,常不计后果,带有很大的冲动性。人们常说的"热血青年""血气方刚""初生牛犊不畏虎"等,描述的正是大学生冲动性情绪的特点。他们往往对符合自己信念、观点和理想的事件或行为迅速产生热烈的情绪;对于不符合自己信念、观点和理想的事件或行为,则迅速产生否定情绪。个别大学生有时甚至会盲目的出现狂热情绪,而一旦遇到挫折或失败又会灰心丧气,情绪来得快,去得也快。

大学生情绪的冲动性常常与爆发性相连。由于大学生的自制力较弱,一旦出现某种外部强烈的刺激,情绪便会突然爆发,借助于冲动的力量驱使,以至在语言、神态及动作等方面失去理智,忘却了其他事物的存在,极易产生破坏性的行为和后果。例如,集体斗殴、离家出走、因感情挫折而自杀等都与大学生情绪的冲动性和爆发性相关。

(四) 阶段性和层次性

高校中,不同的年级在培养目标和培养重点上有所不同,教育方式和课程设置也有所差异,各个年级面临的问题也不同,因此大学生的情绪特点也不同,呈现出阶段性和层次性的特点。比如,大一新生所面临的是适应环境、改变学习方法、熟悉新交往对象以及确立新的目标等问题。因此他们的自豪感和自卑感混杂,放松感和压力感并存,新鲜感和恋旧感交替,情绪波动大。到了大学二年级,由于经过了一年级的适应过程,能够融于大学校园生活中,情绪较为稳定。毕业班学生则面临毕业论文及择业等多方面的重大问题,压力大,情绪波动大,消极情绪相对多。

(五) 外显性和内隐性

大学生思维敏捷,反应灵活,对外界刺激敏感,常喜、怒、哀、乐形于色,呈现情绪外显型特点。随着大学生的社会意识和自我意识的进一步发展,始发于青少年早期的心境化情绪得到继续发展,出现比较微弱而持续时间较长的情绪状态——心境,避免了猛烈而短暂的激情现象过多出现。同时,大学生在特定场合和特定问题上,情绪并不总是直接外露,而是通过文饰方式,隐藏自己内心真实的体验,用自己认为适当的形式表达自己的情绪。

二、情绪对身心健康的影响

早在中国古代,人们就已经意识到情绪对健康的重要性,如儒家提出"中庸之道",道家主张"虚静""去欲""无为",佛教则宣扬"四大皆空""六根清净"。2000多年前,我国古代医学家们就发现"喜、怒、忧、思、悲、恐、惊"等"情志"是疾病发生的致病因素,并总结出"情志过度百病生"的说法,即认为情志如果发生过度的变化,就会引起阴阳失调、气血不和、经脉阻塞、气机紊乱。

现代科学研究表明,情绪和健康的关系是非常密切的。喜形于色、惊恐万状、焦躁不安、怒发冲冠等强烈的情绪波动会扰乱人的大脑功能,引起机体内环境的失调,从而损害人体健康。18世纪,英国医生曾对250名癌症患者进行调查,发现有62%的患者在发病前曾有过长期负面情绪刺激或遭受过巨大情绪打击,从而得出"不良情绪是癌症细胞的催化剂"这一结论。中国心理学工作者对高血压病人进行调查,结果表明,患者病前的不良情绪在高血压的病因中所占比例高达74%。如果一个健康的人处于舒适状态,并用语言暗示使之精神愉快,那么此人的动脉血压就可下降20毫米汞柱左右,脉搏每分钟也可减少8次;而精神焦虑则会导致血压上升、脉搏加快、胆固醇升高,即使咀嚼食物,也分泌不出唾液。以上情况均说明,情绪因素对人体的健康起着至关重要的作用。

凡是乐观、开朗、心情舒畅的人,其内脏功能正常的运转,对外来不良因素的抵抗力增强。只有在这种平静的情绪状态下,人才能持续从事智力活动。忧郁、焦急不安和烦恼的人,其内脏器官功能活动会受到阻碍,若这种情况反复出现,就可能引起身心疾病。临床发现,急躁易怒、孤僻、爱生闷气的人,容易患高血压;沉默忧郁、多愁善感的人,容易生肺病。情绪的激烈变化,常常是许多疾病加剧和恶化的先兆。这是因为神经系统的正常机能是有机体健康的重要保证,一旦情绪发生剧烈变化,神经系统的功能失调,特别是大脑皮层细胞遭到破坏,必然会使机体的正常功能发生紊乱,从而导致疾病。为了身体健康,为了工作、学习的顺利进行,我们必须始终保持乐观的情绪。

良好的、积极的情绪情感有利于人的身心健康,它不仅是维护心理健康的保证,还是促进生理健康的有效途径。良好的情绪可以减少和消除因精神紧张而产生的负面情绪对机体的不良刺激。良好的情绪情感可以直接作用于脑垂体,保持内分泌功能的适度平衡,从而使全身各系统、器官的功能更加协调、健全。

培养大学生良好的情绪情感,有利于大学生的身心健康和心理发展,促进其潜能开发,提高工作效率和生活质量。良好的情绪情感往往使大学生乐于行动,对学习、生活和活动保持兴趣和热情,有积极与人交往的愿望;良好的情绪情感有助于大学生开阔思路;良好的情绪情感能使大学生注意力集中,富有创造性。

不良情绪对大学生身心健康有很大危害,主要有两种,即过度的情绪反应和持久的消极情绪。过度的情绪反应包括:因一些重大的生活事件导致情绪反应过于强烈,如狂喜、暴怒、悲痛欲绝等;也包括为一点小事而有过分的情绪反应,怒不可遏或激动不已;还包括情绪反应过于迟钝、无动于衷、冷漠无情等。持久的消极情绪是指在引起忧、悲、恐、怒等消极情绪的因素消失以后,个体在很长时间内仍沉溺在消极状态中不能自拔。

三、公安院校大学生常见的不良情绪

警校教育作为一种特殊的职业教育,其管理带有鲜明的警察职业特色,即实行警务化管理模式,这种管理模式对培养学生具备警察的行为规范和纪律作风无疑是必要的,但也会给学生个性的自由发挥带来一定约束,对学生情绪的影响也是显而易见的。

(一)激情状态下的冲动与愤怒

激情是一种强烈的情感表现形式,往往发生在强烈刺激或突如其来的变化之后,具有迅猛、激烈、难以抑制等特点。人在激情的支配下,常能调动身心的巨大潜力。冲动和愤怒就是激情状态下的一种强烈的情绪表现。愤怒是由于客观事物与人的主观愿望相违背,或因愿望无法实现时人们内心产生的一种激烈的情绪反应。冲动指的是因微小精神刺激而突然爆发的、强烈而又难以控制的愤怒情绪。心理学研究表明,愤怒可能导致人体心跳加快、心律失常、高血压等躯体性疾病,同时还会使人的自制力减弱,甚至丧失,思维受阻、行为冲动,可能做出一些事后后悔不迭的蠢事或造成不可挽回的损失。

在公安院校中,大学生的情绪不稳定、冲动、愤怒主要表现为以下两种倾向:

一种是主动型的,即内心的情绪直接表达于外,如情绪急躁、易怒,性格上常表现出向外攻击、鲁莽和盲动性,冲动的动机形成相对单一,冲动之后有一定的悔恨、自责或罪恶感,心理不平衡。有的可能因一件不顺心的小事而暴跳如雷;有的因人际关系受阻而怒不可遏、恶语伤人;有的因别人的观点或意见与自己相左而恼羞成怒；有的因暂时的挫折或失败而悲观失望，痛不欲生；等等。

另一种是被动攻击型的，即外表表现得被动和服从、百依百顺，内心却充满敌意和攻击性。例如，故意找借口迟到，故意不回电话或回信，故意拆台使工作无法进行；顽固执拗，不听调动，拖延时间，暗地破坏或阻挠。他们的仇视情感与攻击倾向十分强烈，但又不敢直接表露于外，他们虽然牢骚满腹，但心里又很依赖权威。

究其原因，有以下几种：

一是公安院校的学生以男生居多。作为大学生，他们也正处于青春期，从相对单纯而封闭的中学到自己理想的警校学习，不但实现了自己人生阶段性的理想，而且也摆脱老师、家长的束缚，有了更大的自由空间，独立意识强烈，因此自以为已经长大成人了，对男性的角色认同比较强烈，会特别热衷于对男子汉角色的片面理解。

二是由于实行警务化管理，警察的刚毅、威严、果敢、力量等显著的职业特质在他们的认知结构中占有相当的比重，符合他们的角色期待，因此好胜心强，强烈的自尊往往会充斥在他们的脑海里，容易出现敏感和冲动，有时会因微小的刺激而突然产生非常强烈的愤怒感，甚至是冲动行为。

三是因为公安院校的大学生来自五湖四海，但家庭出身、生活条件、成长背景等不同，有的会出现自傲或自卑心理，遇事情绪波动比较大，影响他们正常地表达自己的情绪，容易冲动。

四是现在的大学生大多是"90后"的独生子女，他们中更多的人个人意识较强，不希望受到太多的约束，然而，理想中的大学生活与现实总会有一定的反差，特别是警务化管理中严格的纪律约束和统一的行动要求，会让他们有不适感和挫折感，有些自尊心特别强的学生遇事就会反应过于敏感、强烈，易冲动和愤怒。愤怒对学生的影响是极其有害的，因此有人说："愤怒是以愚蠢开始，以后悔结束。"

（二）冷漠、嫉妒等不良心境

如前所述，心境是一种微弱、平静而持久的带有渲染性的情绪状态，往往在一段时间内影响个体的言行和情绪。工作顺利与否、生活条件、健康状况等都会对心境产生不同程度的影响。例如，当一个同学因为内务做得很好受到表扬时，就会觉得心情愉快，回到宿舍会谈笑风生，遇到同学会笑脸相迎，走在路上也会觉得天高气爽；当他受到批评或不被理解时就会心情郁闷，无精打采，甚至会"对花落泪，对月伤情"。如果他长期处于消极的心境状态，则容易影响个体正常的学习和生活。

公安院校大学生不良心境的一种形式是冷漠，主要表现为对周围的人和事漠不关心，对集体和同学态度冷淡，甚至对他人的冷暖无动于衷；对国家大事等漠然置之，对集体活动不感兴趣，漠不关心、麻木不仁；对学习或课余生活缺乏激情，对学校的纪律制度消极应对。这类大学生游离于社会群体之外，独来独往。如果他们长时间地处于这种情绪状态下，巨大的心理能量无法释放，当超过一定限度时，就会以排山倒海的形式爆发出来，致使心理平衡遭到破坏，影响身心健康。上述冷漠的心境往往与学生对警务化管理的理解和适应有关。有些同学在报考公安院校时仅凭对警察职业的一种热情和向往，缺乏对警务化管理的了解，心理准备不够充分。事实上公安院校与普通院校最大的差别就是它的培养目标是职业警察，学校采用的是半军事化的管理模式，其"从严治警，从严治校"的警务化管理有可能会限制一些学生个性表达的空间。譬如在普通院校，大部分学生有足够的课余时间可支配，学校有一定的宽容度允许学生跨专业学习。但在公安院校，却难以行得通：一是与学校培养目标相悖，培养警察后备人才是公安院校的"专职"，也是"天职"；二是时间不允许，公安院校实行警务化管理，一日生活制度对学生的作息时间有严格的规定，学生一日生活除了起床、出操、上课、训练、晚自习、晚就寝外，可支配的时间很少。因此，一旦某个学生有较强烈的个性需要表达，就会遇到一定的阻力，就可能形成冷漠的不良心境。冷漠是一种对环境和现实的自我逃避的退缩性心理反应，它本身虽然带有一定心理防御的性质，但是会导致当事者萎靡不振、退缩躲避和自我封闭，严重影响一个人的身心健康。

公安院校大学生不良心境的另一种表现形式是嫉妒。嫉妒是指他人在某些方面胜过自己而引起的不快甚至是痛苦的情绪体验。黑格尔曾说，嫉妒是"平庸的情调对于卓越才能的反感"。一方面，公安院校培养警察的刚毅、自信、勇敢个性，在教学和管理过程中处处引导学生勇往直前、坚强果敢，因此学生的自尊心、好胜心普遍较强，当有些个性较为软弱的同学无法跟上整体教学节奏时，会产生自卑心理，嫉妒他人。另一方面，学校实行警务化管理，各项学习、纪律、内务、体能等评比、竞争多而频繁，无形中给一些学生造成心理压力，在这种压力下有的学生就会产生消极情绪，心生嫉妒。培根说过："每一个埋头沉入自己事业的人，是没有工夫去嫉妒别人的。"大学生要有进取心，积极参与各种有益身心的活动，使大学生活真正充实起来；要正确地评价自己和别人，摆正自身位置，努力驱除嫉妒心，就会感到"心底无私天地宽"。

（三）处于应激下的焦虑、压抑情绪

应激是通过个体面临或觉察、认知、评价到环境变化等应激源对机体有威胁或挑战时做出的适应性或应对性反应的过程。在应激状态下，个体往往伴有生理上的反应，如心跳加速、血压升高、汗液增多等，在心理上表现为认知功能改变，处于紧张、焦虑的状态。个体若经常处于应激状态，还会产生压抑情绪。

由于实行警务化管理，公安院校大学生相对于其他院校大学生的应激源较多。

除了正常的学习、考试、考核、就业、恋爱、生活事件外,还有训练、集合、备勤、岗哨、高强度训练、射击、比武等其他高校没有的应激源。这些应激源作用下的学生出现焦虑、压抑的现象是比较常见的。与其他院校大学生一样,公安院校大学生的焦虑也包括自我形象焦虑、学习焦虑与情感焦虑。其主要表现为违纪违规焦虑、一日生活制度的应对焦虑、考试焦虑、比武对抗焦虑、人际关系焦虑、内务整理焦虑、专业角色焦虑等。如果公安院校大学生处于焦虑不安的状态,最好的克服方法是面对它、正视它,寻找到引起焦虑的应激源,有的放矢地加以训练。克服焦虑的方法主要有放松训练方法、改变认知方法、角色训练的方法等。

一份对某公安院校742名本科进行的关于抑郁情绪的流行特征及其相关因素的调查分析指出,公安大学生抑郁情绪检出率为39.08%,抑郁情绪中最常见的"可能抑郁"占所有检出者的78.97%。抑郁情绪与公安院校大学生的人格特征、周围环境应对方式、专业认同度和就业压力有高度相关性。得出的结论是:公安院校大学生抑郁检出率较高,但多为轻度抑郁。男大学生中抑郁状态产生比例明显高于女大学生。

抑郁情绪通常有如下表现:压抑、苦闷、自我评价不高、逃避竞争、缺乏兴趣、依赖性强、反应迟钝、活动水平下降、回避交往、快乐体验较少、容易自责;身体反应有失眠、食欲下降、言语动作迟缓、乏力、叹息等。抑郁情绪常常与苦闷、不满、烦恼、困惑等情绪交织在一起。公安院校大学生学习训练强度大,就业渠道相对狭窄,就业压力大,这是出现抑郁情绪的重要因素。有调查发现,大学三年级和毕业期为公安院校大学生抑郁情绪的高峰期,可能是由于随着年级的增长,学习压力和就业压力逐步显现,同学之间的人际关系稍显复杂造成的。因此,在公安院校这种培养特殊职业人才的学习环境中,有些学生由于心理准备不够充分,抗压能力差,对就业前景不乐观,就会失去成就感,产生挫折感,最终引发抑郁情绪。

第三节 情绪管理

一、大学生情绪调控方法

情绪管理指的是个体对情绪进行控制和调节的过程,即运用一定的策略,使情绪在生理活动、主观体验和表情动作等方面发生一定的变化,以建立和维护良好的平衡的情绪状态。有效的情绪管理是对强烈感受和过高生理唤醒情绪的削弱、掩盖过程,也是对较低强度情绪的维持和增强过程,使个体大部分时间能保持良好的心境。大学生的情绪管理不仅是必要的,而且也是可能的。因为情绪是受意志制约的,所以人有调节和控制自己情绪的能力。与中学生相比,大学生对情绪的调节和控制手段相对较多,他们已经能够根据自己对理想、前途的认识,依靠知识、智慧和部分经验的力量,结合时间、地点、对象、效果等因素来调节控制自己的情绪。随着年级的增高,这种能力呈现出逐步增加的发展趋势。从心理学的角度看,大学生情绪调节控制的方法主要有以下几种:

(一) 合理宣泄法

心理学研究表明,情绪的产生能刺激体内产生能量,如极度愤怒可以使个体处于应激状态,消化活动被抑制,糖分从肝脏中释放出来,肾上腺素分泌增多,血压升高,体内能量处于高度激活状态。这种聚集在体内的能量如果不能被及时疏泄,长期积压就会形成"情结"。精神分析学家认为,"情结"是一种被压抑在潜意识中的愿望或不快的念头,在意志控制薄弱时会以莫名其妙的不安感或症状表现出来,形成一种情绪障碍或变态心理。因此,为了降低精神上的过度紧张,避免产生因心理因素而出现的疾病,很有必要将受到较大挫折后积压在心头的痛苦、愤怒、悲伤、烦恼等紧张情绪发泄出来。当然,这种发泄不能毫无顾忌、不择手段、为所欲为,必须合理地控制在既能降低自己的紧张情绪,又不致使他人受到伤害的范围内。我们称这种有节制的发泄为合理宣泄。那么如何宣泄自己的情绪呢?

1. 诉说

诉说就是将自己的情绪用恰当的语言坦率地表达出来,把闷在心里的苦恼倾诉出来,把所受的委屈说出来,从而可以让双方当事人增进了解,冰释前嫌,减少矛盾和冲突。对自己所信赖的人表达情绪,既可得到同情和理解,又能求得疏导和指导,即所谓"一个快乐由两个人分担,就变成了两个快乐;一个痛苦由两个人分担,就变成了半个痛苦"。这种方式有利于矛盾的解决和情绪的舒缓。

2. 哭

若遇到意外打击,产生较大的悲伤、愤怒、委屈时,可以用痛哭的办法宣泄自己的情绪。生理学家经过化学测定发现,人因情绪冲动流出的眼泪能把体内精神受到沉重压力而产生的有关化合物发散出来并排出体外。因此,人们常在痛哭之后总会感到舒适轻松一些。另外,情绪本身有一种自我调节的机制,情绪表现的过程也就是情绪缓解的过程,表现越激烈,缓解越充分。一旦情绪缓解之后,因情绪紧张而带来的感觉、记忆和思维障碍也就自行消退。这样便可以较客观地感知外界事物,恢复相关的记忆,并能冷静思考、寻找挫折的原因和解决问题的方法。

3. 行动

在无对象倾诉或不便于痛哭的情况下,可采取以下行为:面对着沙包狠擂一通,或找个体力活猛干一阵,或到空旷无人的旷野引吭高歌、呐喊,同样能借此释放聚集的能量,缓解负性情绪,达到宣泄的目的。

(二) 提高升华法

提高升华法是指当个人欲望或需求因各种原因或条件限制不能实现时,将其原有的内部动机转化为社会性动机,以社会可以承认、接受、允许的方式,去追求更高的目标,获得新的、更高级的精神满足。也就是说,将情绪激起的能量投射到战胜挫折,或者有利、有益于社会和个人成长的活动中去,使其具有建设性和创造性。这是一种最为积极的情绪自我调节控制方法,是最有效的情绪宣泄方式。司马迁受辱发奋写《史记》,孙膑受打击著述兵书,歌德因失恋创作《少年维特之烦恼》等,都是情绪升华的生动事例。

(三) 转移注意法

在某种情绪影响自己或将要影响自己、而自己又难以进行控制时,对这种情绪不予理睬,并将自己的注意力转移到其他有益的方面去,这种情绪调节方法称为转移注意法。按照条件反射学,在发生情绪反应时,会在大脑皮层上出现一个强烈的兴奋灶,此时如果另外建立一个或几个新的兴奋中心,便可以抵消或冲淡原有的兴奋中心。也就是说,当我们注意某一事件时,这一事件对我们才会产生影响。当我们把注意力放在其他事情上时,原来的事件对我们的影响就会降低或消失。旅游观光和欣赏优秀的文学作品便是一种调节情绪的有效方式。登高望远,极目长空,可以使人心旷神怡,荣辱皆忘;游历风景名胜,凭吊历史遗迹,可以使人心胸豁达,忘却个人得失。

(四) 压抑遗忘法

压抑遗忘法是指对一些既无法升华又不能转移的不良情绪,用意志的力量将它们排出自己的记忆,并予以遗忘,以保持心理的平衡。例如,由于误会遭到他人无端的猜疑、打骂或侮辱,既不能报复,又无法补偿;因为过错受到自己心仪爱慕的异性的耻笑,既不便解释,又无法转移。这些因人为因素造成的挫折会使人的情绪更加愤怒、沮丧。若总是郁积于心,挥之不去,消极情绪会不断蔓延,日益加重。在这种情况下,压抑遗忘就不失为一种缓解情绪的有效方法了。挫折被暂时遗忘,便暂时达到了心理平衡;挫折被永远遗忘,因这种挫折而产生的不愉快的情绪体验便会消失。在发生重大挫折时,人们往往尝试变换环境,离开或改变产生挫折的情境,以期遗忘所受的挫折,或者随着时间的推移,所受挫折产生的情绪逐渐减弱、消失。不过,压抑不是消失,受挫后的痛苦体验只是在一时的控制下暂时潜伏着;或者说,由意识的境界转入潜意识的境界,只是在意识之下,而不是在意识之外,一旦这种意识被重新认识,仍可能重新唤起力图遗忘的记忆。从心理健康的角度分析,压抑是必要的,一定的压抑可以免受各种挫折和痛苦,维持心理平衡。但压抑也有一个限度,压抑过久或过度,又会引起各种心理疾病。因此,对于无法压抑的情绪要以符合社会行为规范的适当方式宣泄出来,如无端受辱可以采取法律途径解决,使犯罪者受到法律的制裁等,以此达到心理平衡。

(五)语言暗示法

一个人被不良情绪所压抑的时候,可以通过言语的暗示作用来调节和放松情绪。例如,一些容易爆发激情的学生要经常提醒自己不要遇事激动。又如,林则徐曾写了张"制怒"的条幅挂在墙上,就是为了自我警戒。有的同学陷入忧愁时,会提醒自己"忧愁没有用,于事无益"。当有较大的内心冲突和烦恼时,可以用"不要怕,不着急,安下心来,会好的"等语言给自己鼓励和安慰。只要是在松弛平静、排除杂念、专心致志的情况下进行良好的自我暗示,往往对情绪的好转有明显作用。

(六)幽默缓冲法

适当的幽默是情绪的缓冲剂,是有助于个人适应社会的工具。当个体发现某种不和谐或于己不利的现象时,为了不使自己陷入激动状态,最好的办法是用超然洒脱的态度及寓意深长的语言、表情或动作,以诙谐的方式,机智、巧妙地表达自己的情绪。这样做往往能使紧张的精神得到放松,解放被压抑的情绪,避免刺激或干扰,摆脱难堪窘迫的场面,消除身心的某些痛苦,调节和保持身心健康。研究表明,幽默可以消除误会,活跃气氛,缓和难堪,减轻焦躁;可以使陌生者相识,怀疑者释疑,戒备者去戒;可以使人心情开朗舒畅,精神愉快振奋,驱除疲劳,排出忧虑,解除烦恼,充满信心。

(七)理智消解法

不良情绪的理智消解通常有三个步骤:第一步,要承认不良情绪的存在。第二步,分析不良情绪产生的原因,弄清自己所苦恼、忧愁、愤怒的事物是否值得可恼、可忧、可怒。通过理智分析,就会发现多数情况下并不是这样,不良情绪也会得到消解。第三步,有时确实有可恼、可忧、可怒的理由,那么就要寻求适当的方法和途径来解决它。

(八)转换视角法

换个角度看问题,有利于使人从负性情绪中解脱出来,保持心情舒畅。比如说,有的学生拼命用功,却没考上大学,便心灰意冷,觉得前途渺茫,如果就这样继续保持这种想法,他就会越想越悲观、失望。此时,不妨换个角度看待逆境:吃点苦,受些挫折对自己有好处,何况自己还年轻,可以从头再来,年轻就是一笔巨大的财富。

二、增加积极情绪

(一) 积极情绪的含义

关于积极情绪的定义,心理学家们意见不一。一部分研究者认为,积极就是一种愉快和快乐的特性,如有的心理学家认为积极情绪就是一种具有正向价值的情绪,即正性的、积极的。另一部分心理学家认为,积极情绪是能激发人产生接近行为或行为倾向的一种情绪,如戴维森(Davidson)认为,"积极情绪是与接近行为相伴随而产生的情绪"。我国心理学家孟昭兰则认为,"积极情绪是与某种需要的满足相联系,通常伴随愉悦的主观体验,并能提高人的积极性和活动能力",即当客观事物或者情境符合主体的需要和愿望时,就能引起积极的、肯定的情绪;而当客观事物或情境不符合主体的需要和愿望时,就会产生消极的、否定的情绪。直到芭芭拉·弗雷德里克森(Barbara Fredrickson)开始研究这一领域,关于积极情绪的研究才更加系统和完善。她不是将积极情绪设定在消极情绪的研究模式里,而是指出积极的情绪,如高兴、兴趣、满足等都应该被充分重视起来。弗雷德里克森认为,"积极情绪是对个人有意义的事情的独特即时反应,是一种暂时的愉悦",包括高兴、自豪、兴趣、满足、爱、快乐、幸福感、愉快等能使人产生愉快感的情绪体验。消极情绪提醒我们注意环境的危险。但当我们感受到消极情绪时,我们的反应选择会变得狭窄,我们会匆忙地躲避危险。相反,积极情绪则代表安全,我们对积极情绪采取的反应会扩大选择的范围。积极情绪有助于消除焦虑、抑郁、悲伤等消极情绪,并且可以使个体处于一种乐观、美满、愉悦的状态。

(二) 积极情绪的种类

弗雷德里克森认为,让我们生机勃勃的积极情绪有 10 种,即喜悦、感激、宁静、兴趣、希望、自豪、逗趣、激励、敬佩和爱。

1. 喜悦

当我们周围的环境是熟悉而安全的,一切都在按照预定的方式发展,个人目标取得进步和实现时,喜悦就会产生。喜悦的感觉明亮轻松,觉得周围的一切都很美好,想要接纳一切,愿意参与社会活动。

2. 感激

当我们对他人的好意或帮助产生好感,对施恩者怀有热烈友好的感情,甚至促使我们去报答恩情时,我们就会体验到感激。也就是说,当我们赞赏某些事物如同礼物一般来到我们身边时,感激就出现了。例如,我们感激因为拥有健康的身体,或是拥有一个安全舒适的住所,让我们在疲惫的时候可以休息。

3. 宁静

和喜悦一样,宁静是当你对周围感觉安全、熟悉且自身不需要付出太多努力的时候出现的。但与喜悦不同的是,宁静要低调得多。它让你想要坐下来,沉浸其中,这是一种聚精会神的状态。伴随宁静往往会出现其他形式的积极情绪,比如喜悦、敬佩等。

4. 兴趣

兴趣是当个体技能知觉与环境挑战知觉匹配时产生的愉悦与趋近感。一本充满新观点的新书、一项提升能力的新挑战、一处美不胜收的新景色,都可能激起兴趣。当我们对某一对象感兴趣的时候,会感到心胸开阔和充满生机,能感到视野在扩大,自身的可能性也在增加。兴趣引导着我们进行探索,促进我们接纳新的观点,获取更多的资源。

5. 希望

希望是在事情看来将要无望或绝望的时候产生的。希望的核心是相信事情能够好转的信念。也许我们刚经历了一次考试失败、一场面试失败、生了一场重病,但希望是无论目前情境多么恶劣或不确定,我们都相信事情有变好的可能性。希望可以支撑我们免于在绝望中崩溃,激励我们发掘自身的潜力和创造性,进而扭转不利局面,并为更美好的未来做规划。

6. 自豪

自豪是当目标成功实现或被他人评价为成功时产生的积极的体验。那些被社会重视的成就,使我们在深层次上感到自豪。自豪时,我们会有想与他人分享自己成就的冲动,我们会产生更大成就的梦想,更有可能完成艰巨的任务。

7. 逗趣

逗趣并不是预先就打算从一些事情中发现乐趣,有时一些意想不到的事情或动作就会让我们发笑,产生有趣的感受。比如,一个同学向你做了鬼脸,你看到了一个好玩的笑话等。逗趣只在安全情境下才会产生,它让我们想要发笑并与他人分享快乐。

8. 激励

激励是"自我超越"的一种情绪,促使我们看到美好事物时能够启发和振奋我们。激励情绪能帮助我们集中注意力,让我们更加进入状态,产生做到最好的冲动,并促使我们追求卓越,达到更高的境界。

9. 敬佩

敬佩与激励关系密切,也是一种"自我超越"的情绪。在巨大的美好事物的冲击下,我们被伟大彻底征服,产生敬佩。敬佩让我们感觉到自己的渺小和谦卑,让思绪停止,甚至一时动弹不得,内心感受到强烈震撼。

10. 爱

爱不是一种单一的积极情绪,而包括上述所有的积极情绪,即喜悦、感激、宁静、兴趣、希望、自豪、逗趣、激励和敬佩,当这些良好的感觉与一种安全且亲密的关系相联系,并拂动我们的心灵时,我们就称之为爱。

(三)积极情绪的作用

积极情绪能扩大我们的视野,使我们能够对更广泛的物理环境和社会环境保持清晰的意识。这种开阔的注意范围使我们对新思想和新活动保持开放的心态,并且比平常更具有创造性。因此,积极情绪对我们具有重要的意义。

1. 积极情绪激活积极行动

在积极情绪状态下,个体会趋近和探索新颖事物,保持与环境主动的联结,并与特定的行为倾向相联系。如快乐产生冲破限制、勇于创新的愿望;兴趣产生探索、掌握新的信息和经验,并在这个过程中促进自我发展的愿望;满意产生保持现有的生活环境和把这些环境、自我、社会的新观点融为一体的愿望;自豪产生想与他人分享成功和希望在将来取得更大成就的愿望;爱产生想与所爱的人一起保持亲密联系的愿望。

2. 积极情绪带来创造性和生产力

弗雷德里克森提出了积极情绪扩展和建设理论。该理论认为,积极情绪,如快乐、兴趣满意等,能扩展人的即时思维范畴,促使个体思维更开放,扩大注意范围,增强认知灵活性,更新和扩展认知地图,想出更多的问题解决策略。积极情绪之所以能够促进个体的创造性,提高成功解决问题和决策的效率,主要是因为它对于认知活动有三方面的影响,即:① 为认知加工提供了额外的可利用的信息,增加了更多的可用于联结的认知成分;② 扩大了注意的范围,促成更综合的认知背景,增加了相关认知要素的广度;③ 增加了认知的灵活性,增加了认知联结的多样性。同时,思维范畴的扩展能够帮助人们建立起持久的个人发展资源,包括身体资源、智力资源、人际资源和心理资源。积极情绪能够建设个体的心理资源,使个体充分发挥自己的主动性,产生更多的创造性或创新性思想和行为,并把这些思想和行为迁移到其他方面,同时为个体的社会适应创造了更为有利的条件,提高了个体的社会适应能力。弗雷德里克森认为,积极情绪与心理应对资源是螺旋式上升的过程,个体每一次的积极情绪体验都会使原来的思想和行为模式上升到一个新的高度。

3. 积极情绪提高主观幸福感

积极情绪扩展了心理活动空间,而心理活动空间的扩展增加了个体对于后来有意义事件的接受性,进而增加了体验积极情绪的机会和可能性,进一步深化了积极情绪体验。积极情绪体验不仅能缓解消极情绪,而且积极情绪的反复体验会增加个体的心理弹性,提高社会关系的质量,提升个体积极面对和解决问题的能力,进而增进个体的主观幸福感。

4. 积极情绪改善身体机能

积极情绪对于身体健康也具有重要意义,对于免疫力的提高、疾病的预防和治愈,起着重大的作用。积极情绪可以提高人的免疫系统功能,这主要体现在对主观幸福感以及笑和幽默的研究中。众多研究表明,主观幸福体验能够通过影响人的免疫系统进而影响人的身体健康。主观幸福感体验更强的人,其免疫系统的工作也更为有效,更能确保身体健康。笑能增加人的积极情绪,通过积极情绪的主观体验,进而增加免疫系统功能。常用幽默来应对生活中压力的人们,更容易有积极心境,而且可以增加唾液中免疫球蛋白 A 的水平,这是构成呼吸系统免疫的重要防线。这些研究表明,能获得和维持积极情绪的人在面对生活压力时,可以通过笑和幽默来改善免疫系统功能,促进健康。

5. 积极情绪有利于身体康复

积极情绪对于疾病的预防具有重要的影响。坚强、乐观、自信和冷静地对待疾病,可以通过大脑对丘脑、胸腺的调节,影响体内自主神经和内分泌的功能,增加细胞免疫、体液免疫和体内其他功能,从而增强体内抵抗疾病的能力。许多关于情绪与癌症关系的研究都证明了积极情绪不仅能有效预防癌症的发生,而且对于癌症的治疗以及降低复发率都有很明显的作用。阿弗莱克等通过访谈研究发现,在心脏病患者第一次突发心脏病时,如果想到了生命的意义,进而改变他们的生活方式,能更乐观地生活,此后心脏病发作的次数也会大大降低。

(四)增加积极情绪的策略

增加积极情绪是使生活欣欣向荣的关键,可以让个体更快乐、更有创意和更加坚忍。以下几种策略能够有效增加积极情绪:

1. 积极赋义

提升积极情绪的关键途径,就是要在日常生活情境中更加频繁地找到积极的意义。当个体将不愉快甚至是悲惨的情况以积极的方式重新定义,用积极的方式重新思考,从坏事情中找到好的方面,积极情绪就提高了。

2. 品味美好

如果说积极赋义是将消极的事物转变为积极的事物,那么品味美好就是从好事情中寻找更好的方面,将积极的事物变得更加积极。当有好事要发生在我们身上时,我们会想到什么?是怀疑不可能,担心失去,还是好好品味?品味需要我们放慢脚步,并有意识地去关注事物的每个方面。在事情发生的前、中、后期提取出美好的信息,有意识地创造、强化并延长这种美好的感受。在好事发生以前,憧憬它发生时的美妙;当它发生时,完全陶醉其中;事情过后,重温它带来的美好。

3. 细数福气

我们可以在看似平凡、普通的事情中细数美好的、幸运的方面。例如,在每天上课的路上,在每一次听课的时候,在和同伴共处的时光里,发现一些美好和令人感动的事。当我们这样做时,不仅自己的内心深处会被喜悦和幸福笼罩,也会感受到来自他人的善意,并产生对他人的感激。当我们用言语或行动表达感激时,不仅会提高自己的积极情绪,也会提高他人的积极情绪。

4. 追随流畅体验

带着激情生活,给自己享受的权利,找到能够让我们获得流畅体验的活动,在这些高挑战、有乐趣的活动中,我们完全投入其中、充分参与,让每个行为、活动和想法都自然流动。

5. 梦想最好的未来

我们可以经常构想自己最好的未来,并非常详细地将之形象化。想一想3年、5年、10年之后,最好的自己正在做什么,越具体越好。这样的想象会激发我们的希望和动力,对未来产生积极的体验。

6. 利用优势

每个人都有自己的优势。通过自我探索或者他人反馈,了解自己的最佳状态;或者通过测试发现自己的人格优势,并在相应的情境中运用自己的优势,从而重塑学习或日常生活,可以让我们体验到更多的成就感和自豪感。

本章案例

小刘以当地第一名的成绩考入北京某重点高校,第一学期末,本来踌躇满志准备获取奖学金的她未能如愿,从此她的情绪一落千丈,变得郁郁寡欢,无心学习,也无法处理好与同学的关系,还整夜失眠,最后不得不去医院精神科检查。结果诊断她患了抑郁症。

案例分析

据一项对大学生抑郁症的抽样调查显示,大学生抑郁障碍疾患率为23.66%。在大学生中有抑郁现象的人比较多,究其主要原因,是因为自我价值没有得到很好的体现,对自我进行了否定。这类学生情绪都比较低落、不稳定,不爱搭理人,做事情没有兴致,时间长了,导致心理负面情绪积聚,对学习、生活造成影响,严重的则会患上抑郁症。他们需要周围的同学、老师、家人关心他们,给他们温暖。患有抑郁症的人要多和身边的朋友谈心、交流,尽量释放出自己的压力,以缓解身心不适的症状,从而逐渐恢复到正常状态。

 **心理训练营**

一、ABC理论练习

在学校内务检查中,你床上的被子没有按照标准折好,并被两个平时跟你关系不错的学生干部当众指出,这让你感到下不了台,于是你非常恼火,认为他们是故意让你难堪,你越想越气,真想找个机会报复他们……

表4-1　ABCDE分析和改进表

日期:	
A:诱发事件	
B:非理性的信念	
C:结果	
D:驳斥	
E:效果	

二、冥想放松训练

活动目的　带领学生放下压力,体验放松的感觉;教会学生通过放松训练来减压的方法。

活动方法

(1)播放背景音乐:《平湖秋月》。

(2) 请在你的座位上坐下,并找一个让自己感到舒服的姿势坐好:
你的双脚微微打开与肩同宽,双臂可在身旁放松。

现在请闭上你的眼睛,倾听着我的声音。当你听到我的声音,你将体验到一种美妙放松的感觉。

你会发现全身的肌肉都完全地放松。去感觉你的呼吸,不要刻意用力地呼吸,只要感觉到你的呼吸变得缓慢而深沉。

在你吸气的时候,气会被带到腹部下方,并且你会意识到在你每次吸气时,你的小腹都会微微鼓起。在呼气时,将所有的气完全呼出,将自己的烦恼也一起呼出。

你感到全身非常沉重,一直沉到地板里去了,感到你自己深深地陷入地板里,越来越深。

你感到很平静,全身正在放松,你慢慢地呼吸,吸气、吐气、吸气、吐气。你的全身感到非常地放松,所有的紧张和压力都消失了,随着你脖子后肌肉的放松而消失了。延伸到脊椎下方以及整个胸部的肌肉也放松了。

你的全身已经放松了。你的手臂和双手感到非常沉重,松软地摆在两旁。而你的双脚延伸到你的脚掌也开始感到非常放松,你的全身正渐渐地往下沉,越沉越深,全身感到温暖而放松,在你下沉的时候放松,越来越放松,让我们放松地倾听自然美妙的声音。

想象你现在站在一个洒满阳光的海滩上。在这里,每件东西都沐浴在阳光里,在你的面前就是一望无际的大海,碧蓝色的海水温柔而沉静。湛蓝的天空中,太阳洒下柔和的光芒,你看到远处有白色的海鸥在飞翔,它们的歌唱声和海浪声一起组成了大自然的合唱。空气中充满了温暖的阳光,你可以听见海水在你脚边冲刷海岸的声音,一切是那么的美好、安静、安详又充满生气,你是自然的一部分。当你在海滩漫步时,你能感觉到细小金黄的沙砾从你的脚趾缝间穿过,你甚至能嗅到湿润的空气中有股淡淡的海咸味。你慢慢地沿着海滩走向一处宁静的港湾,你来到了这个港湾,阳光在海面闪闪发光,你整个人都融入了自然,感到自己很平静安详。在海湾的一角海水清澈见底。

暂停一下看看自己在水中的倒影吧。在你的心中升起一股暖流,你的脸上浮现出微笑,因为你现在已经抛开了生活的压力,它们不再把你压得喘不过气来,你现在是自由的、健康的,可以尽情地享受阳光。尽管你会在生活中遭遇阻碍,却再也没有外在的力量可以掌控你,除非你将掌控权交给它们。现在把自己的心灵想象为一个洒满阳光的海滩,而你正在这个美丽的海滩漫步,享受此记得的宁静与充实。

现在你要离开沙滩,温暖的阳光、金黄的沙滩、湛蓝的大海,都在你的背后慢慢淡化,你回到了你的座位上来。现在开始慢慢地恢复你的意识,观察你的呼吸,注意到在你休息的时候,你的呼吸多么的平静和缓慢。现在开始有点刻意地去呼吸,让每次的吸气延长一点、加深一点。当你呼气时,感受到丰沛的精力遍布在你的全身。

现在我们要开始活动一下你的脚掌和脚趾头,然后将你的头从一边转到另一边,张开你的双眼,眨眨眼睛来适应光线。现在要伸展你的身体,高举双手超过头部,伸展、伸展、用力地伸展。呼气,开口用力呼出所有的气,这是新的一天,慢慢让自己坐起来,感受平静、安详还深深地留在你身体里面,还将会一直留在你心里。

分享讨论

(1) 将全班学生分成若干组,每组 8~10 人。

(2) 请学生分享放松过程中的感受,如"放下压力,放松的感觉如何?""为什么有时候我们总是感觉无法放松?"

(3) 鼓励学生把活动中的放松方法应用到日常生活中。

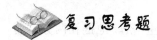

复习思考题

1. 什么是情绪?情绪的功能有哪些?
2. 情绪对大学生的身心健康有哪些影响?
3. 联系自己的实际,谈一谈调适情绪困扰的方法。

第五章 公安院校大学生挫折和压力应对

第一节 正确认识挫折和压力

一、挫折的含义

挫折广泛存在于每个人的生活之中,贯穿于人的一生,遍布于生活的方方面面。对挫折的心理行为反应和应对挫折的能力,在很大程度上反映了一个人的心理素质和心理健康水平。挫折是客观的,更是主观的。挫折对人的影响与其说取决于挫折本身,还不如说取决于个体对挫折的评价和态度。正确把握挫折的实质,是有效应对挫折的重要前提。

心理学意义上的挫折,是指个体在某种动机的推动下,在实现目标的活动过程中,遇到了无法克服或自以为无法克服的障碍和干扰,在其动机不能获得满足或目标不能实现时,产生的紧张状态和消极的情绪反应。挫折的形成必须具备一定的条件,即有需要、动机、目标和实现目标的实际行为,有挫折情境和主体对挫折的知觉与体验等,否则就不构成挫折。在日常生活用语中,"挫折"一词是指失败、阻碍、失意。在心理学上,挫折是指一种情绪状态,即是指个体在从事有目的的活动过程中,遇到障碍或干扰,致使个人动机不能实现、需要不能满足时所产生的消极的情绪反应。由于人类社会生活的复杂性,挫折的概念有狭义和广义之分。狭义的挫折,专指有目的的活动受到阻碍时而产生的消极情绪反应。广义的挫折,泛指一切能够引起人们精神紧张,造成疲劳度和心理变化的刺激性生活事件。此处将挫折定义为人们在从事有目的的活动过程中,因主观或客观的原因而受到阻碍或干扰,致使本人动机不能实现、需要不能得到满足时的焦虑、烦躁、气愤等消极的情绪体验。

挫折的概念一般包括三个方面的要素:
一是挫折情境,即人们在有目的的活动中,使需要不能获得满足的内外障碍或干扰的情境状态或情境条件,构成刺激情境的可能是人或物,也可能是各种自然环境、社会环境。

二是挫折认知,即对挫折情境的知觉、认识和评价。挫折认知既可以是对实际遭遇到的挫折情境的认知,也可以是对想象中可能出现的挫折情境的认知。不同的人对相同的挫折情境所产生的主观心理压力也不尽相同,个人的认知结构也会影响其对挫折情境的知觉判断。

三是挫折反应,即指主体伴随着挫折认知,对于自己的需要不能得到满足而产生的情绪和行为反应,如愤怒、紧张、焦躁、躲避或攻击等负面心理感受,即挫折感。其中,挫折认知是核心因素,挫折反应的性质及程度,主要取决于挫折认知。一般来说,挫折情境越严重,挫折反应就会越强烈;反之,挫折反应就会较为轻微。但如果个体主观上将严重的挫折情境认知评价为不严重,其反应就会比较轻微;反之,如果将并不严重的挫折情境认知评价为严重事件,那么也会引起强烈的情绪反应。

二、常见的挫折类型

常见的挫折类型有以下几种。

(一)缺乏挫折、损失挫折和阻碍挫折

缺乏挫折主要是指当我们无法拥有自己认为非常重要的东西时,所体验到的一种感受。一般来说,在缺乏挫折的范畴下,可有物资缺乏、能力缺乏、生理条件缺乏、经验缺乏和感情缺乏等种类,如大学新生中常见的因"缺乏知心朋友"而产生的孤独感和挫折感。

损失挫折主要指失去了原来所拥有的东西而引起的心理挫折。失恋、家庭离异、亲人死亡等都属于严重的损失挫折。

阻碍挫折主要是那些在我们的需求和目标之间所出现的阻碍或障碍,并给我们所带来的心理挫折。这种阻碍可能是物质性的,也可能是观念性的或社会性的。

(二)需求挫折、行动挫折和目标挫折

需求挫折指内在需求得不到满足带来的心理挫折感。

行动挫折指工作、交往等行动失败而造成的挫折感受。

目标挫折与需求挫折类似,例如,考试得不到预期的分数,或在工作中得不到预期的职位,或是买不起喜欢的东西等,都属于所谓的目标挫折。

(三)实质性挫折和想象性挫折

实质性挫折是指个体对实际遭遇的挫折事实和挫折情境的认知,是现实中实

际存在的。

想象性挫折是指个体对未来可能出现和发生的挫折情境的预测和认知。

由上述可以看出,实质性挫折有现实情境表现,当事人可以做出有效处理,同时也可得到他人的帮助;而想象性挫折事实上不存在,只是当事人对未来挫折的一种预想,因而也难以做出具体有效的处理。

(四)一般性挫折和重大性挫折

一般性挫折是指日常生活中遇到的小挫折,如上街购物遇上麻烦、同宿舍的同学发生口角、小考出现失误、身体偶尔不舒服等。这些日常小事虽然会引起心情不好,但对个体身心影响小。

重大性挫折是指在重大问题上遭受挫折,如高考落榜,触犯法律,天灾人祸等,这些事件对人的内心产生的震动较大,产生的情绪反应也非常强烈。

(五)短暂性挫折和持续性挫折

短暂性挫折是指挫折持续时间较短,是暂时性的。这种挫折即使比较严重,也会随着时间的推移而自然消失。

持续性挫折是指长期处于挫折状态,挫折可能接连不断,持续时间较长,导致挫折的条件和情境有相对的稳定性,往往使人长时期、持续地处于紧张状态之中,对身心健康极为不利。

三、构成挫折的条件

挫折的形成必须具备一定的条件,必须有需要、动机、目标和实现目标的实际行为。有挫折情境和人们对挫折的知觉与体验,才能形成人们能感受到的现实的挫折。

构成挫折的条件包括以下几个方面:

(一)具有必要的需要、动机和目标

需要是由人的本质决定的,需要是制定目标的前提,动机是实现目标的条件。如果只有强烈的动机,而没有实际有效的行动,则遇到挫折的可能性最大。但是,假如一个人既没有必要的需要,又没有明确的目标,也就不可能有强烈的动机,这样的人,任凭风吹浪打,也不会有明显的挫折感。

1. 需要

需要,即人的欲求,指个体对自身生存和发展的客观条件的依赖和要求,是个

体在生活中感到某种欠缺而力求获得满足的一种内心状态。个体在与客观环境的相互作用下,为了求得自身的生存与发展,必然产生一定的需求,以保持自身与环境的平衡。人的需要是其产生行为的原动力,也是其积极性的源泉。

人的需要是多种多样的,从不同的角度可以分为不同种类。按需要的起源,需要可以分为生理性需要和社会性需要;按需要的对象,可以分为物质需要和精神需要;按需要的作用,可以分为生存需要和发展需要等。值得注意的是,人的各种需要不是处于同一层面上的,虽彼此联系,但是一个由低级向高级逐级递进的需要系统。美国心理学家马斯洛提出了著名的需要层次论:生理的需要、安全的需要、爱和归属的需要、尊重与自尊的需要及自我实现的需要。只有前一个需要得到满足后,个体才会有后一个更高层次的需要。

2. 动机

动机是指引起和维持个体的活动,并使活动朝向某一目标的内在心理过程或内部动力。人的各种活动都是在需要的基础上产生的,并在动机的作用下,向着某一目标进行的。由于人的需要是多方面、多层次的,因此人的动机也是各种各样的。根据不同的标准可以将动机进行不同的划分:按照动机的社会意义,可以分为高尚的动机和低级的动机;根据其所指向的内容和持续的时间,可以分为直接近景动机和间接远景动机;按照产生的条件,可分为内部动机和外部动机;按照动机在活动中所起的作用,可分为主导性动机和辅助性动机;按照动机与人的需要相对应,可分为天然动机和社会性动机。需要说明的是,不同的个体有不同的动机;在同一个个体身上,其不同的动机所占的地位和所起的作用也不同。人的动机是在后天实践中形成的,它随着个体所接触的客观环境和自身年龄等因素的变化而变化。

3. 需要、动机、挫折三者之间的关系

当个体在需要的基础上,产生某种动机后,便引导个体的行为指向一定的目标。人的积极性就源于并表现在依据需要—形成动机—实现目标—满足需要的过程中。一旦个体达到了所期望的目标,需要得到了满足,就会产生愉悦、满意等积极的情绪体验。如果动机的结局受到干扰或阻碍,目标无法实现,需要不能得到满足,就会使人产生挫折感,如紧张、焦虑、悲观、失望等。一般来说,需要的强烈程度决定动机的强度。个体的需要越强烈、越迫切,其产生行为动机的动力就越大,投入行动的精力就越大,遭受挫折时的反应也就越强烈;反之,人体的需要较微弱,也不太迫切,其所产生行为动机的动力也就比较小,遭受挫折时的情绪反应也相应较弱。此外,对目标的明确程度越高,行为动机的清晰度就越强;或者对目标的期望水平越高,对人的激励作用就越大,目标达不到时所感受到的挫折也就越大。

（二）要有满足动机和实现目标的实际行为

目标再高远，动机再强烈，如果只是停留在空想上，即便有挫折感也是想象中的。只有当满足动机和实现目标的实际行为受阻时，才会产生真实的挫折感。如高考落榜、被恋人抛弃等。

（三）要有挫折情境发生

在通向目标的道路上遇到不能克服的阻碍，就发生了挫折情境。这种阻碍一般来讲应该是真实的、实际存在的；对于有的人来说，也可能是对想象中的困难、阻碍所产生的挫折情境。当然，如果实现目标的过程是一帆风顺的，也就无所谓挫折了。

（四）挫折必须被知觉

这是指个体在实现目标的行为受到阻碍而产生挫折的时候，必须有所知觉，即必须被个体认知。如果客观上有阻碍存在，但个体主观上并无知觉，就不会有紧张情绪产生，也就不会构成挫折情境，所以挫折认知是构成挫折的必要条件。

（五）必须有对挫折产生的紧张状态和情绪反应

挫折既被认知，一般都要有相应的反应，只是表现方式和程度有差异而已。如果没有任何反应表现，就很难确定是否遭受了挫折。所以伴随着对挫折的认知和体验而产生的紧张状态和情绪反应，也是构成挫折的必要条件。

四、压力概述

公安院校大学生拥有预备警察和大学生的双重身份。公安院校大学生在学习和实习过程中所面临的压力，远远超过普通高校学生。因此，公安院校注重学生压力管理教育，通过开展压力管理训练，有利于他们的健康成长和综合素质的提高。

（一）压力的概念

压力是一个多维度的概念，它包含了那些使人感到紧张的事件或环境刺激，是个体的一种主观的心理状态，是个体对压力事件的一种生理反应。压力管理训练则主要是指采取一些方法来增强个体应对压力情景、事件和由此引起负性情绪的能力。

对压力心理学模型的建立有重要影响的是汉斯·薛利（Hans Selye）在20世

纪 70 年代所做的经典研究。薛利认为,压力就是身体为满足需要所产生的一种非特定性反应,压力不仅是神经紧张,还是机体对紧张刺激的一种特异性适应反应。薛利将压力反应分为动员、阻抗和衰竭三个阶段。心理学实验揭示,当一个健康人处于舒适状态,并用语言暗示使之精神愉快时,其动脉血压就会下降 20 毫米汞柱,脉搏每分钟下降 8 次。这时若用 X 光观察被试者的胃部,会发现被试者胃体积缩小,张力随之增高;反之,精神焦虑会导致血压上升,胆固醇升高,即便咀嚼食物,也分泌不出唾液。可见,若个体长期处于压力状态下,对健康不利,行动效率也会降低。

(二)压力的作用

叶克斯-多德森定律(Yerkes-Dodson Law)揭示,在活动和压力水平之间有一个曲线的关系:当压力水平太低或太高时,活动成绩都不好;当压力水平为中等时,成绩才最理想。此外,对于困难的任务来说,适宜的压力水平比任务容易时要低些,即高压力更不利于困难任务的完成。对于个体而言,积极性的压力转变为消极性的压力的"临界点"都是不同的。压力作用是积极的还是消极的,与个人压力反应模式有关。个体面对压力的反应,一般分为生理层面、心理层面和社会文化层面三种。当个体遇到压力时,生理上免疫系统会抵抗疾病;心理上个体会学习适应,产生自我防御机制并寻求支援;社会文化层面上,可以借团体的力量来共同面对压力。个人在应对压力时,既要想方设法解除压力又要保护自己。因此,个人应对压力的模式,分为任务取向和防御取向,这两种取向会产生不同的作用。

1. 任务取向

当个体觉得有把握处理压力时,会采取直接行动去解决问题,排除压力,这种反应就是任务取向。基本上任务取向的反应表示个体同意并接受这一压力,通过改变自己或外部环境,找到解决问题的最好方式。例如,区队长面对课程学习和学管工作冲突压力,选择改变管理模式让大家一起分担区务,这种做法是改变外在环境;选择降低自己对区队管理的追求,以课业为重心,是改变自己的做法;维持对区队进行有效管理的同时,不放松自己对学习的目标,也是改变自己的做法。

2. 防御取向

当个人感到无法处理压力并且感到威胁时,不是采取行动来解决压力,而是保护自己不受伤害,这种倾向被称为防御取向。防御取向的行为有两种:一类是通过哭泣、反复诉说及悲伤等方式来应对压力,类似于"心理损害复原机能";另一类是运用心理防御机制来应对压力。

逃避、部分防御机制会导致消极作用,如严重洁癖、疯狂购物、网络成瘾、烟酒药物依赖等。个体应学会将消极作用转化为积极作用,将压力变成为动力,甚至能够急中生智,从而提升行动效率。

公安院校大学生是一个特定的群体,在行业院校军事化或半军事化管理的特殊环境中,强度较大的教育训练有时会使学生的心理更加趋于成熟,对刺激源的应激水平得以提升。此外,他们课业负担重,特殊的知识结构,如他们必须学习犯罪心理学、变态心理学等知识,也为其身心理健康打下知识基础。总之,压力具有两面性,适度的压力对个体有一定的帮助,关键是要掌握平衡,找到适合自身排解压力的方法。

五、公安院校大学生压力源

压力源又称应激源或紧张源,是指对个体的适应能力进行挑战,促进个体产生压力反应的因素。压力源主要可分为三类:① 生物性压力源,包括躯体疾病创伤或疾病、饥饿、性剥夺、睡眠剥夺、噪音、气温变化等;② 精神性压力源,包括错误的认识结构、个体不良经验、道德冲突及长期生活经历造成的不良个性心理特点等;③ 社会环境性压力源,如重大社会变革、重要人际关系破裂、家庭长期冲突、战争、被监禁等。对于中国大学生的压力问题,有研究表明,中国大学生的主要压力源包括经济问题、学习问题、就业问题、人际关系问题、情绪问题以及自尊等方面的问题。樊富珉通过大量的统计调查表明,在学习和生活中承受着很大或较大的心理压力问题的学生占72%左右,并且大部分学生对心理压力缺乏正确的认识。樊富珉还发现,影响大学生心理因素主要有:个人前途和就业、学业问题、人际关系问题、恋爱问题、经济问题,其中前途和学业问题是最主要的影响因素。公安院校大学生的压力源主要存在于以下几个方面:

(一)客观环境困扰

1. 社会文化层面

在新旧价值观交替的现时代,大学生择业的价值取向比较复杂,它随着社会的变化而变化。传统人才观与现代人才观的冲突也必然反映到大学生的心理中来。传统的人才价值标准要求学生服从、顺从、守诚,而市场经济却倡导独立性、创造性、冒险性,这很容易引起大学生人才价值取向的内心冲突。在社会上,一方面是对警察队伍管理越来越严,很多禁令会让警察个体倍感束缚,同时警民关系紧张、群众的不理解及差评也会让警察感到沮丧。另一方面,警察福利待遇并非十分优渥,与其他行业相比,优势不明显。这些原因都会让公安院校大学生为自身行业前途的抉择而担忧,从而产生压力。

2. 家庭教养方面

在对公安院校大学生心理咨询和心理健康普查过程中发现,父母离异、丧失至亲、隔代抚养的学生并不罕见。亲子关系疏离、隔代抚养、专制型教养方式等,都会给学生带来压力或导致无法轻松面对惯常压力。有研究表明,独生子女癔症的发病率明显高于非独生子女,父母离异的学生的癔症发病率比例显著高于父母未离异的学生,青春期没有与父母生活在一起的学生患癔症的可能性较大。对于有些公安院校大学生而言,他们报考公安类专业并非本意,而是在父母强制下报考的,若遇到兴趣不对等的情况则非常容易产生学习倦怠,导致压力产生。

3. 校园生活环境

学业方面,公安院校大学生要面临并不轻松的学习训练和各种考试,如公务员考试、大学英语四六级考试、司法考试、各类资格证考试等,公安院校特别严格的新生军训考核让学生可能产生癔症。在诸多日常学习训练中,不同任务和内容带给学生的压力是不一样的。调查发现,公务员考试是公安院校大学生学习中的主要压力源,首选该项的占总调查的47.20%。调查还发现,大学英语考试是所有年级学生另一个共同的学习压力源,总调查中有22.58%的学生将该项作为首选项。

人际关系方面,亲情、友情、爱情等都可能给学生带来困惑。以自我为中心、自私霸道的性格,以及沟通理念和技巧的匮乏,导致了学管矛盾、师生矛盾、干群矛盾、生生矛盾等矛盾的产生,其中学生宿舍人际冲突最为常见。

就业方面,择业动机的盲目性和功利性使部分大学生无法静心学习。在调查前经过推理认为,公安院校在教学过程、学生组织与管理模式等方面高度一致,学生心理健康状况应该也呈现出一致性,但研究中发现,不同生源的学生心理健康影响对比结果具有显著性差异,再次证明了就业应激源是影响公安院校大学生心理压力的最主要原因。

4. 家庭经济状况

经济压力主要是由于家庭经济困难带来的心理压力。自从我国高校实行入学收费制度以来,高校贫困生的问题已然成为社会各界广泛关注的热点。学费以及正常的学习、生活费用对贫困生家庭来说无疑是一项相当重的经济负担。尽管政府、学校、社会有多项帮困措施,但是对家庭经济困难学生来说,仍然有不小的经济压力。更重要的是这种经济压力会转换成学生成长、发展和成就的巨大压力。就公安院校大学生而言,经济困难的家庭更希望子女能进入稳定且有一定身份地位的公务员队伍,这样的高期望值会带来更大的心理压力。

5. 学校管理模式

公安院校由于具有准军事化的特点。"从严治警、从严治校"是公安院校历来坚持执行的方针,采用"严格教育、严格管理、严格训练、严格纪律、严格监督"的封闭式管理方式管理学生。公安院校一般采取以纪律为核心的硬性管理,强调服从,导致在对学生的管理过程中普遍缺少弹性和人文关怀。此外,有些公安院校的管理者采用粗暴、简单、机械化的管理方式,很少关心学生的情感,没有给学生足够的尊重,从而产生一系列的消极影响,不利于公安院校大学生的心理健康。

(二) 主观心理不调

公安院校大学生会面临三个转型:一是从高中到大学,由"抱着走"到"自己走",变得无所适从、丧失目标;二是从尖子生到普通生,不能一呼百应、引人注目;三是从普通生到制服生,不能随心所欲、单打独斗。若这三个转型处理不当,则容易引发心理问题。

情绪的发生机制有三个因素,即客观事物、主观需要以及主体认知。情绪的产生必然与客观事物相联系,比如学业的进步、优美的环境令人产生愉快感,而人际冲突、学习压力、恶劣气候易产生烦躁和抑郁。情绪的产生和变化背后还反映着个体的不同需要,比如受到称赞产生喜悦感,满足了自尊和成就的需要,而受到冷落产生失落孤独感,导致被接纳和归属的需要没得到满足。只有通过认知,对客观事物与需要的满足做出判断与评价,才会最终产生相应的情绪反应。认知改变了,情绪也相应发生了变化,曾经的压力感也会随之变化。即使面对同样的事物,不同的认知也会产生截然不同的压力感受。比如同样是半瓶水,乐观主义者会因为还有半瓶水可以饮用而感到满足和轻松,无所谓压力;而悲观主义者则会因为只有半瓶水而感到焦虑和不满,形成压力源。

(三) 生活事件打击

生活事件是指那些非连续性的、有清晰起止点的、可以观测到的明显的生活改变的事情。生活方面的突然变动是造成压力的主要来源,如家人的突然去世、自尊受到重大打击等。由于变动太突然,人们很难及时进行有效应对。

生活事件包括积极生活事件和消极生活事件两种,通常只有消极生活事件与心理压力有高相关关系。消极生活事件也称急性压力源,它与日常烦忧等慢性压力源主要以持续时间的长短为划分标准。有研究发现,日常生活中发生频度较高的事件一般只会导致较低强度的心理问题,而个人的生活问题、父母及家庭关系、学习方面则可能导致严重的心理问题,并且这些问题往往是负面的影响。常见的消极生活事件包括伤病困顿、亲人去世、父母离异、高考失利、亲友背叛、家道败落、晋升失败等。

(四) 多重角色冲突

1. 角色冲突

角色冲突包括角色间冲突和角色内冲突。角色间冲突主要指多重角色间的冲突,如某位同学同时担任校系学生会干部、教师助理、新生辅导员、社团负责人等,有时任务性质及内容等会产生冲突;再如有些学生还担负来自贫困家庭的角色,这与没有固定工作收入的学生身份产生冲突。角色内冲突主要指角色同一,但上级发布的指令或师长的教导相互矛盾。例如,有人认为埋头业务,不参与杂事、专心致志才会有所成就;有人认为应多接受指派的任务,多参加活动,以培养综合能力,但当时间和精力有限时,就会产生冲突。

2. 角色超载

例如,当家长和老师对自己的期望值超出自己的能力而自己想达成此愿景却又达不到,就会带来压力。角色超载包括数量超载和质量超载两种。数量超载是指个体能够达到各种角色要求,但问题在于需要在短时间内应对多个角色,因此感受到很大的压力,如学生工作任务繁重时,还要忙于社团的工作;质量超载是指个体由于技能的问题,即使提供充足的时间和资源,也难以达到角色要求,如要求英语基础差的学生在短时间内通过大学英语四六级考试。

第二节 挫折和压力后行为反应

一、挫折和压力后行为反应

当个体遭遇挫折和压力时,都会产生一种摆脱困境、减轻痛苦的倾向,会自觉不自觉地运用心理防御机制。由于大学生的世界观、心理承受能力、自我调适能力、生活态度及个性特征的不同,因此大学生的心理防御机制也有所差异,其中有些是理智性反应,有些是情绪性反应。

(一) 理智性反应

这种反应方式是正视挫折,承认挫折,正确分析挫折产生的主客观原因,总结经验教训,争取积极的行为方式,并最终战胜挫折。

1. 升华

升华就是指大学生将那些因受种种因素制约而无法实现的目标或不能为社会

所接受的目标加以改变,用另一种比较崇高的、具有创造性和建设性的目标代替,借以弥补因受挫而丧失的自尊与自信,减轻痛苦。升华是最积极的行为反应,它不仅需要一个人具备理性思考能力,而且还需要有坚强的意志品质和开阔的胸怀。"化悲痛为力量"就是一种心理上的升华。

另外,升华还是一种富有建设性的行为反应。它使人在遭受挫折后,将不为社会认可的动机和不良的情绪转移到有益的活动中去,使其转化为有利于社会并为他人认可的行为。例如,一些貌不惊人的大学生最初在社交活动中受到制约,于是他们在学问、个体思想道德修养上下工夫,学习成绩出类拔萃,品德优秀,为同学所瞩目。

2. 补偿

补偿就是指当个体行为受挫时,或因个人某方面的缺陷而使目标无法实现时,往往以新的目标代替原有目标,以其他方面的成功来补偿因失败而丧失的自尊与自信。这就是人们常说的"失之东隅,收之桑榆"。如某大学生没有当上班干部,没有机会表现自己的能力,于是努力学习,使自己的成绩名列前茅。又如,某大学生恋爱失败了,便积极参加文体活动,通过参加活动来补偿失恋的痛苦。

升华和补偿两种挫折反应的一个共同特点就是用一种新的目标取代原有目标。但需要注意的是,升华的行为反应是一种积极的、有建设性的反应,而补偿的行为反应并非都是积极的。由于个体要实现的目标有高尚与平庸之分,挫折后对补偿的选择也有进取与沉沦之别,因而决定了补偿有积极与消极之分。如果补偿选择的新目标和活动符合社会规范和人的发展需要,这时的补偿反应行为就是积极的、有益的。如果补偿选择的新的目标和活动不符合社会规范或有害于身心,虽然这种补偿的反应行为使自己暂时获得了心理平衡和心理满足,却无助于心理健康发展,有时还会自暴自弃,甚至堕落犯罪,危害他人与社会。

3. 幽默

遇到挫折,用看似轻松发笑的语言对挫折的原因或遭受挫折后的后果进行解说,使紧张或愤怒感暂时消失,这种话语艺术就是幽默。幽默反映了个人看待挫折或成败的一种超然心态和智慧,使用幽默的基本目的是把原来棘手或难办的事情大事化小、小事化了,从而渡过难关。幽默日渐成为大学生释放学习压力和挫折的一种手段。

4. 合理化

合理化也称自我安慰,是大学生自我防御反应中比较常见的一种方式,是指无法达到追求的目标时,为避免精神上的痛苦与不安,给自己一个好的借口来解释、辩解,但用来解释的借口往往是不真实的,是不合逻辑的,但防卫者本人却能借此说服自己,感到心安理得。

合理化是大学生受到挫折后自觉或不自觉地采取的一种心理行为反应,这对缓解大学生内心冲突,维持心理平衡有积极作用。但过度频繁地使用此方法会导致大学生自我欺骗,不利于总结经验教训,从而降低大学生的社会适应能力。

5. 表同

表同是指个体在现实生活中无法获得成功时,将自己比拟为某一成功者,借以在心里减弱挫折和压力产生的痛苦;或者迎合能满足自己需要的人,按照他们的希望去支配自己的思想、行动,从而冲淡自己的挫折感,并以此求得内心的满足。当一个人在没有获得成功与满足而遭遇挫折时,将自己想象为某一成功者,学习其优良品质,借鉴其获得成功的经验和方法,以使自己的思想、信仰、目标和言行更适应环境和社会的要求,增强自信心,减少挫折感。例如,大学生常以一些历史名人、科学家、老师甚至同学作为自己效仿的对象,建立自己心中的榜样,并依照榜样进行积极的自我激励与自我暗示,用成功代偿挫折。

(二) 情绪性反应

情绪性反应是指当大学生遭受挫折后所表现出来的带有强烈情绪色彩的非理性行为,表现出失常的、失控的、没有正确目标导向的,甚至对自己、他人和社会造成一定程度危害的情绪性行为。

1. 攻击

攻击是一种破坏性行为反应,是指大学生在遭受挫折后,在情绪与行动上会产生一种对有关人或物的攻击性的抵触反应,以消除来自挫折的痛苦。攻击性行为的对象可能是经受挫折的人或物,也可能是其他替代物,还有可能是受挫者本人。攻击性行为的表现形式多种多样,一般可分为直接攻击和转向攻击。

直接攻击是指一个人受到挫折以后,把愤怒的情绪直接发泄到使之受挫的人或物上,并通过动作、表情、言语、文字等形式表现出来,如大学里发生的打架斗殴、损害公物等现象。这主要发生在自控力较差、行为鲁莽的大学生身上。

转向攻击是指受到挫折以后,受挫者感到引起挫折的真正对象不能直接攻击或不便攻击,或者当挫折的来源无法确定时,将愤怒的情绪发泄到其他人或物上的一种变相的攻击方式。例如,有些学生在比赛时没有获得期望中的名次,便乱砸、乱摔东西;当受到老师批评时,把怒气发泄到别人或物品上。

一般情况下,当人们遇到挫折时,最原始的反应便是攻击,当攻击不能解决问题,甚至可能带来更坏的结果或遭受更大的挫折时,人们又常常以间接的攻击方式或者以冷漠、退化、幻想、逃避等方式来对待。大学生正处于生理、心理发育的旺盛时期,多数学生争强好胜、报复心强,但他们自我控制能力又普遍较弱,因此,受挫后常常出现攻击行为,由此往往产生更严重的后果,导致更大的挫折,这必须引起家长、学校的高度重视。

2. 逃避

逃避是指一个人在遇到挫折或感到可能面临挫折时,不去正视它、面对它,而是以消极的态度对待挫折的一种反应方式。如有些学生恋爱失败后就不敢再谈恋爱;有些学生当众演讲失败,遭受别人嘲笑后再也不参加集体活动等。逃避虽然可以使人们降低因挫折产生的紧张感,或者避免再次受到挫折的伤害,但并没有解决根本问题。所以,逃避常常使人害怕困难,不求进取,长期下去将大大降低个体的适应能力和自信心。人们逃避挫折的方式各种各样,幻想就是一种典型的、特殊的逃避方式。

3. 固执

这种反应形式是指一个人在受到挫折后,采取刻板的方式盲目地反复进行某种单调、机械的无效动作,这些动作对目标的达成、需要的满足并无帮助。通常,固执是在一个人遭受挫折而又一时无法克服或回避的情况下产生的。当个体受到过多、过严的惩罚和指责,或者当个体处于惊慌失措的状态时也容易产生固执行为。固执行为不同于意志力,在这种行为反应中,个体往往不能客观正确地分析失败的原因,而是采用刻板的方式盲目地重复着某种无效行为,是一种极不明智的对抗形为。在大学生中,固执行为往往容易发生在一些性格内向、倔强、看问题片面的大学生身上,以及以情感为纽带形成的消极的大学生非正式团体中。固执是非理智性的消极行为,它往往使人企图通过重复无效动作以对抗挫折压力,对大学生的成长极为不利。

4. 逆反

一般来说,个体的行为方向和他的动机方向应当是一致的。但是,当个体遭受挫折后,如果一意孤行,对正确的方面盲目地持反抗、抵制与排斥态度,这种行为便是逆反。例如,某大学生因为上课时表现不好被教师批评,便采取逃课或不理睬教师的教学等方式来表达自己的不满。

逆反作为一种反常心理,具有变态心理的某些特征,其后果是非常严重的。持逆反心理的人往往为了排解内心的不满,会萌生一些不符合社会规范、不被允许的愿望和行为,导致一些反社会性行为。

5. 冷漠

冷漠是指当一个人遇到挫折时,表现出一种无动于衷和漠不关心的态度。这是一种复杂的挫折反应。表面上看,冷漠似乎是逆来顺受,毫无情绪反应,事实上是当事人面对挫折更加痛苦的内心体验,只是被压抑或以间接的形式表现出来。

一般情况下,对挫折的冷漠反应是由于一个人长期遭受挫折或感到没有任何希望摆脱或消除困境时产生的。当一个人经常受到亲人、朋友的伤害时,或者面对无法摆脱的挫折情境时,通常会表现出冷漠的反应。

6. 轻生

轻生,又称自杀,是一个人遭受挫折后的一种极端反应方式,也可以看作受挫后针对自身的一种典型的、特殊的攻击行为。当一个人因受到突然而沉重的挫折打击,或者长期受到挫折的困扰和折磨,万念俱灰而不能自拔时,可能产生自暴自弃、轻生厌世的想法,此时若得不到外力帮助,受挫者就可能出现自杀自残的行为。通常,自杀行为是在挫折的打击大大超出受挫者对挫折的承受能力的情况下发生的,特别是当受挫者将受挫的原因归结为自己,并对自己丧失信心,将自己作为迁怒的对象时更易于导致自杀行为。大学生是同龄人中的佼佼者,成长过程一般都比较顺利,很少遇到大的挫折,他们对挫折的承受能力普遍较低;同时,由于他们一般都自视较高、自尊心强,因此当受到挫折打击时,有时甚至是很小的挫折,也会产生自杀行为。

总之,理智性反应有助于大学生适应挫折、化解困境,有利于他们的成长;而情绪性反应只能起暂时平衡心理的作用,不能解决问题。有时有些情绪会使当事人活在一种自我欺骗中,与现实环境脱节,降低适应能力,形成一些恶习,埋下心理病患的种子,影响其身心健康和全面发展。大学生应该树立积极的心理防卫机制,增强自己的耐挫力,以适应社会的发展。

二、挫折与压力的影响

(一)积极影响

压力和挫折有积极作用,压力和挫折孕育着成功。一般来说,压力和挫折的积极作用具体表现在以下几个方面:

1. 有利于磨炼人的性格和意志

坚强的性格和意志,往往是长期磨炼的结果。良好的家庭环境与学校环境,虽然有利于大学生的成长,但也降低了他们对压力和挫折的适应能力,不利于坚强性格的形成。压力和挫折有利于大学生更清醒、更深刻地认识自己面对的问题,从而使其性格得到磨炼,变得坚强。

2. 有利于增强人的情绪反应能力和解决实际问题的能力

当人面临压力或挫折时,其神经中枢受到强烈的刺激会引起情绪激奋、精神集中,使整个神经系统兴奋水平提高。在这种情况下,人的精神焕发,思维加快,情绪反应能力大大提高。同时,在缓解压力和对待挫折的过程中,人可以从中学习有关经验与方法,正所谓"吃一堑,长一智"。

3. 有利于人正确认识自我,提高生活适应能力

许多人对社会、对自己有一些不切实际的想法,当他们用这些想法来指导自己的行动时,就容易出现挫折。适当的挫折能够使他们对自己做出一个合乎实际的评价,同时也使他们对生活、对社会有一个较为客观的认识,从而增强其适应现实生活的能力。

(二) 消极影响

1. 导致紧张状态

在日常生活中,我们难免经受一些挫折,如生离死别、学业受挫等,这些挫折使人紧张不安,甚至使生理、心理发生病态变化。生理心理学研究表明,挫折导致的紧张状态对个体有威胁性的影响,它能击溃个体的生物化学保护机制,从而降低抵抗力,易为病菌侵袭。这一类疾病统称为"适应性疾病"或"紧张状态病"。

2. 导致生理疾病

当压力爆炸时,精神崩溃和生理上的疾病常常会产生。各种各样的生理反应伴随着焦虑、抑郁、挫折和愤怒状态。心悸、过度出汗、腹泻、消化不良、头疼和虚弱等反应是身体的生理系统不适应压力的结果,这个过程被称为"应激反应",如心跳加快、血压升高、骨骼肌紧张增加、血液中可的松和去甲状腺素水平升高等。随着压力状况持续,身体的抵抗力被逐渐耗竭,进而出现失眠、焦虑和易怒等情况,常常导致神经衰弱。当不平衡进一步加重并转到身体的生理系统时,一些重大身心疾病,比如哮喘、胃溃疡、高血压等就会从中演化出来。

3. 导致心理和行为失调

个体遭受重大挫折,除了会引起情绪状态的剧变外,也会严重影响个体心理和行为的变化。主要有以下三个方面表现:

(1) 影响个人对成功和失败的态度

经常遭受挫折的人,常常把失败归因于自己无能、愚笨或其他个性缺点,并且总是认为自己不行,难以成功;相反,这类人把成功归因于运气、机会、命运、他人的权力、自然界的力量等外在因素,对自己失去信心。

(2) 影响个人能力的发展

挫折使个体的情绪处于不良状态,大脑会释放一种使人身心疲劳的有害物质,从而影响个体分析和解决问题的能力。这种人常以自责"脑子笨""我不行""适应不了"等借口逃避面临的难题或挑战。

(3) 影响个人的行为表现

挫折常使个体处于应激状态下,感情易冲动,控制力差,往往不能约束自己的行为,不能正确评价自己行动的意义,不能正确估计自己行动的后果,以致言语偏激,甚至发生攻击行为,违反社会规范,严重的会触犯法律。

第三节 挫折和压力应对策略

一、挫折应对策略

挫折应对是指个体在生活事件中能够采取合理的应对方式和有效的应对策略,是一种综合的认知、策略和行为。个体要学会运用丰富的应对资源,进行恰当的认知和反应,从而保持良好的身心健康。

(一) 正确认识挫折

事实表明,对挫折的正确认识是大学生战胜挫折的先导和前提。大学生面对挫折,不要惧怕,不要逃避,要坦然地面对,正确的认识,理性的分析,只有这样才能战胜挫折,促进自己的成长。

1. 挫折是普遍存在的

挫折普遍存在于每个人的生活中,大学生在学习、生活中必定会遇到各种各样的挫折。哲学家叔本华曾说过,"人生就是一种痛苦"。大学生要明白社会生活的复杂性,明白挫折是个人生活的组成部分。只有认识到这一点,大学生才能在遇到挫折时平静地面对、认真的分析、努力的应对,保持心理平衡,而不是去抱怨社会的不公和命运的坎坷。

2. 挫折是人生的宝贵财富

任何事物都具有两面性。挫折也是一把双刃剑,一方面对人有消极的影响,影响个体实现目标的积极性,降低个体的创造性思维水平,损害个体的身心健康;另一方面也有积极的作用,能增强个体情绪反应的力量,磨砺人的意志,增强个体的容忍力,提高个体对挫折的认识水平。只有认识到这一点,我们才有勇气和信心去勇敢地面对挫折。"宝剑锋从磨砺出,梅花香自苦寒来。"不经过一番寒彻骨,哪得梅花扑鼻香? 不经历风雨,怎么见彩虹? 不经过挫折的磨炼,也就没有成功的喜悦和人生的幸福。因此,大学生应懂得在人生的道路上没有平坦的、笔直的路可走,只有那些在布满荆棘的弯弯曲曲的羊肠小路上不畏艰难困苦,一次次跌倒又一次次顽强站起来,善于总结经验、勇于进取的人,才能创造人生的辉煌,那些经不起挫折考验的人必然会被淘汰。

3. 挫折是人生的催熟剂

在现实生活中,那些担心挫折、害怕失败的人,总是把自己沉溺于万事如意的想象之中,不敢面对复杂的现实社会,更不能搏击人生,稍遇挫折就意志消沉、一蹶不振,甚至痛不欲生。大学生们应该记住贝多芬的一句话:"卓越的人有一大优点:在不利与艰难的遭遇里百折不挠。"大学生要成为卓越的人,应当投身社会,历经磨难,不断克服困难,战胜困难。经历挫折、忍受挫折是人生修养所必需的一门课程,挫折是人生的催熟剂。

4. 挫折是可以克服和战胜的

挫折是不可预知的,也是必然的。但是,挫折却不是不可战胜的。古今中外,无数杰出的人先后以他们自身的人生经验诠释着人类意志的力量。我国古代统治者为了剥削和压迫百姓,鼓吹天命观,但荀子提出"人定胜天"的思想。古人敢于和大自然抗争,所以人类才能逐渐成为地球上的主宰;被统治阶级敢于抗争,才能掀起一次又一次的革命战争;科学家、艺术家勇于创新,才会创造出灿烂的文化……历史长河中,无数人以他们坚强不屈的精神改变着自己的命运,也改变着人类的命运。

(二)加强修养,提高应对挫折的能力

为了提高挫折承受力,个体应该主动、自觉地将自己置身于充满矛盾的、复杂的社会环境中去磨炼,向生活学习,而不是逃避社会。同时,必须提高自身的思想修养、道德修养、知识素养,培养"慎独"精神,养成冷静思考的习惯,经常自我分析,自我反省,自我激励。

从心理发展的角度看,积极主动的适应,勇敢顽强的拼搏,反复不断的磨炼,会使心理更趋成熟,才能增强承受挫折、化解冲突的能力,促进心理朝着健康、向上的方向发展。

挫折的缓解与消除可由改变实际应对能力来实现。应对挫折的能力,可随某些因素而变化,如年龄、身心状况等。久经考验、历经坎坷的人常具有良好的环境适应能力,能抵抗强烈的、不利的精神刺激,这要归因于其人生发展过程的复杂性。

(三)正确合理的归因

我们在认识和对待挫折时,还要学会对挫折进行正确的归因。按照社会心理学归因理论来看,人对原因的归结可以分为两种类型,即外归因和内归因。倾向于外归因的人,通常认为自己的行为结果是受外部力量控制的,这种外部力量可以是

运气、机会、命运、他人的权力、自然界的力量等无法预料和支配的因素。倾向于内归因的人，通常认为自己的行为结果是受内部力量控制的，支配自己成功、失败和前途的原因是本身的能力和技能以及自己的努力程度等。

正确归因，就是要对造成挫折的原因进行实事求是的分析，弄清挫折的原因到底是外部的，还是内部的，抑或是内外部两种因素相互交织，共同起作用的。正确的分析和归因，是应付和解决挫折情境的必要基础。把失败结果一概归因于外部因素的人，无法对行为做自我控制和自我调节，面对挫折会感到无能为力和束手无策，难以尽自己的最大努力去克服困难和改变失败的处境；但是，把失败结果统统归结于个人的努力不足，过多地责备自己，也是不现实的，同样不能对自己的行为结果承担合理的责任，有效地改善挫折处境。

因此，大学生要学会合理地归因，避免归因的片面性。面对挫折，要做出客观、准确、符合实际的归因。学会实事求是，勇于承担责任，克服过分承担或完全推诿责任的倾向，避免因过多自责而带来的挫折感。

（四）提高挫折耐受力

挫折耐受力是指个体适应挫折、抵抗和应付挫折的能力，是个体在遇到挫折情境时，经受住打击和压力，能摆脱和排除困境，从而使自己避免心理与行为失常的一种耐受能力。每个人拥有的挫折耐受力并不完全相同，在面对挫折打击时，有些人坚忍不拔、百折不挠、经得起挫折；而有些人则是一蹶不振，颓废一生。大学生提高挫折耐受力，有利于更好地应对各种挫折。

1. 调整认知，改变不合理观念

心理学研究表明，引起强烈挫折感的与其说是挫折、冲突，不如说是受挫者对所受挫折的看法，以及所采取的态度。对于生活中的磨炼和挫折，有人认为是不幸，有人则把它看成发展的机会。因此，当遭遇挫折时，应转换视角，调整认知，改变不合理的观念。

2. 积极参加社会实践，加深挫折体验

实践活动是提升个体挫折耐受力的最好途径和方法，"百炼成钢"就是这个道理。因此，大学生要积极主动地投身到社会实践活动中去，比如勤工俭学、参加"三下乡活动"等，不断经受考验，从中体会生活的艰辛、人生的艰难，使自己变得更加成熟和坚强，逐渐提高挫折耐受力。

3. 调整抱负水平

抱负水平是一个人从事某种活动之前，对自己所要达到的目标期望值。挫折总是跟行为目标连在一起，挫折就是行为受阻，目标不能实现。因此，遭受挫折以后,要重新衡量一下目标是否定得过高,是否符合主客观条件。如果目标定得过高,屡次不能实现,导致挫折过于频繁,那么大学生的自信心就会显著降低,挫折耐受力也会下降。因此,大学生在确立自己的目标时,一定要全面、客观地评估自己的资源和能力,制定切实可行的目标,使挫折耐受得到不断提高。

4. 采取积极的心理防御机制

心理防御机制是指挫折发生后,人在内部心理活动中所具备的有意或无意地摆脱挫折造成的心理压力,减少精神痛苦,维护正常情绪,平衡心理等的保护方式。心理防御机制作用具有两重性。积极的心理防御机制有助于适应挫折,化解困境;消极的心理防御机制只能起到暂时平衡心理的作用,并不能解决问题。因此,大学生在遭遇挫折后,要采取积极的心理防御机制,使自己减轻或免除精神压力,发挥主观能动性,激励自己以顽强的毅力克服困难,战胜挫折。

(五)建立和谐的人际关系

和谐的人际关系对克服挫折和解决问题至前重要。每一个正常的人,总要有几个思想上、学习上或生活上志同道合的挚友,经常能从他们那里获得鼓励、信任、支持和安慰等。在与周围的人相处时,其肯定的态度(如尊敬、信赖、友爱等)一般多于否定的态度(如憎恶、怀疑、恐惧等)。对其所属的集体,也有一种休戚相关、安危与共的情感,并愿意牺牲个人欲望或利益去促进集体的发展。这样,个体才能被他所处的集体所容纳和认同,避免由于人际关系紧张而导致心理挫折,即使偶尔出现这种挫折,也能很快消除,同时从集体中获得必要及时的支持和帮助等。

二、压力应对管理

压力管理的水平直接影响应对的质量和效果。压力管理的目的,不是彻底消除压力,而是把唤醒水平控制在一个最佳状态上,或将压力化为动力。马塞尼(K. Matheny)的研究表明:紧张消除、认知重构、问题解决和社会支持是最有效的应对压力的策略。但是从大学生访谈中意识到,大学生很少知道消除紧张和认知在压力应对中的作用。为此,有必要在大学生中开展压力管理训练,提高大学生对压力的认知。实践证明,行之有效的压力管理往往包括以下几个方面:

(一)了解压力状态

了解压力源、压力反应倾向、压力应对模式,提出改善方案,改变可以改变的,接受难以改变的,离开不可以改变的。

(二) 习得认知重组

正如情绪 ABC 理论所揭示的,主观评价等认知因素是产生压力反应的主要中介和直接动因,因此要减少压力对个体的影响,改变认知非常重要。早在 20 世纪 50 年代末 60 年代初,心理学家乔治·凯利(George Kelly)和埃利斯(Ellis)就提出了通过调整个体的认知来改变个体行为的心理治疗方法,如"认知结构重建"。认知重组就是指在确认这些自动化的想法的基础上,找出更具建设性的替代想法,以减缓应激事件或情境带给个体的压力。采取不同的认知方式,把原来所谓的压力源通过不同的角度进行重新认知,就可以获得不同的甚至是相反的信息,对事情进行多方面的考察就可能使压力事件变成普通事件。比如面对公务员考试,如果把该考试仅仅看作威胁自己的事情,是一个负担的话,那就是把考试极端地恶化,给自己无端地增加了心理负担;但是如果把该考试看作对自己一段时间以来学习成果的考核和检验,看看自己学到了什么、没学好什么、还要怎么学,那么就会反过来感谢学校和老师花费时间、精力来为自己安排考试。辩证地看待压力,把压力看作动力,就可以减轻压力对自己的消极作用。

(三) 学会放松宣泄

应激引起的人体反应是多方面的,不仅包括生理反应,还包括心理反应。心理反应在性质上可分为两类:一类是有利于应激的;另一类是干扰应激能力的,例如,过度的焦虑、情绪激动等,可引起认知障碍和自我评价障碍。松弛训练具有良好的抗应激效果。个体在进入松弛状态时,表现为全身骨骼肌张力下降,呼吸频率和心率减慢,血压下降,并有四肢温暖、头脑清醒、心情轻松愉快、全身舒适的感觉。研究证明,松弛状态可使大脑皮层的唤醒水平下降,促使运动系统功能降低,使营养性系统功能增高。前者的功能是提高交感神经活动,增强骨骼肌张力,增加激素诸如肾上腺素、去甲肾上腺素、甲状腺素、皮质醇等的分泌,提高分解代谢,并使个体处于积极的准备状态(觉醒、警戒、情绪反应和活动增加);后者的功能是保持能量,提高副交感神经活动,包括心率减慢、血压下降、皮肤温度升高、增强胃肠运动和分泌功能等,促进合成代谢及有关激素(如胰岛素和性激素)的分泌。目前多数人认为,松弛状态是一种促营养性系统的反应。也就是说,在松弛状态时,通过神经、内分泌系统功能的调节,可影响机体各方面的功能,从而达到增进身心健康和防病治病的目的。

(四) 寻求社会支持

社会支持的功能主要从以下三个方面体现出来:一是情感型支持,包括情感上的投入、共鸣、喜欢或尊重;二是评价型支持,通过分享观点,提供与自我评价有关的信息,例如,老师告诉某个学生他的学习态度很好;三是信息型支持,指提供各种不同的直接帮助。心理学研究表明,无论是何种帮助,这些支持总是通过直接、间接或中介的方式影响压力与应激之间的关系。社会支持的目的是使个体感觉被照顾,拥有自信或价值感,感到自己是社会网络中的一员。社会支持系统会随着环境的改变而改变。如果生活环境变化了,那就要重新建立新的社会支持系统。这就需要个体以开阔的胸怀接纳新环境,认识新朋友,从而建立新的社会支持系统。

(五)养成优良心性

优良的心性包括学会感恩、学会接纳、知足常乐、自信乐观、价值观适中、不盲目攀比、善于学习、静心学习、不急功近利等,做到"千磨万击还坚劲,任尔东西南北风"。美国著名教育家弗莱克斯纳(Abraham Flexner)说:"大学不是风向标,不能流行什么就迎合什么。大学必须时常给社会一些它所需要的东西(what the society needs),而不是社会所想要的东西(what the society wants)。"

(六)培养坚强意志

我们知道,红军之所以取得了长征的伟大胜利,其重要原因之一就是因为我们的战士有钢铁般的意志,面对各种困难与压力,乃至生死压力,不仅没有被困难、压力打垮,反而激发了他们巨大的力量,创造了世界战争史上一个又一个的奇迹。公安院校的大学生们,面对学习、训练和严格的警务化管理的多重压力,且今后要从事的警察职业,是和平时期较危险、压力较大的职业之一,因此,公安院校大学生们应怀有"天将降大任于斯人也,必先苦其心志,劳其筋骨,饿其体肤"的心态,锚定"铁一般的理想信念、铁一般的责任担当、铁一般的过硬本领、铁一般的纪律作风"公安铁军的标准,锤炼自己,磨炼出钢铁般的意志。

本章案例

某大一女生,学习成绩在班上名列第一。但她自卑,看不起自己。在公众场合不敢发言,跟别人交流时总不能恰当地表达自己的意见或建议,尤其是跟老师或陌生人谈话时,总觉得十分局促,举手投足间不知如何是好,并且脸红得很厉害。她很羡慕别的同学在公共场合能够从容不迫,侃侃而谈,强烈希望改变自己。虽然做过很大的努力,但一直没有明显改变,她的内心非常苦恼。从高中到大学,她很少与同学交往,别人评价她是个冷漠、孤傲的人。她从小养成了以自我为中心的习惯,因此,在成长和交往的过程中,朋友越来越少,慢慢地脱离了群体,把自己封闭起来。后来她开始反省自己,觉得都是自己的问题。时间一长,发现自己好像已经没有脾气了,不管跟谁发生矛盾,都以为是自己的错,然后陷入深深的自责,或者把怨气都闷在心里,总觉得难以与周围的同学建立和谐的关系。她也非常担心毕业后不能适应社会生活。如今,她更是觉得自己一无是处,极度自卑,没有勇气参加任何活动。

案例分析

该女生所遇到的心理问题,是由其社会适应挫折所引发的人际性压力。首先,她直接感受到的心理压力来自于不和谐的人际关系,而且经历了两种极端的方式:先是过分地以自我为中心,把自我与群体、社会隔离开来;后又过于以他人为中心,事事自责,迷失和忽略了自我。其次,根本原因是由于她的个性中人际沟通能力的缺乏,从而在现实生活中真实感受到了社会适应性压力。再次,从她自身的成长经历来看,能够清楚地意识到由于人际冲突所导致的自我封闭,是个性形成的主要原因。因而,她有意识地开放自己,但突兀的开放环境,必然在一段时间内给她带来更为巨大的人际性压力,如果应对或自我评价不当,很有可能给她带来某种程度上的心理问题。第四,当她面临迫切的人际性压力时,一开始采取的是比较积极的应对方式,但由于其对于个性和能力的培养过程缺乏科学认识,过于急功近利,在受挫后,极易转向消极的应对方式,从而进行了错误的自我评价,使心理问题不断趋于严重化。

一、《两粒沙》故事赏析

第一粒沙

贝生活在海里,平静度日。太阳出来的时候,它最高兴了,因为它可以在暖暖的阳光下张开壳,吐泡泡。这天,它照例在太阳下打开壳,深吸一口气,准备开始度过一天中最美好的时候。突然它感到有东西被吸到身体里,在软软的身体上有个硬硬的东西很难受。原来是一粒沙,它想动一动把那粒沙弄出去,可是身体只要一动就很难受,于是它把壳合起来,不敢再动。贝开始分泌黏液。它想如果有黏液湿润,沙粒可能比较容易弄出去吧。可是虽然有了黏液,沙粒还是固执地留在贝的身体里,纹丝不动。贝想,也许是不够湿润吧,而且,这些黏液好像让自己不太痛了。

于是贝继续分泌黏液。日子一天天过去,黏液不仅没有把沙粒弄出去,还把沙粒一层层包裹起来。每天,贝身分泌黏液包裹沙粒,却似乎忘了当初分泌黏液是为了把沙粒赶出去。渐渐地,被黏液包的沙粒越来越像贝身体的一部分,它的存在不再让贝痛苦了。日子一天天过去了,有一天,一位渔民打捞到了这个贝,当他打开贝壳的时候,被眼前的一切惊呆了,一粒光彩夺目的大珍珠静静地躺在贝里!原来,当初的沙粒在黏液的层层包裹下,变成了美丽的珍珠。人们只看到了价值连城的珍珠,却没有想到原来最初的它不过是一粒不起眼的沙子。

第二粒沙

一位勇士发誓要排除万难去攀登一座高峰,从良好的身体条件和过人的勇气以及毅力来看,他具备了获取成功的条件。于是,在众人景仰和期待的目光中,勇士出发了。在登山的过程中,险峻的山势没能阻止他前行,疲惫、饥饿和寒冷没能让他畏惧,恶劣的气候没能使他退缩,他仍旧朝着自己的目标前进。不知何时,他的鞋里进了一粒沙子。一开始,他没有在意。然而,随着路程的增加,那粒沙子钻进勇士的皮内,越来越磨脚。到后来,每走一步都伴随着钻心的疼痛,勇士终于意识到沙子的危害,把沙子取出来了。但是勇士的脚已经被磨出了血泡。伤口很快就感染化脓,为了保住自己的脚,勇士别无选择,只好在成功触手可及的时候遗憾而归。

思考问题

(1)《两粒沙》的故事让你想到了什么?
(2)贝壳和勇士,你觉得谁和你更为相似?
(3)生活中,你上次遇到的"沙粒"是什么?你是如何处理的?效果如何?
(4)如何像贝一样,把不愉快的事情予以转化?

小组分享

沙粒如同生活中突然出现的挫折和困难,人人都会遇到,你不能决定沙粒什么时候到来,也不能预测它会对你做些什么,但你能够决定自己用什么态度对待它。贫困就像沙粒,它客观存在,可能让你很不舒服。请各位组员将目前因贫困导致的最大困扰及最想解决的问题讲出来,其他组员则根据自己的经验和教训,反馈对策。这种分享的目的是让每个组员可以从中选择解决问题的有效方法,感受到集体力量的强大;同时也使组员意识到在遇到个人无法解决的难题时,寻求外界力量的帮助是非常必要且可行的,从而迈出自我开放、自我改变的重要一步。

二、榜样的力量

活动目的 学习英雄人物,做生活的强者。

活动方法

(1) 播放活动背景音乐:《飞得更高》。

(2) 老师准备一些战胜挫折的英雄人物的照片,让每位同学从中找到1~2位自己心目中的英雄。

(3) 每位同学把自己心目中的英雄承受挫折的经历和战胜挫折的例子一一列出来:

① _____。
② _____。
③ _____。

分享讨论

(1) 将全班同学分成若干个小组,每组8~10人。

(2) 每个小组成员都谈谈自己心目中的英雄是如何承受挫折和战胜挫折的。

(3) 每个小组成员都谈谈自己成长中遇到的挫折,并与英雄的挫折经历进行比较。

(4) 每位同学摘抄一句或自编一句关于正确对待失败和挫折的"名言"赠送给同小组的同学。如"宝剑锋从磨砺出,梅花香自寒苦来";牛顿曾说过:"如果你问一个善于溜冰的人,如何取得成功,他会告诉你'跌倒了,爬起来,便会成功'。"

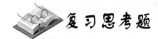
复习思考题

1. 大学生生活中常见的挫折及大学生挫折心理产生的原因有哪些?
2. 大学生应对挫折的自我调适方式主要有哪些?
3. 分享自己曾经遭遇的挫折和感受,并谈一谈自己是如何应对挫折的。
4. 今后将如何有效地承受和应对可能出现的挫折?
5. 讨论:从警察职业的角度,谈谈提升压力管理能力的重要性。

第六章　公安院校大学生学习心理

第一节　学习心理概述

一、学习的概念

"学习"一词,在我国古代文献中就有过论述,如《论语·学而》中提到"学而时习之,不亦说乎";《学记》中也提到"玉不琢,不成器;人不学,不知道"。这说明,在古代社会,人们已经开始思考学习的过程,对学习心理也有了一些初步的探索。随着心理学的独立和不断发展,人们开始有意识地利用心理学的原理、方法去研究学习的过程,出现了很多关于学习的论述。例如,桑代克(Thorndike)认为,学习的过程是一种渐进的尝试错误的过程;斯金纳(Skinner)认为,学习一定的行为,重要的是产生结果,如果产生了令人们愉快的结果,就会促使人们的这一行为更高频率的发生;格式塔学派认为,学习是一个顿悟的过程;皮亚杰(Piaget)认为,学习是一种能动建构的过程;等等。这些论述都在很大程度上推动了学习理论的发展。

综合各种对学习概念的表述,我们可以看出,学习的一个重要特征是要引起心理或行为的变化。一般认为,学习的概念有广义和狭义之分。从广义上说,学习是人和动物共有的心理现象,它是为了更好地适应环境而由后天经验或实践引起的一系列心理或行为的变化,而且这种变化不是暂时的,而是相对稳定和持久的。人类学习与动物学习的区别是人类具有主观能动性,动物的学习大多数只是被动地适应环境,而人类的学习可以凭借主观能动性在适应环境的基础上,积极主动地认识世界和改造世界。此外,人类的学习具有社会性,它能够通过语言和文字传递社会历史经验,使人们能够学习前人所积累的经验和文化,这种学习超越了时空的界限,使人类的学习内容无限丰富。狭义的学习,指学生的学习,是学生在教育者的指导下,有目的、有计划、有组织的通过各类信息的影响,促进个体的身心发展,以达到社会所期望的状态,成为适应并能够在一定程度上促进社会发展的人。

二、大学生学习的特点

大学阶段是人们进行学习活动的一个非常重要的时期。大学生从青春期进入成人期后,其身心发展在很多方面会出现新的变化和特征,大学学习也有其特殊性。这就意味着,比起中小学生,大学生的学习在学习目标、学习内容和学习方式上都会出现很大的变化。了解和把握大学生学习的特点,有助于我们更好地适应大学的学习生活。

(一)学习的自主性

进入成人期后,大学生的自我意识开始成熟并日趋稳定,主要表现为在学习上有着更强的独立性和自主性。

首先,与中学生相比,大学生拥有更多自由支配的时间。大学生的课程安排不像中学生那样每天都排得满满的,在上课之外,大学生每天有将近一半的时间供自己自由支配,可以对每天的学习做出更个性化的安排。

其次,与中学生相比,大学生拥有更为丰富的学习资源。除了教师的课堂教学外,图书馆、阅览室、校园学术讲座、学生活动、社会实践、师生交流、同学交流等都可以成为大学生的学习资源。

再者,与中学生相比,大学生的学习方式发生了明显的变化。在中学阶段,学生的学习主要是在教师直接组织和指导下进行的,大部分的学习过程都有老师安排,学生只需要去执行。大学学习不像中学那样完全依赖教师的计划和安排,学生不只是单纯地接受课堂上老师所教的内容,还需要根据自己的学习目标和专业要求,自主学习一些自己感兴趣的和对自己有价值的知识。因此,自学在大学生学习中占有重要的地位。另外,还有一些大学特有的教学环节,像专业调查研究、参与课题、毕业论文写作等,虽然这些环节也需要教师的指导和同学的讨论,但主要工作是依靠自己的力量独立完成的。

最后,与中学生相比,大学生有了更多独立思考的意识。面对学习的内容,他们不再是不假思索地全盘接受,而是开始以敢于质疑的态度对待学习、对待书本、对待老师,开始在更多的问题上通过独立思考拥有自己的观点。比如,在老师上课时,对于一个争论性较大的问题,大学生敢于表达自己的观点,喜欢争辩与探讨;在专家讲座上,他们会向专家提出自己的问题,甚至对专家的某些观点提出质疑。

当然,不可否认,"自主"也是一把双刃剑,在课外的时间里,大学生是相对自由的,如果不能有效地把握自主时间,在缺乏外界压力和自我约束力的情况下,一些学生有可能会把这些时间挥霍在其他事情上,如逃课睡觉、沉迷网络游戏等,这样不仅浪费了时间,还会对身心发展产生不良的影响。因此,学习的自主性要求大学生有良好的自我控制力、时间管理能力和规划意识,结合自己的实际情况,制订合理的学习计划,科学管理和利用好自主的时间,利用好丰富的学习资源,不断提高自学能力。

(二)学习的专业性

大学生学习与中学生学习的另一个明显的区别是,中学生处于基础教育阶段,学习的多是多科性的基础知识,在同一年级,中学生所学习的课程内容是基本相同的。而大学是专业教育阶段,大学生在入校时会划分一定的专业,在某一专门领域进行有针对性的学习,掌握这一领域的专业知识、专业能力和专业道德,为毕业后在相关专业领域从事工作做准备。基于大学学习的专业性,大学生应深入了解自己的专业,包括专业的培养目标、就业方向、课程设置、毕业条件等,努力发掘所学专业的专业魅力,培养自己对本专业的热爱,形成对专业学科知识的浓厚兴趣。在此基础上,认真学习自己的专业知识,锻炼专业技能。

当然,大学学习的专业化并不是狭隘化,大学生在认真学习专业知识的同时,要清晰地认识到仅仅把眼光盯在专业领域内是很难学好专业的。因为在当今时代,学科的发展呈现出明显的融合趋势,各个学科之间有了更多的交流和联系。有时,一个学科的专业知识是以另一个学科为基础的,比如,要学好物理专业,必须有扎实的数学基础。同时,很多工作也体现出多学科相互合作的特征,要成功完成某项工作,仅仅有单一某个专业的知识是不够的,需要其他相关专业的配合。所以,专业学习是大学生学习的主体方向,但并非学习的全部。大学生在学好专业知识的同时,需要拓展自己的知识面,了解相关学科的一些知识,形成最佳的知识结构,这样才能更好地完成未来的专业工作。

当今社会对人才的要求是全面发展,除了专业素质外,还要求学生具有一定的人文素质、科学素质、良好的思想道德素质和心理素质,这些素质需要大学生在相关领域的学习中不断积累。

(三)学习的多样性

学习的多样性是指在大学期间,学生可以通过多种渠道、多种形式进行学习。大学生除在课堂学习之外,还可以通过学校丰富的教学资源进行学习,如听学术报告、到图书馆查阅文献资料、参加社团学生活动、与老师和同学交流、参与教师的科研课题等。除了校园内的学习,科学调查、社会实践也是大学生学习的重要方式。灵活多样的学习方式为大学生从不同层次、不同角度学习知识提供了宽广的平台,也为大学生在学习活动中发展自己多方面的兴趣、培养多方面的能力提供了条件。

如学生可以通过选修课,学习自己感兴趣的知识;通过参加学生活动锻炼自己多方面的能力,如通过参加演讲比赛,锻炼自己的语言表达能力;通过加入心理协会,学习一些心理健康方面的知识等。

(四)学习的探究性和创造性

大学阶段是个体智力发展的高峰期,智力上的成熟使大学生具备了深入思考的能力。大学学习具有研究、探索和创造的性质。首先,大学生的一些学习环节本身就是一种探索和创新,如专业论文写作。大学期间,论文写作是考查专业课成绩的一种重要方式,它需要学生认真琢磨课题名称和研究思路,通过调研和思考,分析和解决研究的问题,并提出自己对该课题的观点。再如对某一学科的学习已不是单纯对知识点的背诵,更为重要的是,要掌握这门学科的研究方法,了解学科存在的问题,在某些领域能形成自己的思考和见解。其次,一些课外活动也体现了探究和创造的特点,如环保协会的学生利用专业知识测量附近水域的污染情况,航模协会的学生能设计出更加精巧、仿真度更高的模型等。

三、大学生学习的任务

大学生作为优秀青年的群体,充满生机和活力,是民族的希望,国家未来的栋梁。大学生要真正成为中国未来的建设者和接班人,就需要珍惜大学学习的时光,不断充实自己,培养自己各方面的能力,以适应未来社会的需要。因此,大学生在校期间的学习任务应该是全方位的,包括学会学习、学会做人、学会做事、学会生活。

(一)学会学习

现代社会是一个学习型的社会,学会学习是在这个社会生存下去,并为之做出贡献的最基本要求,学会学习也就自然成为大学生学习的首要任务。学会学习就是要培养独立自主的学习能力,摸索出一套科学的、适合自己的高效学习方法;形成良好的学习习惯,学会合理安排自己的时间;学会并熟练地掌握查阅文献、综合分析信息的方法和能力。学会学习是一个过程,并非一蹴而就的,需要大学生具有自学意识,在学习基础知识和专业知识的过程中不断探索,要在学习中处处留心,不断总结,逐步达到真正会学习的境界。

(二)学会做人

当前大学生大多数是独生子女,多数从小生活在父母身边,没有体验过集体生活。在父母的呵护下,从小缺乏与他人相处的经验,更不用说谦让别人。而大学是一个小社会,它是大学生独立人生的开始。大学生要适应未来的社会和工作,在考虑问题时,必须跳出自我中心的圈子,多角度地观察和思考问题,培养自己完善的人格,使自己成为一个全面发展的人。从心理健康方面来说,学会做一个全面发展的人,就是做一个智力正常、情绪稳定、意志健康、人格完整、自我评价正确、人际关系和谐、适应能力强的人。学会做人是做事和学习的基础,不会做人就不会做事,也将影响学习的心情和效果。因此,大学生从入学的第一天起,就要给自己制定一个做人的标准,从小事做起,严格要求自己,努力实现自己做人的目标。

(三) 学会做事

大学生学习的目的在于应用,在于将所学知识奉献给社会,即学会做事。同样,大学生学会做人的目的也在于更好地去做事,因此,学会做事是大学生学习的又一重要任务。学会做事并不是一件容易的事情,需要具备一定的素质和能力。大学生应抓紧在校的学习时间,不断培养和提高自己各方面的素质和能力,为将来走上社会、做好事情打下基础。具体来说,大学期间应具备的基本素质有:① 思想政治素质,即包括科学的世界观,正确的政治方向、政治立场和政治态度,政治敏锐性和鉴别力,坚定的共产主义理想和信念等;② 道德素质,即包括诚挚的爱国主义情感,热爱劳动、艰苦奋斗的精神,合作精神,创业精神,奉献精神;③ 科学素质,即包括合理的知识结构,精深和广博的专业知识,强烈的科学意识和科学观念,科学的思维方式和工作方法,求实的科学精神和科学态度;④ 身心素质,即大学生必须身体健康,心理健康。

要学会做事,在将来社会中开创自己的事业,不仅需要具备一定的素质,更需要具备相应的能力。能力作为胜任工作的主观条件,不是与生俱来的,必须经过学习和培训才能获得。大学生要做好事应具备的能力包括:① 熟练运用专业知识的能力;② 辨别是非的能力;③ 组织管理能力;④ 敏锐的信息收集、综合分析能力;⑤ 建立良好的人际关系的能力;⑥ 勇往直前的开拓创新能力;语言表达和写作能力。

(四) 学会生活

学会生活是做好其他一切工作的基础,一个不会生活的人,在学习和工作中必将遇到一系列的困难,很难将学习和工作做好,在与周围人的相处中也易遇到阻碍。因此,学会生活是大学学习的重要任务之一。大学生学会生活,就是要形成文明的生活习惯和健康的生活方式,主要包括以下内容:

1. 树立科学的健康观

这里的健康不仅指身体的健康,更强调一种在现实的环境中有效运作的能力,指在经常变化的环境中能对抗紧张,经得住压力挫折,能积极安排自己的各种生活;使自己的智慧、情感融为一体,让生活和精神充满生机,真正达到生理和心理的健康。

2. 积极参加各种有益的社会活动和集体活动

大学通常给予大学生很大范围内自主安排时间的权力,大学生要学会合理安排时间,在学习之余,积极参与健康有益的文艺、体育等娱乐活动及社会实践活动。通过活动,不仅可以积累生活阅历和经验,还可以放松身心,调节情绪,提高素质,陶冶情操。

3. 养成文明、良好的集体生活习惯

在宿舍、教室里和与同学相处时,要维护集体的利益。要做到:① 心胸豁达、情绪乐观;② 生活规律,坚持锻炼;③ 劳逸结合,善用闲暇;④ 营养适当,不吸烟、不酗酒;⑤ 适应环境,与人为善;⑥ 自立、自尊、自爱、自强。

四、大学生学习动机

(一)动机

动机是推动人们从事某种活动,并朝一个方向前进的内部动力,是为实现一定目的而行动的原因,是个体的内在过程,而行为是这种内在过程的表现。动机本身不属于行为活动,它是激励人们行动的原因,不是行为的结果。在心理学上,动机是指激发和维持个体活动,使活动朝向一定目标的内部动力,是发动和维持活动的心理倾向。动机是以需要(内驱力)和诱因为必要条件而存在的。引起动机的内在条件是需要,有机体的需要可以分为生理需要和社会需要两种。生理需要,是饥饿、口渴、困倦、劳累、性欲等造成的需求,这是第一级水平的内驱力;社会需要,如对地位、权力、认可、荣誉、尊重、爱情、独立的追求等,这是第二级水平的内驱力。驱使有机体产生一定行为的外部因素称为诱因。凡是个体趋向诱因而得到满足时,这种诱因称为正诱因;凡是个体因逃离或躲避诱因而得到满足时,这种诱因称为负诱因。

动机在推动人的行为中有非常重要的作用。其作用表现为以下三个方面:第一,唤起行动;第二,使活动指向一定的目标;第三,将唤起的行动坚持进行下去,并及时调整活动的强度。

(二)学习动机

人的任何活动总是从一定的动机出发,并指向一定的目的的。学习动机是直接推动学生进行学习以达到某种目的的心理动因,即推动学习的主观动力。学习动机主要表现在:学生喜欢学,想学,要求学,有一个迫切的学习愿望。如果学生不想学,或者不喜欢学,没有学习要求,是被迫学习的,很难学得好。所以有强烈的学习动机,是保证学好的前提,没有这个前提,就谈不上其他了。我们看到一些很高明的老师,在没有开始教授课本知识以前,就能激发学生的学习动机。老师想教学,学生愿意学,双方都有积极性,教学的成功就有一半保证了。有的教师不善于激发学生学习的积极性,而是扼杀学生的学习动机,靠命令、惩罚逼学生学。有的教师在放学后还把学生留下来,要他重新学、重新做,学生很不高兴。学生上了半天课,已经很疲倦了,这种情况下强迫他学习,就会给他造成精神上、身体上的伤害。老师越是这样对待学生,学生就越不想学、不喜欢学。如果学生没有学习动机,没有强烈的学习愿望,学习的结果肯定不会令人满意。

教育心理学指出:学习动机是直接推动人进行学习的内部动力,是激发、维持学习热情并将学习导向某一目标的原动力。引发学习动机的因素是学习需要和学习诱因。学习需要是人们为了提高和改善自己的生存环境和社会地位而从事学习的欲望,当这种欲望达到一定程度时,就推动人主动去学习。学习诱因是激发学习动机的外界刺激物,是学习动机的定向目标。有动机的学习,其效果较好;而在无动机的学习中,往往敷衍了事。例如,一个学生想要考上大学,就会一心一意地学习,进步也会很快。如果一个学生为应付学校的功课而学习,就会得过且过,进步很慢。这两人学习成绩有差异,就是因为前者有强烈的学习动机——想考上大学,而后者没有明确的学习动机。因此,高效学习的第一步,就是动机的激发,即找到学习的正确目的。

(三) 学习动机类型

1. 考试型

这种类型的主要特点是:考试是学习的主要动力。一般包含两种情况:被动考试型,这种类型的特点是为了应付考试而学习,表现出来的就是大家常说的"及格万岁";另一种为主动考试型,这种类型的特点是为了考出好成绩而学习,典型表现就是"考试机器""考试狂"。由于当前的高等教育仍然是主要通过考试来评定学生的各方面发展,学生的评奖评优(如评先进个人、评奖学金等)和考试成绩挂钩,所以考试仍是大学生在大学期间的中心任务和主要心理负担。从总体上来讲,学生在学习行动中处于被动的状态,学过的知识在考试后就会遗忘,学生总体能力培养效果很差,所以说这种学习动机的强化作用及学习效果较差。但是这种学习动机有指挥棒的效果,具有一定程度的指导性和强制性。

2. 求职型

这种类型的主要特点是：毕业找个好工作是学习的主要动力。近几年来，大学生毕业后全部进入人才市场，加之国家就业形势严峻，过去那种"考上大学就有了工作"的状况变成了"大学毕业可能直接失业"的现状，找工作、找好工作自然而然地成了大学生的奋斗目标。在"找工作"这个指挥棒的指挥下，大学生对于有助于找工作的学习内容努力学习，对于与找工作关系不太紧密的学习内容则采取"过关就行"的态度。在以此为学习动机引起的学习行动中，学生处于相对主动的状态，学习的部分知识相对巩固，学生的部分能力得到培养，这种学习动机的强化作用较好。

3. 兴趣型

这种类型的主要特点是：感兴趣是学习的主要动力。这种学习动机是由于学生对某一类知识的初步了解或个人的性格、爱好而产生的，在以此为学习动机引起的学习行动中，学生处于主动地位，因此学生在学习过程中心情愉快，有较强的求知欲，对所学的知识具有较强的接受能力，对所学的知识掌握比较牢固，相关能力的培养较快，但是这种学习动机的强化作用较差，往往会由于学生兴奋点的转移而消退。

4. 感情型

这种类型的主要特点是：不辜负别人的器重是学习的主要动力。这种学习动力的来源有许多方面，最常见的是来自同学和教师。例如，某学生的计算机编程水平较高，得到同学们一致夸奖，于是这个学生通常会努力学习计算机编程，使自己的水平的确达到众人夸奖的程度。这是来自同学的动力，此外更多的是来自教师的动力。例如，某学生很受某教师的器重，该学生就会对该教师所教授的课程学得十分认真。所以这种学习动机是由于学生感受到来自某一方面的强烈期望、信任而产生的，在以此为学习动机引起的学习行动中学生处于主动地位，因此有较强的求知欲，对所学的知识具有较强的接受能力，对所学的知识掌握得比较牢固，相关能力的培养较快，但这种学习动机的强化作用不稳定，往往会由于所受期望强度的改变而增强或削弱。

5. 责任型

这种类型的主要特点是：报恩是学习的主要动力。这里所说的"恩"有多种多样，从大的方面来说可以是"国家恩"，从小的方面来说可以是"父母恩"。例如，以美国为首的北约军事集团，用导弹袭击我国驻南斯拉夫联盟共和国的大使馆，激起中国人民的极大愤慨，不少学生立志努力学习，振兴中华，这就是报国家恩。由于这种学习动机建立在全民族的长远利益上，因此具有很强的强化作用。再如，某大学生家庭经济条件不好,父母节衣缩食供他上大学,他念及父母辛劳,不忍懈怠,努力学习,这就是报父母恩。总的来说,这种学习动机是由于学生感受到强烈的责任感和使命感而产生的,在以此为学习动机引起的学习行动中学生处于主动地位,因此有较强的求知欲,对所学的知识掌握比较牢固,相关能力的培养较快,这种学习动机的强化作用较为强烈,但是这种学习动机的强弱与学生个体的道德修养、责任心有着密切的联系。

6. 充实型

这种类型的主要特点是:自我的充实感是学习的主要动力。这种学习动机主要来自学生在学习知识的过程中的充实感的不断强化和对自身完善的欲望。例如,某学生学英语,一开始很痛苦,但是坚持了下来,后来一天不看英语就觉得心里少点什么。再如,某学生认为日语对自己将来水平的提高很重要,于是开始自学日语。在这种学习动机引起的学习行动中学生处于主动地位,内心承受的学习压力最小,能够获得很强的心理满足感,因此有很强的求知欲,对所学的知识具有很强的接受能力,可牢固掌握所学知识,相关能力得到迅速提升。由于学习成为一种享受,一种需要,因此这种学习动机的强化作用非常稳定,基本不受外部因素的影响。

第二节 公安院校大学生学习心理

一、公安院校大学生学习心理特点

公安院校大学生在学习上和普通院校的学生相比,既有很多的共性,又有自身的特殊性:学习内容上,具有很强的专业色彩;学习形式上,学习与训练相结合,以及在社会角色等方面的特殊性,必然导致他们的学习心理具有一些特点。

(一)学习内容特点

1. 职业性

公安院校的教学任务就是为公安部门输送较高层次的专门人才。因此,学生入学后就会分系、分专业学习,以便有充分的时间和资源在公安专业领域进行深入的钻研和提高。

2. 多样性

大学生普遍的学习目的是为自己走入职场、进入社会做准备,这就要求学生不仅要在课堂上学好专业知识,还要利用课余时间提高自己的创新能力、思维能力、交际能力等。公安院校不仅重视学生的智力、能力等素质,而且对学生的身体素质、警体技能等同样有较高的要求。

3. 实践性

由于对警务人员的实践能力、动手能力要求较高,因此在平常的学习中根据学生的专业进行实践教学,培养学生的动手能力对其以后的职业发展有重要意义。

4. 发展性

现代社会对生产力、生产效率的要求越来越高,促使科学技术、学科知识迅猛发展,这就要求大学生必须时刻关注和掌握本学科的近期发展趋势和最新研究成果。

(二)学习动机特点

1. 复杂多元性

大学生正处于改高度信息化的时代,能迅速了解社会的政治、经济、文化、教育等诸多方面的情况,他们的心理和社会行为也随之受到影响。随着大学生自身心理成熟度的日臻完善,知识日趋丰富,人际交往圈日益扩大,信息接收量不断增加,需求也变得纷繁复杂,这种需求的多层次性又会反映到每个人的学习上,使每个人的学习动机也不尽相同,呈现出复杂多元的学习动机。学习动机的复杂多元特点主要体现在以下几方面:

(1)学生个体的学习目的受多种动机的支配

根据调查显示,学生的学习动机大致包括:对国家和社会的使命感,对家人的责任感,为了个人的地位、名誉、财富,履行老师的部署等。其中,对家人的责任感所占比重最大,达42%。大多数人在大学之前就已经依据自己的生活条件、教育影响、成长环境等因素形成了动机基础,大学阶段的学习只是为了发展和强化某种动机,因此支配大学生学习活动的动机往往不止一种。

(2)学习动机具有隐蔽性

学习动机作为内心的学习动力,是一种潜意识的体验,而且大学生还处于完善自我意识的阶段,因此并非每个学生都能清楚其潜在的动机,这就为找到其主导动机造成了困难。

2. 近景性

近景性学习动机是指由学生对学习科目的直接兴趣、直接结果的追求而引起的学习动机,如为了获取奖学金、高分数、老师及家长的肯定等。根据调查显示,这种情况在低年级的学生中较为普遍,占33%。虽然近景性学习动机能对学习产生立即效能,但一般持续时间较短,且稳定状况不够理想,容易受周围环境影响。例如,部分学生入校后,努力学习取得好成绩以获得老师、同学的赞许。这就是普遍的近景性学习动机,如果依靠这种动机驱使学习,一旦目标实现后,动机的强度会慢慢减弱,甚至消失。

3. 远景性

远景性学习动机是指学生因为强烈的社会责任感、热切的求知欲望而产生的学习动机。随着大学生世界观、人生观、价值观的逐渐成熟,远大理想的逐渐树立,其学习动机的层次也随之提高。这种学习动机会随着大学生入学年数的升高而逐渐占主导地位。因为公安院校每周会定期进行政治学习、政治教育,所以学生的学习动机往往带有鲜明的时代特征。据调查,有20%的学生表示希望为国家、社会的发展贡献自己的力量。

4. 交织互补性

部分学生的学习动机并非单纯地由近景性动机或远景性动机构成,而是由这两类动机共同构成。若缺乏远景性动机,则长远目标失去引力,学生将丧失不断坚持的毅力;若缺乏近景性动机,则会导致学习的针对性或实效性不强。两者互相作用,相辅相成,才能产生最大的推力帮助学生克服困难,勇攀学习的高峰。

5. 矛盾斗争性

学生的学习动机有其积极正确的一面,亦有消极低沉的一面,两种动机心理并存于个体中,在矛盾斗争中变化发展。这种矛盾斗争性主要体现在以下几个方面:① 渴望成才但不知该选择哪条成才之路,盲目追求个人全面发展,忽略了系统学习、努力钻研的重要性,以致对学习充满困惑;② 在"多一个朋友多一条路"和"书中自有黄金屋"之间徘徊,既想多结交朋友,为自己拓展人脉,又想认真学习专业知识,提高自己以后在职场的竞争力,导致自己的学习计划无法落实。

(三) 学习方法特点

1. 自学方式占主要地位

进入大学之前的学习活动是在老师的组织和指导下进行的,学生的自学能力缺乏锻炼,学习自主性不强。进入大学后,随着自身专业意识、竞争意识、事业心的增强,学习的自觉性和主动性也日趋强烈,并逐渐占据主要地位,尤其是课程相对较少的大三、大四年级,自学成了学生学习的主要途径。

2. 独立性和批判性

大部分大学生意识到大学不应该被高中"教材、答案为上"的思想所束缚,因此他们在学习活动中带着较强的独立性和批判性,他们以审慎、求疑的态度对待老师所讲的内容和书本中的结论。

3. 课本与课外相结合

据调查显示,87%的学生表示,除了学校安排的实践活动外,自己还会利用课余时间主动参与实践活动和兼职。这说明,大部分学生并不满足于书本知识,而是充分利用课余时间与社会接触。实践活动能使学生有更多的机会走向社会,发现自己知识和能力上的薄弱环节,促使他们回校后及时调整和补充。这种学习方式不仅极大地调动了学生的积极性,也让学生体会到了知识在实际生产中的价值和意义,从而更有效地提高了学生独立钻研和独立学习的能力。

二、公安院校大学生常见学习心理困惑

(一)学习动机问题

动机是推动人们进行活动的内部动力,它具有三种功能:一是激活功能,即发动行为的功能,动机可以推动人们产生某种行为或从事某一活动;二是指向功能,即在动机的作用下,使个体的行为指向一定的方向;三是维持和调节的功能,当个体的某一行为产生后,动机会以目标为导向,对个体行为进行维持或调节。当个体行为指向既定目标时,活动动机就会增强,进而推动活动持续下去;当个体行为偏离了既定目标时,则对行为本身进行调整,使行为能够继续指向目标。

学习动机是推动学生进行学习活动的内在原因,是激励、指引学生学习的强大动力。我们可能会认为,学习动机的强度越高,说明学习积极性也越高,对学习活动的影响更大,学习效率会更好;反之,动机的强度越低,则学习的效率也越低。然而,事实并非都是如此。心理学家耶克斯(Yerkes)和多德森(Dodson)的研究表明,动机强度与学习效率的关系并不是线性的关系,而是成倒"U"形曲线关系。也就是说,学习动机的强度有一个最佳水平,即动机水平适中,此时的学习效率最高;超过或不足于这个最佳水平,即学习动机过强或过弱都会对学习效率产生一定的影响。另外,学习动机强度的最佳水平不是固定不变的,而是根据任务性质的不同而不同。学习任务比较简单时,学习动机强度较高可达到最佳水平;学习任务比较困难时,学习动机强度略低可达到最佳水平。

为什么学习动机过强和过弱都不利于学习效率的提高呢?我们都知道,动机水平过低时,会缺乏学习的积极性,因而学习效率也不会很好;动机水平过强时,尤其是当目标超出了我们的能力范围时,会导致过度焦虑和紧张。比如,一个大学生面对大学英语四级考试,如果动机水平过低,认为就是考着玩,过不过无所谓,那么他在复习和考试做题时积极性就很低,根本没有认真做题或甚至没有复习,其最终

成绩可能不会很好；相反，如果动机水平过强，要求自己一定要以优异的成绩考过，如听力必须拿满分，这样就会导致过分紧张，反而影响了自己在考场上的答题状态。因此，大学生的学习动机问题实际上就是两个方面，即学习动机过强和学习动机不足。

1. 学习动机过强

（1）学习动机过强的表现

学习动机过强的学生常常把学习看得至高无上，认为学习是展现自己价值的唯一途径，把分数和名次放在很重要的位置，甚至与自己的荣誉、地位联系起来。他们在学习中好胜心很强，要求自己一定要成功，不允许失败。另外，他们对自己的期望值也很高，这种期望值甚至远远超出了自己现有的水平和能力。为了达到这种期望值，他们会苛刻地要求自己，把时间全部用在学习上，很少或从不参加其他的活动。这种过于单一和长时间超负荷的学习，使他们承受了很大的精神压力，从而可能导致情绪紧张、记忆力减退、注意力难以集中、学习效率下降等问题。

（2）学习动机过强的原因

① 对学习不正确的认知态度。学习动机过强的人往往用不正确的态度看待学习，他们把学习成绩出类拔萃看作大学成功的唯一标志，把自己超负荷的学习作为成功的必经之路，把学习的价值看成获得奖学金、保研等荣誉，忽略了自己的学习兴趣，感受不到学习过程的快乐。

② 过高的自我期望值。一些大学生由于过于追求完美，要求自己做得最好，或迫于家庭、学校和社会的较高期望，给自己定下了过高的学习目标，并强迫自己通过长时间、高负荷的学习去实现这一目标，导致学习动机过强。

（3）学习动机过强的心理调适

① 大学生要正确地认识学习。学习是大学生在校期间的主要活动。大学生应该努力学习，应把关注点转移到学习活动过程中，发掘自己的学习兴趣，感受每天的学习进步，体验学习的成就感，而不是只在乎所获得的荣誉。

② 大学生要正确地认识自己。学习动机过强，往往源于对自己的认识不正确而产生过高的期望值，并由此造成在学习活动中对自己的过分苛求。大学生要对自己的水平和能力有一个客观的认识，并依此科学地制定学习目标，使目标在自己能力所及的范围内，不要高不可攀或与他人盲目攀比。另外，目标的实现并非一日之功，不要苛求在短时间内迅速达到，使自己背负过大的压力。所以，目标的制定要分阶段、有步骤、有可操作性，循序渐进地完成。

2. 学习动机不足

（1）学习动机不足的表现

当前大学生学习动机不足主要表现为学习惰性较大，对学习没有热情，失去兴趣。课前不认真预习;不愿上课,经常迟到、甚至逃课;上课不能集中精力,不认真听讲,懒得做笔记,对老师提出的讨论问题不予理睬,不去思考;课后不能及时复习,不愿看书、不愿完成作业,作业拖拉,敷衍了事;学习时无精打采,很少感受到学习带来的快乐;考试态度消极,经常出现挂科现象。

(2) 学习动机不足的原因

① 高考失败。一些大学生由于高考发挥失常,没有考入自己理想的学校,有一种失落感,因此时时感到不满和消沉。例如,在上课听老师讲课时,他会想"如果是××大学(自己理想的大学)的老师上课,就会比这好很多",于是失去了听课的热情;在去图书馆看书时,他会想"如果是××大学的图书馆,要比这强多了",于是失去了看书的兴趣。这种不满和抱怨始终伴随着大学的学习,使学生对学习失去热情,缺乏动力。其实,高考不是人生的终点,而恰恰是一个起点,无论身处哪所大学,我们都有足够的时间去改变自己,当然,要改变自己,就要有奋斗的动力,所以,在大学学习中,与其抱怨,不如奋进。

② 学习压力的减退。在高中时期,为了取得更好的成绩,考上理想的大学,许多学生长期刻苦学习,付出了很多的时间和很大的精力,身心都感到非常疲惫。进入大学以后,一些学生认为考上大学就万事大吉了,觉得应该好好"休息一下""调整一下",出现了一种彻底的放松感。还有一些学生进入大学后,远离家长的管束,缺少外部的学习压力,导致他们往往安于现状,不思进取,从而学习动机水平较低。比如,一位大四的学生回忆说:"四年前,我如愿以偿地跨入了大学校园。当时,对于我来说,大学已是我'理想的顶点',满足感油然而生,放松紧张的神经,休整疲惫的身体,上课看小说,下课逛大街,早晨睡懒觉,晚上打游戏,整天不思学习,无所作为。这种消极颓废的生活伴随我度过了半年光阴。第一学期考试,我竟然有好几门功课不及格。这对于长期名列前茅的我,犹如当头一棒,想要振作起来,但又不知如何下手。"

③ 大学生发展观念的特殊性。心理学认为,动机产生的基础是需要,需要是人在生理或心理的一种不平衡状态,人们感受到这种不平衡状态,会希望通过努力使之达到平衡,从而激发出行为的动力。例如,高中时期,成绩是同学之间的一个核心比较要素,成绩不如他人会使自己产生强烈的不平衡感。而大学则有着非常广阔的发展空间,学习并不是唯一的比较要素,一个人的学习成绩不如他人,但他的组织能力和人际交往能力却非常突出,他会认为自己并不比别人差,也难以唤起这种不平衡感。

(二) 学习焦虑问题

学习焦虑是人的一种情绪状态,是个体由于不能达到预期的学习目标或不能克服学习上的困难而使自信心受到挫伤,或者因失败感和内疚感增加而形成的一种紧张不安、带有恐惧的情绪状态。人的焦虑情绪有不同的程度,焦虑程度过高或过低都对学习有不利的影响,只有适中的焦虑程度,才有利于提高学习效率。可见,焦虑程度对学习效率的影响与动机程度对学习效率的影响是相似的,即呈现为倒"U"形曲线,表明焦虑程度过强和过弱都会使学习效率下降,中等焦虑程度则有利于取得最佳学习效果。最佳焦虑水平取决于学习任务的难易,对于容易完成的学习任务,最佳焦虑水平偏高;随着学习任务难度的增加,最佳焦虑水平有逐渐下降的趋势。

对于刚进大学校门的大学生来说,无论是学习环境,还是学习内容、学习方法、学习目标等方面都发生了较大的变化,一部分大学生难以适应这一变化,出现学习焦虑问题在所难免,尤其是个性较敏感、性情急躁的大学生更容易陷入这种焦虑状态。若大学生长期处于较高的焦虑水平,对学习效率和效果将有很大的负面影响,严重的还将影响他们的身心健康。

1. 学习焦虑的表现

处于严重学习焦虑状态下的大学生,由于精神过于紧张,顾虑的问题较多,常表现为在学习上注意力涣散、记忆力减退、思维混乱、烦躁、易怒等,严重的还常伴有头晕、头痛、忧虑等现象,影响了身心健康。处于严重焦虑状态下的大学生在多次努力学习无果的情况下,往往采用回避和退缩的方式消极对待学习,过早地放弃努力,从而导致学习成绩每况愈下,自责感不断增加,心理压力更大,进一步增加焦虑,形成恶性循环,引起行为上的混乱、盲目,以至发生心理疾病。学习焦虑的突出表现是考试焦虑,即在临考前或临考时产生紧张与恐惧的情绪状态。考试焦虑表现在临考前神情紧张、忧虑,在临考时肌肉紧张、心跳加快、血压上升、手足发凉、注意力不集中、思维僵化、记忆力下降,原本熟悉的内容因过度紧张而回忆不起来,严重时还会出现"晕场"的现象。有研究表明,我国大学生中,考试焦虑水平较高的人数超过20%。

2. 学习焦虑的原因

形成学习焦虑的原因可以从个体外部因素和内部因素进行分析。来自外部的各种压力,要求大学生努力学习,取得好成绩。而来自内部的因素,即大学生已具备的各方面素质与能力,可能还不足以使大学生实现外界对其在学习上的期望。内外因素的矛盾,以及部分大学生性格内向等方面的因素,极易形成学习焦虑。具体来说,影响大学生学习焦虑的因素分为外部因素和内部因素。

(1) 外部因素

① 学业压力。大学的学习科目较中学有了很大的增加,学习的难度加大,速度加快,学习方式方法也有所改变。这要求大学生要及时跟上变化,调整自己的学

习方法,合理科学安排学习时间,紧跟教师的教学步伐。否则,由于没掌握的知识不断增多,因此造成很大的学习压力。

② 考试压力。考试压力主要来自部分大学生对考试的意义估计过高,认为考试成绩不好,会影响个人在班级的威信,脸上无光;甚至有的认为考试成绩不好会影响教师对自己的看法与信任,影响毕业时择业的条件等。另外,对考试结果期望值过高,提心吊胆,害怕失败,也是造成考试压力的一个重要因素。

③ 来自周围环境的压力。周围环境给大学生的压力包括:来自同学间的竞争压力;来自家长"望子成龙,望女成凤"的压力;来自教师的压力,例如,教师对学生提出过高要求,对没达到要求的学生严厉批评,使学生对任课教师产生恐惧感;来自学校的压力,例如,学校对学生提出一些要求,要求其在毕业前拿到某些等级证书,对拿不到证书的同学采取不发毕业证书等相应处罚,使学生对相应考试产生恐惧;来自社会的压力,如就业压力,迫使大学生要取得好成绩,以增强日后的择业竞争实力。

(2) 内部因素

① 自信心不足,总认为自己的智力、能力、基础不如别人。

② 成就动机过强,迫切希望取得好成绩并且超过他人。

③ 对以前考试失败和挫折的体验太深刻,以至于遇到考试就产生害怕、恐惧心理。

④ 兴趣爱好过于单一。

⑤ 性格内向,不擅长交往,自我封闭。

3. 学习焦虑的调适

① 任何事物的产生都有其起因,大学生应学会冷静分析造成焦虑的主、客观原因,针对原因找出缓解焦虑的方法,绝不能采取回避现实的态度,放任焦虑的发展。对于自己无法找出原因的同学可建议其到心理咨询机构去寻求专业的帮助。

② 正确认识和评价自己的能力,制定切合自身实际的学习目标,不过分重视学习名次。大学生要知道,能不断超越自我,不断进步,也是一种成功。

③ 调整适应大学学习的学习方式,尽快摸索总结一套适合自己的学习方法,注意劳逸结合,提高学习效率,掌握学习的主动权,尽快适应大学的学习生活。

④ 培养广泛的兴趣,正确处理学习与其他活动的关系,适当转移注意力,降低焦虑水平。

⑤ 保持适度的自尊心,降低对胜败的敏感度。同时,也要增强自信和毅力,不怕困难和失败,保持情绪的稳定。

⑥ 系统脱敏法。系统脱敏法是利用对抗性条件反射原理,在放松的基础上,循序渐进地使神经过敏反映逐步减弱直到消除的一种行为治疗方法。它用于特别

害怕某种客体式情境的恐怖和焦虑状况。具体步骤如下:

第一步:写出引起自己焦虑的刺激情境。例如,题目太难了,课本知识太深奥,学习任务没完成,临近考试了等。

第二步:将列出的刺激情境按照从弱到强的顺序排列焦虑等级。

第三步:使自己进入放松状态,当全身处于松弛状态时,开始从紧张程度最低的情境进行描述。当能够身临其境地感受到最低情境的状态,同时身体依然处于放松状态,不觉得紧张,此时可进入下一个情境地描述。如此依次进行,直到进入最让人高度紧张的情境时仍然能够保持一种完全放松的状态为止。

针对较为突出的考试焦虑问题,可考虑从以下几方面进行调适:

(1) 正确认识考试的意义,端正考试的动机

要认识到考试的目的只是检查教与学的成效。通过考试,可以检验自己近段时期的学习态度、学习能力和知识水平,调整对自我的认识并不断进行自我完善。总之,考试只是一种检验和激励的手段,它并不能决定一个人的前途和命运,因此,应将考试看成检验自己学习收获的大好机会,而不要把考试成绩看得太重。考试过度焦虑的根源不在于考试而在于学生自身因素,只要自己用理智和意志来进行控制和调节,就可以克服这种焦虑情绪。

(2) 对考试成绩的期望值要符合个人实际

考试前应对自己已掌握的知识和已具备的能力有正确的评价,并在此基础上制定考试成绩的目标,只有这样才会符合个人实际,避免考试焦虑的出现。否则,如果目标太高,超过了自己的真正水平和能力,会在考试之前因没有把握实现目标而失去信心,影响复习的质量和效果,最后导致考试过度焦虑。

(3) 平日努力学习,加强准备,以平常心应试

考试成绩的高低决定于平日学习的努力,而不是决定于考试本身。平日努力不够,复习不够,而企图在考试时侥幸地获得高分数,这是不切实际的想法。克服这种侥幸心理,可降低考试焦虑。只有在平时加倍努力学习,注意知识的积累和巩固,克服学习中的难点,这样才能以平常心应试,稳操胜券,克服考试焦虑。

(4) 有意识地克服"怯场"现象

考试时产生的"怯场"现象,可能是由于对考试信心不足而临场慌乱;也可能是缺乏应试的经验与技能,碰到问题无力应付;还可能是由于学生个人的气质与性格特点不能适应紧张的场面。因此,应根据学生的心理实际,在日常就给予相应的调适,以预防考试怯场的发生。考试怯场现象出现时,考生往往由于焦虑强烈而大脑一片空白,思维停顿。考场上学生突然手脚发颤,大汗淋漓,此时应立即停止考试。要引导考生闭上双眼进行深呼吸、放松,有目的地进行自我暗示。有条件的话,考生可适当舒展身体,待情绪趋于稳定后,再进行答题。考生也可自备一些清凉油、

风油精放在鼻前闻一闻,然后伏在桌子上休息片刻,这样可以避免晕倒或虚脱的情况发生。

(三) 学习畏难问题

畏,是害怕、恐惧的意思,它是个体企图摆脱、逃避某种情境时产生的情绪体验;难,是困难,挫折的意思,它是个体从事有目的的活动受到阻碍或干扰,以致其动机不能得到满足时产生的情绪波动和心理防御的过程。大学生学习畏难是指在学习活动中遇到了某些阻碍和干扰,使得学习的需要难以满足,于是产生了害怕学习的现象,进而产生某些逃避学习的行为。

1. 大学生学习畏难的表现

(1) 逃避学习环境

有些大学生在学习上遇到困难或挫折后,往往不从主观上分析原因,片面地认为自己再怎么努力也是没有用的,于是对学习漫不经心,得过且过,把大量的精力用在了与学习无关的活动中,如娱乐活动、交友等。大学生这种逃离学习环境的行为,在一段时期内,对畏难情绪的缓解可能会起到一定的效果,但是学习毕竟是大学生的主要任务,学习的重要性在大学生生活的现实及在大学生的潜意识中会不断地以各种形式显现出来,提醒他要好好学习。这样大学生很容易陷入逃避学习与需要学习的矛盾之中,造成学习畏难情绪的进一步加深。

(2) 好幻想

有些大学生学习不好或遇到考试失败等挫折后,常以幻想的方式来排解当前消极的情绪。他们往往跳过努力学习的过程,幻想有一天学习成功了,他们将得到家长和教师等长辈的赞许,赢得周围同学的认同,将来有可能走上好的工作岗位。这种幻想可能会使他们鼓起勇气努力学习,但是如果总是沉浸于幻想之中,不去面对现实,会使他们难以克服学习过程的艰辛,以至最终不能适应学习生活。

(3) 找借口

有些大学生每到考试时就会生病,他们中的一部分人是因为对学习有畏难情绪,害怕失败,精神紧张过度,不自觉地将心理上的困难转换成为身体方面的症状,为自己日后考试失败找借口。另一部分人可能并没有生病,但同样由于害怕考试的失败,推说自己生了病,借以逃脱他人对自己学习成绩不理想的责备,维护自我的尊严。

(4) 封闭学习

一些对学习有畏难心理的同学还经常表现出对一切有关学习的事情自我封闭。他们往往不愿意与人谈论自己的学习情况,降低自己的学习要求,如逃课、见到教师就头痛。

2. 大学生学习畏难的原因

(1) 学习任务较重

大学的学习任务与中学的学习任务相比,加重了许多。表现在:① 学习的课程增多,不仅有基础课,还有专业课,以及一部分的选修课;② 难度加大,大学的学习不再像中学的学习那样,学习的都是一些已公认的基础知识,大学的学习内容有很大一部分是专业的前沿知识,有很强的不确定性,要学生自己去辨别、去分析,有一定的难度;③ 要求高,大学是面向社会培养有用的人才,因此,对大学生的要求要明显高于中学生。因此,要求他们不仅要掌握知识,还要很好地运用知识,更要求他们有一定的创新能力。这样的学习任务不是轻松就能完成的,学习任务的加重、难度的加大,是大学生产生学习畏难心理的原因之一。

(2) 对自己的认识不足

一些大学生对自己的能力与各方面素质估计过高,于是盲目地给自己订立了过高的目标,其结果当然实现不了。而一次次的挫折、失败又给他们带来了不小的打击,使他们在学习上产生了畏难心理。

(3) 学习方法不当

一些大学生在进入大学后,没能很好地调整自己的学习方法,仍沿用中学时的学习方法,这与大学的学习要求是不相匹配的。正是由于学习方法不当,使得这些学生虽然平时很努力学习,但最终成绩仍不理想。

3. 学习畏难的调适

(1) 正确对待学习上存在的困难

学习上存在困难并不可怕,可怕的是不能正确地认识困难、面对困难,使困难得不到解决。正确认识学习上存在的困难是解决学习问题的关键所在,而正确地对待困难,及时有效地解决问题,可以防止学习畏难心理的产生。大学生学习上的困难大多是由于不适应大学的学习节奏,未能找到合适的学习方法而造成的,因而了解大学学习的性质、特点,探索一套新的、适合自己的学习方法是克服畏难心理的有效途径。

(2) 改变不良认知方式

畏难心理的产生在很大程度上是由于大学生对学习困难的认知引起的,或者说是由大学生认知方面的偏差引起的。例如,有的学生一次考试失败,就认为自己能力不行,学不好;有的大学生在中学阶段学习一直很好,可是进入大学后,由于一时的不适应,造成学习成绩下滑,因而对自己的学习能力产生怀疑,开始害怕学习;还有的同学把学习中的一些小失败、小挫折想象得非常可怕,认为自己能力不行,学不下去,毕不了业,找不到工作,人生没前途,生命没价值等。可见,改变学生的不良认知方式,纠正错误的观念,引导学生实事求是地评价学习中出现的各种困难,使他们从困难中看到希望,有利于克服学习畏难心理。

(3) 勇于面对困难

最大的恐惧就是恐惧本身。当对某事物感到恐惧时反而去接近它,有利于克服恐惧心理。为了克服学习上的畏难心理,鼓励学生主动地投入到学习活动中去,但是投入学习的过程要有一定的策略。应引导学生从简单的学习活动开始,有计划、有步骤地展开学习活动,由易到难,让学生在不断尝到成功喜悦的同时,消除学习畏难情绪,最终把握学习活动。

(4) 优化个体自身的人格品质

学习上出现畏难心理与人格特征有一定的关系。性情急躁、心胸狭窄、意志薄弱、缺乏自知之明的人更容易在学习上产生畏难心理。因此,大学生应主动对自己的人格特征进行反思,有意识地培养自己良好的人格品质。学习的路途是坎坷的,只有乐观自信、自强不息、顽强拼搏的人,才能达到光辉的顶点。

(四) 学习疲劳问题

学习疲劳是因学习强度过大,学习时间过长,让人在生理和心理上产生劳累感,使学习效率下降,并渴望终止学习活动的生理和心理现象。学习疲劳包括生理疲劳和心理疲劳。生理疲劳主要是肌体受力过久或肌肉重复伸缩造成的一些机体上的疲劳症状;心理疲劳一般是由于长时间从事心智活动,大脑得不到休息,大脑皮质的兴奋区域代谢旺盛或兴奋持续时间过长,消耗过程超过恢复过程,脑细胞处于抑制状态所引起的心理反应。

学习疲劳是一种保护性抑制,一般来说,经过适当的休息即可得到恢复,对大学生的身心发展不会造成什么影响。但如果长期处于疲劳状态,勉强让大脑的有关部位保持兴奋,就会导致大脑兴奋和抑制过程的失调,严重的还会引起神经衰弱等疾病,并可能引发身体器官的病变,严重影响大学生的学习。

1. 大学生学习疲劳的表现

(1) 学习生理疲劳的表现

大学生学习时间过长、强度过大,会造成的生理疲劳,主要表现为肌肉痉挛、麻木,眼球发酸,头脑发胀,腰酸背疼,动作不准确、僵硬,打瞌睡等肌体反应。

(2) 学习心理疲劳的表现

大学生学习用脑过度,会造成学习心理疲劳,主要表现为注意力分散,思维迟钝,情绪易躁动、忧郁、易怒,学习效率下降,学习错误增多,对学习易产生厌烦情绪。

2. 大学生学习疲劳的原因

(1) 生理疲劳的原因

大学生生理疲劳主要是指在学习活动中,由于学习环境不良、学习压力过大、学习时间过长、不注意劳逸结合、睡眠时间不足、营养供应不足、不注意用脑卫生和用眼卫生等原因,造成生理疲劳现象。长时间的生理疲劳对大学生的学习会造成不良影响,最终有可能出现学习上的心理疲劳,影响其身心健康。

(2) 心理疲劳的原因

大学生心理疲劳的原因是多方面的,除了因长期生理疲劳而造成的心理疲劳外,还有因学习内容单调、难度过大,学习过于紧张而造成大脑神经持续处于高度紧张状态,对学习缺乏兴趣;或是受到其他因素的干扰,如家庭经济困难、思想问题等原因造成心理疲劳。

3. 大学生学习疲劳的调适

(1) 科学用脑

大脑是人体一切活动的中心,自然也是学习活动的中心。学习活动持续时间过长,就会影响大脑活动的正常运转,引起疲劳。因此,科学用脑,保证大脑的清醒状态,是缓解学习疲劳的有效方法之一。首先,从生理上要做到饮食合理,给大脑以充分的营养,保证其功能的正常发挥。其次,在学习时要根据不同的学习内容,合理安排用脑时间。最后,要注意避免用脑过度,不要等到"脑袋麻木"了才停止学习和工作,否则极易引起大脑损伤,进而诱发各种身心疾病。大脑有左右两半球,左半球主要与抽象的思维活动有关,右半球主要与形象思维活动有关,而大脑的各个半球又可以分成若干区域,不同的区域分别掌管着不同的人体功能。因此,我们应使大脑的皮质兴奋与抵制区域不断轮换,轮流休息,动静结合,这样有利于大脑皮质保持较长时间的学习工作能力,防止用脑过度。

(2) 劳逸结合

不会休息的人就不会工作,同样,休息好是为了更好地学习,因此,大学生只有学会劳逸结合,才能更有效地预防学习疲劳的发生。劳逸结合主要包括以下几个方面:首先,在经过一天的学习后,晚上按时睡觉,保证睡眠的充足。其次,要养成良好的生活习惯,安排好学习和休息的时间,做到学习时专心致志,提高效率;休息时,让大脑放松,安心休养。学习与休息时间的安排应顺应人体生物钟的节律变化,而这一变化规律又会因地因人而有所不同,因此,大学生应遵循自己身体机能工作的规律,合理安排学习与休息的时间。最后,在平时要注意加强体育锻炼,使脑力劳动和体力劳动交替进行,它可以改善血液循环,有利于消除大脑和肌体的疲劳。

(3) 创设良好的学习情境

学习情境对人的心境有很大的影响,有研究表明,良好的学习环境可使大学生在学习活动中保持身心舒畅,提高学习效率;而在嘈杂、脏乱的学习环境中,可能引起心烦意乱、焦躁不安等情绪。因此,大学生在学习时应尽可能地为自己创造一个良好的学习情境,避免身心疲劳。

(4) 培养学习兴趣

对学习感兴趣,可以使大学生在学习时心情愉快,长时间学习而不知疲倦。反之,对学习不感兴趣,就会觉得学习内容枯燥,学不进去,很快就会进入疲劳状态。可见,大学生有意识地培养自己学习的兴趣,有利于避免学习疲劳的产生。

(5) 保持乐观的精神和积极的情绪

生理学、心理学研究表明,情绪不仅影响身体功能与健康,而且对人脑本身的功能与健康都有重大影响。积极的情绪可以使人精力充沛、食欲良好、睡眠充足、身体健康,使大脑处于最佳工作状态。

(五) 注意力不集中问题

注意力是心理活动对一定对象的选择和集中。注意力是人的各种心理过程正常进行的保证,它在人的各种感受器所接受的种种信息中选出符合个体当前需要的信息进行加工;它能维持信息在意识中进行精加工;它能监督和调节个体的行为,使之指向一定的目标,促进目标的达成。可以说,没有注意力,人的各种心理活动将很难进行。同样,大学生的学习活动也离不开注意力,注意力差的学生易出现学习效率低下,学习成绩不良的现象。

1. 注意力不集中的表现

(1) 容易走神

学习时注意力不集中的大学生,常在学习时不能有效控制自己的心理活动,想一些与学习毫无关系的事情,思维远离当前的学习活动,且不易收回。

(2) 易受干扰

注意力不集中的大学生,在学习时很容易被外界无关刺激所吸引,有时甚至是很微弱的刺激,也能引起他们注意力的分散,偏离当前的学习活动。

(3) 无关动作增多

注意力不集中的大学生,在学习时往往伴随着一些与学习无关的动作,如上课说话、东张西望、玩弄手指、摆弄笔杆、摸东翻西等,始终难以把注意力集中在学习上。

(4) 效率低下

注意力不集中的大学生学习效率低下,他们通常给人的印象是花在学习上的时间很多,却见不到成效。如有的同学整晚都在看书,可是连一个知识点都没记住。

2. 注意力不集中的原因

(1) 学习目的和任务不明确

人是有目的的动物,没有目的,就不知往哪个方向努力,更谈不上注意力的集中。同样,当大学生对学习目的不明确时,他们也很难长久地将注意力集中在学习内容上,从而出现分心现象。但是如果只有目的,而没有具体的学习任务,那么,学生在每一次具体学习时,可能会因缺乏必要的紧张度而容易走神。

(2) 对所学专业不感兴趣

兴趣是引起注意的重要原因。有的大学生对自己所学的专业并不感兴趣,学习总是处于一种被动状态,形成过得去就行的心态,自然学习的注意力难以集中。

(3) 不适应大学的学习方法

由于大学教育、教学方法的改变,大学生的学习方法与中学生的学习方法有了明显的不同。一些不适应大学教育方法的学生在下课之后不知该如何组织复习,并在没有督促、没有压力的情况下,管不住自己,自由散漫,自然学习的注意力难以集中。

(4) 学习环境不良

不良的学习环境对注意力也有一定的影响。例如,学习时周围噪声过大,学习环境杂乱、污浊,环境过于空旷冷清等,都易使注意力分散,影响学习效率。

(5) 个体心理因素的影响

大学生由于过度的疲劳和焦虑,也容易导致注意力不集中。长时间的用脑,不注意劳逸结合,不讲究学习方法,都会引起大脑过度疲劳。大脑过度疲劳会使大脑产生抑制,造成注意力分散。另外,如果大学生过度焦虑,总是担心学习成绩不好,在意别人如何评价自己等,势必将学习的注意力引向这些焦虑点,而不能很好地集中在学习内容和学习过程中,引起注意力的分散,影响学习效果。

3. 注意力不集中的调适

(1) 明确学习目标、规定任务

大学生在学习前应根据自己的条件,为自己确立一个适当的目标,并依据目标制订详细的学习计划。每次学习时都应有具体的学习任务,要带着任务和问题进行学习。这样学习才有动力,才不易分心。

(2) 激发学习兴趣

大学新生入学后,学校应对各专业前景、发展方向做一些介绍,培养大学生对本专业的兴趣,促进他们将注意力集中在学习上。

(3) 寻找科学学习方法

大学生在入学之初,可能对大学的教育教学方法不适应,导致学习时注意力不集中。教师应及时对他们进行教育,使他们明白大学教学与中学教学的区别,帮助他们尽快总结出一套适合大学学习并与个人自身条件相适应的科学学习方法,提高他们学习时的注意力。

(4) 选择环境,排除干扰

由于每个人的心理特征不同,个人所喜好的学习环境也不同。例如,有的人必须在绝对安静的环境下,才能集中注意力,而有的人在轻柔的乐曲声中更能集中注意力。因此,大学生可以根据个人不同情况,选择适合自己的学习环境。大学生大多过着集体生活,有时在无法选择环境、干扰无法排除时,就需要有与干扰做斗争的自制力。

(5) 劳逸结合,张弛有度

要科学地安排作息时间,适当地休息或进行体育活动,防止过度疲劳。同时,要消除焦虑、紧张的情绪,保持平和愉快的心境。

(6) 学会运用思维阻断法

注意力不集中的学生在学习时常会胡思乱想,及时阻止这种纷乱的思绪对于提高学习效率大有益处。当纷乱思想出观时,一种方法是听一些柔和的音乐,使大脑得到放松;另一种方法可采用把眼睛闭上,反复握拳、松开,使肌肉收缩,并同时对自己说"停",如此反复数次,有助于集中注意力。

(7) 用期限效果集中注意力

对自己并不喜欢的工作设定一个完成期限,快到截止时间时,就会强迫自己去完成它,这样可以集中注意力完成不感兴趣的工作。

(8) 应用报酬效果集中注意力

首先,根据学习计划和任务,可以给自己定一个适当的奖赏,当完成学习任务时,即可获得报酬,这个报酬可以依自己的需要和兴趣订立。其次,遇到困难的工作,可用假想敌人和处罚来激励自己。

第三节 学习能力提升

一、适应大学生活

(一) 调整自己的位置

每个人在现实生活中,随着外界环境的变化,都要不断地调整自己的位置,使自身的需求和发展与社会的需求和发展相一致。进入大学后,学生需要尽快地调整自己的状态,寻找自己在大学生活中的最佳位置。首先,要平复情绪,让自己尽快适应大学生活。其次,尽快从高考后的失落、成功的陶醉和入学后的新奇中摆脱出来。最后,努力去探索大学学习的特点和规律,做学习的主人。

(二) 培养自信心

大学是人才云集之处,自己过去的某些优势已不再那么明显,甚至不复存在,许多大学生因此而产生自卑感,对自身的智力产生了疑问,甚至失去了学习的信心,所以培养自信心是至关重要的。例如,美籍物理学家钱致榕在参加南京大学校庆时,讲述了他在中学时期的一段经历。新中国成立前,很多学生不求上进,一位责任心很强的老师为了改变这种状况,就从全校300多名学生中挑选了60人组成了一个"荣誉班","荣誉班"的学生被告知,他们是由于智商高、有发展前途而被选中的,所以"荣誉班"的学生个个信心十足、严于律己、勤奋学习,结果这个班的大多数学生都成为了有成就的人。后来有人问那位老师是怎样发现他们的智商比别人高、有发展前途的,那位老师说,其实并没有经过专门的选拔,学生都是随机抽取的,最主要的就是培养和树立他们的自信心。

(三) 寻找最佳的学习方法

寻找最佳的学习方法是保证学习顺利进行并取得良好效果的一个重要前提条件。大学学习的一个突出特点就是以自学为主,基于此,大学生寻找最佳学习方法应从以下几个方面入手:

1. 阅读

阅读是获取知识的必由之路,当今知识的更新与发展越来越迅速,以个人的精力一切从头做起是不可能的,所以掌握阅读的方法,特别是学习书本知识是十分重要的。牛顿曾有句名言:"如果说我看得远,那是因为我站在巨人的肩膀上。"所以,说阅读是至关重要的。但是,能阅读不等于会阅读。"能"阅读的人读书只是个过程,把自己的头脑变成了名家、名著的复印机和保存室;而"会"阅读的人能在书中找到有利于自身发展的智慧,并以此为基础去发挥自己的潜能。这正所谓"活读运心智,不为书奴仆"。

2. 积累文献资料

① 提高检索能力。古人云:"凡读书最切要者,目录之学。目录明,方可读书;不明,终是乱读。"

② 做好索引和卡片。把有用的资料按自己的方式做成索引或制成卡片,一旦需要的时候,可以及时准确的查找。这样既可以节省时间,又提高了学习的效率。

③ 记好笔记。俗语说:"好记性不如烂笔头。"在记笔记的过程中,可以随时记录下自己当时的灵感和想法。有人说,好的读书笔记就是论文的雏形。所以,我们

在阅读的时候要做到手勤、脑勤,要养成良好的阅读习惯。

3. 科学运筹时间

英国博物学家赫胥黎(Huxley)有一句富有哲理的话:"时间最不偏私,给任何人都是 24 小时;时间也最偏私,给任何人都不是 24 小时。"其差异就在于能否合理和充分地利用时间。从紧张的中学学习进入宽松的大学学习,一个明显的感觉就是时间特别宽裕,加之个别同学目标不明确,导致他们不知道如何打发课余时间。那么,如何安排好时间呢?

① 养成珍惜时间的好习惯。有人说,人的一生有 2/3 的时间是在睡觉、吃饭和娱乐中度过的,而真正用在学习和工作上的也只有 1/3。所以,前人才会感叹:"一寸光阴一寸金,寸金难买寸光阴。"

② 善于安排时间。要充分利用有限的时间多去学习和工作,要巧用时间,积少成多。

③ 丰富充实自己的生活。大学有形的学习只是其生活的一部分,我们还要善于从无形的学习中获取更多、更直接的知识和能力。要充分利用好休息日、节假日、寒暑假时间,在社会实践中去发现自身的不足,努力提高自己。

二、提高心理效能

(一) 增强学习动力

增强学习动力需要内外部环境共同来调节。从外部环境而言,需要有一种重视教育、重视知识、尊重人才的良好社会氛围和浓厚的学习、学术风气。这有赖于社会的发展、教育改革的深入,并不是一朝一夕就可以达到的,因此,增强学习动力更需要自身的调节能力。

1. 确立明确的奋斗目标

要根据大学学习的规律并结合自身的特点,制定出新的奋斗目标。要把个人目标与社会责任联系起来,要把近期目标与长远目标结合起来,只有这样,制定的目标才有生命力,由此产生的动力才会更强烈。

2. 培养学习兴趣

爱因斯坦曾说过:"兴趣是最好的老师。"兴趣是人们将注意力集中于某一对象,并伴有喜欢、愉悦的感情体验的心理状态。一个人只有对一件事有兴趣,才会深入持久地去做。兴趣不是天生就有的,而是随着年龄和实践培养和发展起来的。俄国著名的教育家乌申斯基说:"没有丝毫兴趣的强制性学习将会扼杀学生探索真理的欲望。"兴趣是求知的动力、热情的凝聚、行为的指向、成功的起点。这就要求

我们在学习中善于发现和激发自己的兴趣,并由此深入其中,逐步从中体会奋斗与创造的乐趣。学习兴趣的培养方法有以下几个方面:

(1) 培养明确而强有力的学习动机

学习动机对学习兴趣的形成起着积极的促进作用,只有具备了明确且强有力的学习动机,有对知识的渴求和对成才的强烈愿望,才会对学习产生浓厚的兴趣。

(2) 扩大知识掌握的深度和广度

知识的巩固、不断扩大以及加深是兴趣产生的重要条件。大学生对某门课程的知识掌握越多、越牢固,产生兴趣的可能性就越大。大学生常有这样的感受:听懂了就有兴趣,听不懂就没兴趣。对专业的兴趣问题也是如此。对专业不感兴趣往往造成对学习不感兴趣;了解专业前景,丰富专业的相关知识,就有可能逐步培养起对专业的兴趣。

3. 增强克服困难的毅力

孔子逆境成才。孔子从小就失去了父亲,家境贫困,没有受教育的好条件,只好通过自学来求得学问。他从 15 岁起开始发奋读书,因为没有人教,在学习上碰到难题,就多方请教他人,终学有所成,成为一代名圣。

诺贝尔在研制炸药时,发生了不幸事件,不仅炸毁了工厂,自己心爱的小弟弟和亲密的助手也不幸身亡。痛苦过后,他克服重重阻碍,继续钻研,研制成了黄色炸药。

4. 培养良好的注意力

注意力是知识的窗户,没有它,知识的阳光就照不进来。法国生物学家乔治·古维叶(Georges Cuvier)曾说过:"天才,首先就是注意力。"那么,如何有效地控制注意力呢?主要有以下几种方法:

(1) 提高对注意力作用的认识

俄国著名的教育家乌申斯基(Ushinski)曾把注意力比喻为"获取知识的门户",这就是说要想获得大量的知识,进行创造性思维,就必须最大限度地开放"注意"这一门户,高度集中注意力。

(2) 要有不倦的好奇心

巴甫洛夫(Pavlov)说:"好奇是专注的第一要素。"要保持学习不倦,首先就要对所学内容不断地回顾和不断地发问,这样才能永葆好奇心和新鲜感。

(3) 要有顽强的意志

注意力说到底是个人意志的一种表现,学习中的挫折往往是集中注意力的劲敌。因此,我们要有"败不馁"的精神,遇到困难时要先冷静观察和思考,再做出可行性的探索。

(4) 要有健康的人格

注意力在我们的学习中起着重要作用,其他心理活动依靠注意力才能逐渐完善起来。如果没有健康的人格,很难控制注意力。爱因斯坦(Einstein)说:"我的所为,就是想给我存在的祖国留一点属于我个人的东西。"显然,没有崇高的心志,就没有爱因斯坦的相对论。

(5) 建立有效的学习规律

这里包括规划固定的学习时间,选择合适的学习地点,学习要有劳有逸、有张有弛。每天必须有一个时间段进行全神贯注的学习。在这段时间里,抱着坚定的意愿把注意力集中在一项学习任务上,肯定能明显地提高学习的进度。在选择学习地点时,无论是在学校还是在家里,学习的地点必须要舒适、安静、光线好、通风好、无干扰。要想使头脑保持清醒、精力充沛,生活就要有规律,不要搞疲劳战术。

(6) 学会运用思维阻断法

人在注意力不集中时,常常会胡思乱想,而及时阻断这种纷乱的思维对于提高学习效率很有必要。当纷乱思想出现时,把眼睛闭上,反复握拳、松开,使肌肉收缩,并同时对自己说"停止"。如此反复做若干次,可以帮助你集中注意力。

5. 掌握记忆方法

记忆力是智慧的仓库。一些优秀人才的较高智慧是与他们具有很强的记忆力分不开的。然而在日常生活中,有的大学生常常因记忆力不佳而忧虑,有的学生在考试来临之前感到记忆力不佳,如考前记住的东西,在考试时忽然就忘了。针对这些记忆障碍,我们要积极地进行化解。德国心理学家艾宾浩斯(Ebbinghaus)的记忆实验证明,记忆与遗忘总是相对出现的,在记忆的同时,遗忘就开始发生。要保持最佳记忆,就必须克服遗忘。识记后的1个小时内遗忘速度最快,遗忘量最大,而后逐渐变慢。学习过的材料过了1个小时之后,记住的材料仅仅剩下40%左右,再过1天,会忘掉全部材料的2/3,6天之后只剩下5%左右。遗忘规律告诉我们,要及时复习,才能提高学习效率。最好的办法就是趁热打铁,当天的知识点当天消化。在复习时间上,对新学的知识每次复习的时间要长一些,间隔时间要短一些。

有些大学生认为记忆力是天生的,因而不注意寻求记忆规律和技巧,致使学习效率不高,知识基础不牢。事实上,每个普通人都有强大的记忆力。现代心理学研究证明,目前人们的记忆力一般只发挥了全部脑机能的几十分之一或几百分之一。如果重视记忆,经常锻炼记忆力,掌握记忆规律和科学的记忆方法,人的记忆就会放射出奇异的光彩。下面介绍几种主要的记忆方法:

(1) 目的记忆法

心理学研究表明,在所有条件相同的情况下,有意识记的效果比无意识记的效果好得多。因为记忆目的明确使大脑细胞处于高度活动状态,大脑皮层形成兴奋中心而注意力格外集中,接受外来信息显得主动,大脑皮层留下的痕迹也颇清晰、深刻。若第二天要考试,当天晚上记忆效率就特别高,因为此时的记忆目的性很明确。

(2) 选择记忆法

为了记忆有效,大学生还应对记忆材料有一定的选择,去粗取精,有重点有选择地记忆,这样才能扩大自己大脑的记忆容量。著名科学家钱伟长曾说过:"一本书要能够读得它变薄,也要能由薄变厚。"这里的变薄就是指要有选择地重点识记,取其精华;至于变厚,则指运用知识时要融会贯通,举一反三。因此,遗忘那些不需要的材料是一种积极的提高识记效率的方法。

(3) 过度记忆法

现代记忆理论认为,进入脑中的信息开始时是一种神经冲动的回路活动,经过一段时间以后,记忆痕迹才得以固定。在此过程中需要多次强化才能记忆牢固,所以要反复记忆。实验证实,识记 50 个外语单词,反复次数在 4 次以内记忆效果一般,一旦超过 4 次,记忆量就会突增,到 7 次时,差不多可以全部记住。可见,适当的过度记忆,多反复几次,记忆效果大不一样。

(4) 联想记忆法

联想记忆是通过事物在时间、空间、性质、因果等方面的联系来帮助记忆。它利用事物之间的接近性、类似性、对立性、因果性等关系,将一事物与另一事物相联系。例如,学习外语,可以把同义词、近义词、反义词放在一起学,就容易把这些词记住。

(5) 歌诀记忆法

歌诀记忆就是将有些记忆材料编成顺口溜,这样朗朗上口,易读易记。例如,把圆周率编成"山腰一寺一壶酒"的顺口溜等。

(二) 保持适度紧张

心理学研究表明,适度的心理紧张是心理活动所需要的,它能有效地发挥智力水平,调动心理潜能,提高学习效率。

1. 提高学习的紧张度

要有意识地脱离沉湎于娱乐、混日子的人际环境,加入到学习刻苦、学业优良的人际群体,多到图书馆、自习室、实验室等学习气氛浓厚的环境中去,制订内容具体、适当的学习计划,并保质保量地完成,利用对学习活动结果正、反两方面的想象产生奖惩的心理感受,从而增加学习压力,提高心理紧迫感。

2. 克服学习过度焦虑

要正确认识和评价自己的能力,调整抱负水平和期望目标,增强自信和毅力;要重视努力过程,淡化结果、价值,保持愉悦稳定的情绪;探索、掌握切合自己特点的学习方法;把握大学学习规律,增进学习效率。

（三）预防、消除心理疲劳

1. 善于科学用脑

人的大脑左、右两个半球有着不同的分工。一般来说，左半球主要负责语言、逻辑、数学、符号、线性分析等抽象思维活动；右半球主要负责想象、图形、色彩、音乐、情感等形象思维活动。人脑左、右两个半球对身体进行交叉控制，即左半球控制身体的右半部活动；右半球控制身体的左半部活动。此外，大脑活动还有一种"优势现象"，即当大脑某一功能区的活动占优势时，可使其他功能区的活动相对处于休息状态。所以，我们根据大脑的活动特点，交替学习不同学科知识，就能有效地预防学习心理疲劳，提高学习效率。

2. 注意劳逸结合

大脑工作时，神经细胞处于兴奋状态，根据神经活动兴奋与抑制过程相互诱导的规律可以知道，长时间兴奋就会转入抑制状态。当我们长时间看书学习，觉得头昏脑涨、注意力不集中时，如果不适当休息，就会使兴奋与抑制失去平衡，并有可能导致神经衰弱。因此，在学习之余，应该多休息或参加一些文体活动，使身心都得到放松和调节；还要保证充足的睡眠时间，培养广泛的业余爱好，使生活内容丰富多彩。

三、培养应试能力

（一）养成良好的学习习惯

学习是持之以恒的事情，正所谓"不积跬步，无以至千里"，所以我们在平时就应该养成良好的学习习惯，考试时才能得心应手。

（二）正确对待考试

考试只是衡量学习成绩好坏的手段之一，是学校教育中的一个重要环节。考试成绩并不能完全准确地反映一个人的知识水平，也不能准确反映一个人的能力。所以，我们既要重视考试，又不要把分数看得过重，不要为分数所累。许多研究表明，一个人的成就跟学习成绩并没有太大的关系。在人类历史上，许多著名的科学家、发明家也都曾经是考试失败者。例如，物理学家、诺贝尔奖获得者爱因斯坦中小学时学习成绩不好，第一次考大学时名落孙山，法文、植物学、动物学三门课不及格；大发明家爱迪生（Edison）上小学时经智商测试被认为智商很差，退学回家；第一艘蒸汽轮船的发明者富尔顿（Fulton）上小学一年级时，只爱画画，别的科目成绩都不行,因此被留了级。可见,一两次考试的失败并不能说明什么,不必因此灰心丧气。

(三)提高应试技巧

1. 做好考前准备

首先,在考试前4~6周就要进行"强化复习",将一学期所学的内容做系统的整理,边整理、边思考、边回忆,从面到点,从点到面,不断深化,使所学知识形成一个清晰、完整、有逻辑联系的整体,加深印象。其次,制定时间表,合理分配好各门课程的复习时间,并把相似学科的复习时间错开,以免各科间相互干扰。最后,临考试前一天晚上,再用两个小时做最后一次强化来加深记忆。

2. 合理安排作息时间

不要使大脑过度疲劳,以免影响发挥。尤其是临考前几天应保证充足的睡眠,这样才能使自己头脑清醒、精力充沛。

3. 应付怯场的方法

① 采取先易后难的解题方法。考试时,先做有把握的或较简单的题,这样可以缓解紧张情绪,增强自信心。

② 积极的自我暗示。如果因考题太难而紧张,可暗示自己:"考题对大家都一样,我觉得难,别人可能觉得更难,因此不必过分担忧。"

③ 做几次深呼吸。闭上眼睛,做几次深呼吸,由深至缓,这样可以有效缓解紧张情绪,放松身心。

④ 转移注意力。当你感到紧张时,可向窗外看一看或上趟厕所;也可以提前带些含化片、口香糖等进行咀嚼,以转移对紧张情绪的注意力,迅速稳定情绪。

⑤ 寻求心理咨询。对考试焦虑或怯场的同学,必要时应寻求心理咨询人员的帮助,通过有针对性的科学训练和心理调适改变这种状态,从而顺利完成考试。

本章案例

小萍是一位来自山区、家庭经济困难的大学生,学习成绩一直非常优异。上大学后,她忽然感到心中茫然,学习没有动力,生活没有目标,有时候想到年迈的父母和辍学在家的妹妹就会恨自己不争气,可小萍仍然找不到奋斗的目标与学习的动力,学习上得过且过,生活上马马虎虎,漫无目的,上课打不起精神,她不是因为喜欢上网而荒废了学业,而是因为没有目标才去上网聊天、打游戏,她该怎么办呢?小萍陷入深深的痛苦之中。

案例分析

　　小萍的痛苦是很多初入大学的学生都或多或少经历过的。从小萍的困扰中可以看出,小萍因为学习动机不当产生了心理上的困惑,可她在面对这些困扰时没有想办法解决,而是采取了逃避的方法。但很多困扰不是逃避就能解决的,只有勇敢地面对它,想办法解决它,才能更好地享受大学生活。

　　造成大学生学习动机不当的原因主要有以下几点:

　　①学习动机不足。学习动机不足主要是学习动机不正确,社会责任感不强,价值观念不强,学习态度不端正,学习毅力不强,对专业不感兴趣,对自我的学业期望不足,学业自我效能感低。

　　②学习动机过强。个体学业期望过高,自尊心强,对自己的学习能力缺乏恰当的估计,因而造成学业自我效能感下降,由此心理压力大;渴望学业成功而又担心学业失败,受表面的学业动机的驱使,渴望外在的奖励与肯定,特别是由于学业优秀带来的心理满足使学生更看重自己的学业优势,因此造成学习强度过大,引起心理疲劳。

　　学习动机不当的自我调节方法有以下两种:

　　①学习动机不足的自我调整。一是正确认识学习的价值与大学的目标,重新规划学业与人生;二是调整心态,以积极的心态对待学习,特别是学习中遇到的挫折与困难,用自身的意志力战胜惰性;三是改进学习方法,提高学习效率与学业自我效能感,提高学业的自我价值与社会价值。

　　②学习动机过强的自我调节。一是正确认识自己的潜质,制定恰当的学业目标与学业期望,调整成就动机,与此同时,脚踏实地,循序渐进,不好高骛远;二是转换表面的学习动机为深层学习动机,淡化外在奖励,特别是学业成就的诱因,正确对待荣誉与学业成绩;三是端正学习态度,树立远大理想,保持旺盛的学习热情,坚持不懈,便会取得预期效果。

 **心理训练营**

一、思维能力训练

　　活动目的　　思维是学习能力的重要内容,引导团队激发和体验面对压力的信心和相互支持,从而学会如何思考,如何解决问题。

活动器材 白板、多媒体教室、秒表、纸条若干。
活动步骤
(1) 项目任务(在规则范围内完成信息的传递任务)
(2) 计分规则(共3部分)
第一,准确度:在规定时间正确完成信息传递,得50分。
第二,速度:在获得准确分的前提下,比较用时长短。第一名得30分,第二名得20分,第三名得10分,第四名得0分。
第三,预估时间分:在获得准确分的前提下,如果预估时间与实际所用时间误差在5秒内,即可获得预估时间分30分。
获得第一名的队给予奖励,最后一名将被惩罚。
(3) 项目规则(解释权和裁决权归训练老师)
训练老师每一轮宣布"规则生效"后,请做到以下几点:
① 每队的第一名队员在答纸上写好队名、预估时间。
② 不准相互交流。
③ 身体和头部转动角度只能小于或等于15°。
④ 后面人身体的任何部位不能超越前面人的肩缝的横截面及其延伸面(优先原则:背为后、胸为前;一般原则:训练师所在方向为前)。
⑤ 每队最后一名队员只有在训练老师宣布开始后方可打开写有信息的纸条,并开始向前面传递信息。
⑥ 每队的第一名队员认为已经得到了本次传递的全部信息并写在答题纸上,即可举手示意并报告老师。
⑦ 不许抛纸条和传递纸条。
⑧ 人员未在规定时间内到位,则成绩记为0。
⑨ 第一轮时间小于或等于5分钟。
⑩ 先前所有用过的方法都不许再用。
⑪ 不许发出任何声音。
⑫ 第二轮时间小于或等于90秒。
(4) 学生交流要点
① 有何体验、感悟或收获?其他队员想的方法你想到了吗?
② 每次采用何种方法?团队是如何做出决定的?
③ 为什么方法很好,结果却不理想、甚至失败?
④ 如何保证信息传递得准确、快速?
⑤ 第一轮的方法为什么很保守?为什么时间越短我们的方法越多、越好?

⑥ 如何提高团队的思维创造能力？仔细研究规则，是否还有其他更好的方法？

二、资源共享

活动目的 培养勇于尝试，不断探索的精神；认识彼此交换信息、共享资源的重要性；让学生在共享资源的过程中体会助人与被助的快乐；善于利用工具与资源；树立成本观念，培养善于吸取经验教训、少走弯路的能力。

活动时间 大约30分钟。

活动场地 室内。

活动道具 展示板1个、16开白纸8张、剪刀8把、固体胶8个、直尺8把、钢笔8支、半圆8个、大信封（每人1个）。

活动程序

(1) 把学生分成8人小组。根据设计，给学生每人分发一个装有物品的信封，每个信封里头装着相同的任务说明书，但物品各不相同。

任务说明书：首先，剪一个(8.2×14.3)厘米的长方形纸片，上面粘上一个圆形纸片，并用铅笔在圆上写上姓名与所在小组名称；然后将它粘在展示板上；最后，把空信封交到主持人的手中。

每个人的信封里，都会缺少一些物品，如固体胶、铅笔、尺子、剪刀或半圆等。学生可以与其他成员协商、交换、共享，但只能以非语言的方式去做，也就是说，不可以说话。看哪组最先完成任务。

(2) 播放活动背景音乐：《飞得更高》。

(3) 学生打开信封，按照任务说明书的要求完成任务。

分享讨论

(1) 大家在活动过程中有什么感受？这个游戏中你体会到了什么？让每一个学员谈自己的感受与大家分享，并说出各自认为的原因所在。

(2) 关于理性的分析与感性的尝试，训练教师可以分别引导。

(3) 有时候不断尝试是非常重要的，要大胆尝试、勇于尝试。

(4) 经验的积累对后面同类尝试的价值与作用。

(5) 分析不利因素的原因。

(6) 可以和大家分享"野生动物园与狮子"的故事，"蜜蜂和苍蝇"的玻璃瓶趋光试验或"跳蚤跳高"的试验故事。

(7) 教师公正地给予评价，并鼓励学生；还可以根据自己掌握的案例提升总结。

注意事项

(1) 在完成任务的过程中,学生要注意保持安静,一切沟通交流活动都不能使用语言,这实际上也是增加沟通难度的一个策略。

(2) 主持人在各个小组间巡视,监督学生和活动过程,仔细观察学生在活动过程中的各种表现,如有没有违反规则,学生在活动过程会出现哪些具体的反应等。这些都可以作为讨论素材,并在讨论过程中加以引导启发。

(3) 对于手中多余的资源,有的同学并没有分享,其目的是为了打压别人,为自己争得机会;有的同学则主动分给其他人用,他们觉得竞争不必打压对手,可以做到"双赢"。基于此,在活动分享环节,主持人可以着重强调说明"双赢"的重要性。

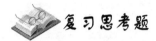复习思考题

1. 你觉得大学学习与中学学习的最大差别在哪里?
2. 大学生学习与心理健康的关系是什么?
3. 结合自己在大学期间的学习情况,分析自己存在哪些学习心理问题,并提出相应的改进措施。
4. 请反思自己的学习方法,找出其中的优点与不足,并总结出适合自己的科学学习方法。

第七章 公安院校大学生恋爱与性心理

第一节 爱情与性心理

一、爱情的含义

爱情是人类情感中最复杂、最微妙的一种,也是一个永恒的话题。雨果(Hugo)把爱情比作生命,他曾经说过,人生有两次出生,第一次是在生命开始生活的第一天,而第二次则是在萌发爱情的那一天。匈牙利诗人裴多菲(Petöfi)更进一步指出:"生命诚可贵,爱情价更高,若为自由故,二者皆可抛。"用递进的关系进一步强调了爱情的重要性。无数的文学家创作艺术作品赞美爱情,几乎所有的国家都有关于爱情的经典故事。爱情似乎是一个不言自明的概念,很多人都尝试对爱情做出解释,这其中不仅包括许许多多的思想家、政治家、哲学家、文学家,而且包括商人、学生、工人等社会各界人士。

俄国作家马尔林斯基(Mar Linsky)说:"毫无经验的初恋是迷人的,但经得起考验的爱情是无价的。"泰戈尔(Tagore)说:"爱是亘古长明的灯塔,它定睛望着风暴却兀不为动,爱就是充实了的生命,正如盛满了酒的酒杯。"古希腊哲学家柏拉图(Plato)说:"爱情是一种没有肉体接触的灵魂的融合,是一种超个人情感的爱神的具体表现。"德国哲学家黑格尔(Hegel)说:"爱情里确有一种高尚的品质,因为它不仅只停留在性欲上,而是显示一种本身丰富的高尚优美的心灵,要求以生动活泼、勇敢和牺牲精神和另一个人达到统一。"英国哲学家培根(Bacon)说:"爱情就像银行里存一笔钱,能欣赏对方的优点,就像补充收入;容忍对方缺点,这是节制支出。所谓永恒的爱,是从红颜爱到白发,从花开爱到花残。"英国哲学家休谟(Hume)说:"爱情是由美貌、性欲和好感这三种印象或情感结合而发生的。"恩格斯(Engels)说:"爱情是异性间以相互倾慕为基础的关系,这是一种最强烈的,最个人化的情感。"

爱情的重要性似乎不言自明，但实质上又非常难以把握，我们无法对爱情给出一个全面而完整的定义，基于爱情的社会属性和本门课程的性质，我们采用社会心理学中关于爱情的界定：爱情是指男女双方基于共同的生活理想，在内心中形成的双方相互接纳、相互需求、相互爱慕，并渴望对方成为自己终身伴侣的最强烈、最专一和稳定的情感关系，它是人类特有的一种高尚的精神生活。对于爱情的基本内涵我们可以从生理、心理和社会三个层面进行解读，心理层面的含义我们将作为爱情的特点来解读，本书主要强调生理和社会两个方面。

（一）生理层面

随着大学生的生理成熟，生理因素成为爱情产生的自然前提和基础。两性之间的生理差异导致彼此之间的相互吸引，进而推动个体产生建立亲密关系的情感需要。但是爱情高于生理层面的需要，不等于性爱。人类的爱情不像动物两性之间的亲密关系，只是为了满足生理需要，它具有更加丰富的社会属性，需要遵循一定的道德原则。虽然体态、相貌等生理因素是导致双方产生吸引的重要因素，但是长久的爱情植根于彼此相同或者相近的人生观、价值观，兴趣爱好、思想境界、道德修养水平等社会性的因素。

（二）社会层面

对于爱情在社会层面的解读，是指爱情是一种丰富的审美体验，具有高尚的道德情感和丰富的社会内容。爱情是一种丰富的审美体验。爱情的过程在本质上是审美的过程。爱情的产生是基于恋爱双方对彼此美的认识，爱情的过程是双方对自身在外貌、语言、行为等方面美的展示，也是双方在交互的过程中不断关心他人，严肃忠诚地对待爱情，真诚朴实地关爱对方等交互美的展示。同时，爱情得以持续不仅说明双方没有产生审美疲劳，还说明双方对对方美的认识进行了发展和升华。爱情是一种高尚的道德情感。正如苏霍姆林斯基（Sukhomlinskii）所说："真正的爱情能向感情注入道德的力量……只有当感情和思想融汇成对他人的道德责任感，爱情才是高尚的。"爱情的道德性主要体现为恋爱双方对彼此的责任心和义务感。恋爱双方要平等相待，对对方诚实、忠贞，彼此之间坦诚相待、忠贞不渝。

爱情具有丰富的社会内容，它的方式植根于当时、当地的风土人情，受经济和政治的制约和影响。晚清时期的爱情主要是通过父母之命与媒妁之言来实现的；辛亥革命后，结婚要加盖政府公章。爱情受经济条件影响表现在：20世纪50年代，一支钢笔就可以作为聘礼，70年代是"三转一响"——自行车、缝纫机、手表、收音机。

此外，爱情的社会性还体现在人类的爱情是一种有目的、理性的交往，在爱情对象的选择上,受教育程度、物质条件、道德水平等社会内容影响。在爱情的发展过程中,精神或者社会因素是爱情永恒与不竭的动力源泉。

二、爱情的特征

前文论述了爱情在生理和社会层面的含义,除此之外,爱情还包括心理层面的含义,我们通常将爱情的心理层面的含义看作爱情的一般特征,主要包括以下几点:

（一）平等性

爱情作为人的生理与心理需求的高度统一,体现在恋人之间是相互尊重、相互信任、相互支持的关系,而不是依附、占有的关系。

（二）专一性

爱情具有排他性,强调双方的彼此忠诚。即陷入爱情的人对所爱的人忠贞不渝,执着专一,并且本能地抗拒其他异性接近自己的爱人,这是爱情最核心的心理特征,是爱情稳定和长久的最重要因素。一段爱情关系只可能是两个人之间的互动。现实社会中,三角恋、婚外恋等行为不仅受到人们道德观念上的谴责,更会为对方带来不同程度的伤害。

（三）相容性

相互爱慕的男女双方,相互吸引、相互弥合；感情上相互眷恋,行动上相互依靠,生活上相互支撑。

（四）创造性

爱情是一种积极的力量。相爱的双方彼此方分享快乐、兴趣、理解力、知识、悲伤等,没有生命力就没有创造爱情的能力,因此,爱情是对生命以及我们所爱之物积极的关心与创造。

（五）能力性

对自己的生活、幸福、成长以及自由的肯定是以爱的能力为基础的,以及是否有能力关怀对方,尊重对方,有无责任心了解对方,充分信任对方。利己主义者没有爱别人的能力。

综上所述,爱情是人的生理性需求与社会性需求的统一,爱情不仅要求男女双方在相貌、人品、情感、能力等方面能够和谐共鸣,而且要求男女双方共同承担相应的社会责任和义务。这就是说,首先,爱情一般是在男女双方之间产生的;其次,爱情是相互的;再次,爱情双方彼此必须有值得对方爱恋的依托,如相貌、人品、能力等。

三、性与性心理

个体的性成熟是个体发展中不可回避的问题,大学生的性生理已经基本成熟,但是在应对性生理变化所带来的种种问题时又表现得不是很成熟。性生理和性心理在发展上的不对称性会给大学生乃至社会带来很多问题,因此有必要对大学生的性心理发展的规律及其正确性心理的养成给予必要的研究。

性的本质是人的社会属性与自然属性的统一。自然属性主要是指男女在染色体、性器官、性腺及其分泌的性激素等方面的差异,以及个体与生俱来的性本能和性欲望。性的自然属性是人的动物性体现,包括性欲和性冲动。尽管以弗洛伊德(Freud)为代表的众多学者将性的自然属性当作个体发展的重要因素,但是,如果过于夸大性的生物属性就会把个体降低到动物的生存意义上,不仅贬低了自己,也会导致自身社会生活混乱。作为社会属性的性是人类性的本质体现。人的本质是社会关系决定的,人类性的本质也不例外。人类性需要不仅体现为生理需要,更重要的是反应社会需要。个体在择偶时,不是单纯地寻找异性,而是从个体归属感的需要、爱的需要、审美的需要、实现生活目标的需要等方面出发,在充分考虑受性格、品德、文化、经济等社会因素的基础上进行的。此外,我们还需要认识到作为个体生命活动重要组成部分的性,是自然属性与社会属性的统一。既要尊重自然属性及其规律,又要遵守人类社会发展的现实基础和基本准则。只有将两者有机地结合起来,才能既保证人类的生存与种族的繁衍,又能维持社会秩序,促进人类文明的稳步发展。

性的作用植根于性的本质,也可以从生物作用和社会作用两个层面展开。首先,性具有延续人类种族生命的作用,如果没有性,人类的种族链条就会断裂,人类就会自然灭亡。其次,性可以促进个体的生理健康。健康的性生活能够满足个体在生理上的需要,增进个体的健康。正常的性生活符合男女的自然发展规律。如果将性单纯地看作生物性的享受,就是对人类情爱这种高级情感的亵渎,不仅不利于身体健康,而且反倒对个体的身心发展、家庭和谐和社会的进步带来极大的危害。艾滋病的出现和蔓延就是很好的例证。此外,对性秉持正确态度,可以促进个体的心理健康。人类的社会性决定了自身性活动的本质是爱,人类是由于彼此之间的真挚的爱情才产生性。正如黑格尔所说,爱情的高尚性,是因为它不仅仅停留在性欲上,而且显出一种本身丰富高尚的优美心灵。基于真爱的性,能够让个体在精神上更加珍视对方,促进双方的和谐和心理健康,促使双方相濡以沫,白头偕老。

四、性心理发展阶段

所谓性心理,是指在性生理的基础上,与性征、性欲、性行为有关的心理状态与心理过程,也包括了与异性交往和婚恋等心理状态。广义的性心理存在于个体发展的各个阶段,并且基于生理的成熟表现出明显的阶段性特征。对于性心理发展阶段的认识,有助于我们在不同的个体阶段正确地认识自己,减少不必要的认知冲突,促进个体健康的发展。

个体性心理的发展以性生理的成熟为基础,但是两者的发展并不同步,每当性生理达到一个水平之后,个体的性心理才缓慢地发展,以适应性生理的变化。我们可以粗略地将青少年性心理的发展归纳为五个阶段。

(一)青涩的反感期(12~13岁)

随着青春期的到来,男生表现为开始长胡须、喉结、声音低沉等;女性表现为乳腺发达、骨盆宽大、皮下脂肪丰富、嗓音尖细等一系列第二性征的出现。少男少女开始对性产生焦虑和恐慌,由于个体不知道怎样面对生理变化,因而开始对这些变化产生厌恶。在行为上表现为对异性的疏远或者通过恶作剧的方式来划清自己与异性之间的关系。由于这一时期是基于性生理的不知所措所导致的厌恶感,因此我们将其称之为青涩的反感期。

(二)性的困惑期(14~15岁)

随着青少年性生理的进一步成熟,一些男生对自己外生殖器的变化非常敏感,有的会因自己的阴茎勃起而焦虑不安,意识开始觉醒。当受到和"性"有关的听觉、视觉、嗅觉、触觉以及思维、想象等刺激作用时,阴茎有时会勃起,这叫精神性勃起。这些问题让男生产生焦虑的困惑。同样,对于女生来说,初潮及月经期的不适、情绪波动等是青春期少女面临的困惑。针对可能出现的困惑,家长和老师应该及时给予青少年必要的指导,以促进他们性心理的成熟与完善。

(三)萌动期(16~17岁)

随着心理的不断成熟,个体此时已经能够妥善地处理性生理的问题,并且正确看待性别差异。此时,他们开始关注到一些异性性别上的优势,如男性的雄壮健美、女性的婀娜多姿。异性身上所表现出来的性别优势使两性之间相互产生好感,并且主动接近。此外,由于对异性的好奇促使青春期的个体进一步尝试了解对方,表现为与异性交往的萌动期。这一时期处于中学阶段,他们的这种性心理的萌动被繁重的课业负担、父母、老师阻碍,表现得含蓄且表面。

(四)倾慕期(18~20岁)

这一时期的青少年处于大学阶段,课业负担相对减轻,可供自由支配的时间和精力显著增多,此时的青少年开始了对爱情的憧憬。很多人都认为这一阶段可以谈恋爱,并尝试与异性交往。他们开始构思自己心目中的另一半应该具有的特征。在与异性交往的过程中,逐渐变得大方得体,在遇到自己心仪的对象时会采取相应的方式表达自己的爱意。

(五)成熟期(20岁以后)

一般来说,20岁以后个体的性生理已经成熟,随着知识和社会阅历的增加,世界观、人生观、价值观逐渐趋于成熟,他们对于爱情以及性的态度日趋明朗,不仅有爱的能力,而且也开始懂得爱的责任、规范和准则。此时,他们能够将基于生理的性欲和社会因素相结合、与社会现实相结合、与社会责任相结合,这些是性心理逐渐成熟的标志。

五、性心理健康标准

性心理的健康是个体身心健康的重要组成部分,对于性心理健康标准的研究是进行性心理健康教育与矫正的基础,关于这一标准,不同的研究者根据自身的分析提出了关于性心理健康的不同标准。

世界卫生组织对性心理健康给出的界定是:通过丰富和完善的人格、人际交往和爱情方式,达到性行为在肉体、感情、理智和社会诸方面的圆满和协调。他们同时提出,性心理健康评定标准必须具备以下四个条件:

一是关于性别角色方面的,标准指出个人的身心应有所属,有较明显的反差。如果对男女性别认识不清,就难以实施健全的性行为与获得美满的爱情。

二是个人对自身性特征及性行为的认识,有良好的性适应,包括自我性适应与异性适应,即对自己的性征、性欲能够悦纳,能与异性很好地相处。

三是对待两性一视同仁,不应人为地制造分裂、歧视或偏见。对曾因种种历史原因形成的一切与科学相悖的性愚昧、性偏见及种种谬误有清醒的认识、理解并追求性文明。

四是能够自然地高质量地享受性生活。

国内外很多学者对性心理健康的标准持临床学的标准,他们的观点归纳起来包括三种：

第一种观点认为平均值就是标准。在现实生活中，绝大多数人的性心理发展的时间和水平都有一个平均值，如青春期男性出现遗精、女性初潮都有相对一致的时间，上文讲述的反感期、困惑期、成熟期，实质上也是对平均值的描述。

第二种观点认为以往的性行为模式是标准。他们认为个体在以往的性生活中存在一个基本的行为模式，如面对性问题羞怯或者直白。如果个体在某一时间的性心理活动和性行为背离了这一模式，就可以被认为是性心理不正常。

第三种观点认为理想状态是标准。持这种观点的学者认为，人的性行为和性心理有一个理想的状态，这种状态不受时代因素和社会因素的影响，具有普遍性。以上三种关于性心理健康的标准具有一定的合理性，但是可操作性都不是很强，都有一定的片面性。

我国学者邓明昱在1989年出版的《临床性心理学》一书中，从心理学的视角对性心理健康的标准进行了阐述。他认为性心理健康应该有以下三个标准：

首先是性心理活动与客观环境的统一。由于心理现象是对客观现实的反映，所以任何正常的性心理和性行为，在形式和内容上都必须与客观环境一致。青春期的性冲动是在外界的性刺激作用下产生的，这是正常现象。如果在没有性刺激物的情况下，整日沉沦于性冲动中，其性心理是不健康的，这就出现了"白日梦"。摩擦症者在公共场所下用性器官活动来满足性需求，这种性心理也是不健康的。

其次是性心理的认知活动、意向活动与情绪活动协调一致。尽管人的心理过程分为知、情、意三个方面，但相互之间具有协调一致的关系。如果一个人用欢快的语气向别人描述自己遭受性侮辱的情节，或者在炽热的性爱活动中表现出非常痛苦，其性心理是不健康的。

再次是个性的性心理特征相对稳定。一个人的个性心理特征形成以后就相对稳定，这种特征区别于他人的标准。在没有严重的社会心理应激因素时，个性特征一般不易改变。如果一个充满性爱激情的人突然变得性冷淡，一个遵从传统性交模式的人突然热衷于性活动，他们的性心理也是不健康的。

邓明昱同时也认为，这三个特点主要是理论上的划分，在实际生活中，性心理的表现非常复杂。即使在性心理健康的人们中，还存在着健康水平的高低问题。在性心理咨询中，仅用上述三个标准来区分是很笼统的，这也给解决问题带来了一定的难度。实际上，性心理健康的标准乃至心理健康的标准，正是目前心理卫生专家研究的课题之一。因此，他在综合有关资料和性心理咨询的实践之后，进一步提出了以下八条参考标准：

① 性心理活动与性行为表现基本一致。
② 性心理、性行为的特点与生理年龄基本上相符合。

③ 性活动中情绪积极稳定,与当时所处的情境相适应。
④ 能随时调整自己的性行为,调适性心理。
⑤ 性活动中的个性特征完整和谐。
⑥ 性心理状态与社会环境协调。
⑦ 性的认知基本符合自身的社会文化背景。
⑧ 在两性人际关系中,能较好地进行社会性适应和相互适应。

六、大学生性心理健康的标准

大学生性心理健康的标准与一般群体存在共性,同时也存在一些特殊性。结合已有理论和实践咨询的实践,我们将大学生的性心理健康的标准概括为以下四点:

(一)有正常性欲望

随着性生理的成熟,大学生会出现正常的性需求和性欲望,这是个体发展的基本规律之一。正常的性需求和性欲望包括两个层面的内容:一是对象正常,即个体产生性欲望的对象是成年的、健康的异性。虽然现代心理学标准不再认为同性恋是心理疾病,但是同性恋并非通常性欲望的对象。此外,恋物癖也是性欲望对象异常的表现。二是性欲望适度,既不是对性狂热的迷恋,也不是对性毫无兴趣。

(二)对性有科学的认识

人的理性行为是以对问题的科学认知为基础的。大学生要有健康的性心理就必须对性有科学、系统和全面的了解,需要了解性冲动和性欲望产生的原因及应对方式,了解怀孕的过程,掌握如何合理避孕及怀孕后如何正确应对等知识,真正懂得如何保持性生理和性心理的健康。

(三)能与异性和谐相处

大学阶段,个体的性心理逐渐成熟,与异性交往的需求增加,机会增多。此时能否与异性和谐相处成为个体性心理健康的标准之一。具体表现为懂得与异性交往的方法并且交往适度,能够正确区分与异性之间的友情与爱情。在交往过程中,既不故步自封,也不开放随便。

(四)有良好的性道德

性道德是性心理健康的最重要标志。健康的性道德首先起源于对性的正确认识和辨别。大学生需要学习必要的行为规范,在两性交往中,要遵守社会规范的约束,学会尊重他人、有责任心和对自己性欲望的有效自制力,并且要学会区分性文化中的精华与糟粕、淫秽与纯洁,以对性的正确认识和正确的爱情观为基础,以及自己在面对性欲望时,对自己行为的有效调节和控制,以促进自身性心理的健康发展。

总之,性心理健康不仅包括认知层面对性欲望、性特征及相关性知识的科学全面了解,也包括行为层面能够合理与异性和谐相处,能够有效调节自身的性欲望,更包括道德情感层面尊重他人和责任心以及对低级淫秽行为的厌恶与抵制。

第二节 公安院校大学生常见恋爱问题

一、公安院校大学生恋爱心理现状与误区

(一)公安院校大学生恋爱心理的特点与现状

1. 恋爱现象普遍、随意,但成功率低

随着时代的发展,公安院校的大学生同其他高校的大学生一样,恋爱现象越来越普遍,并呈现出年级越高,恋爱率越高,而到毕业班又显著下降的特点。由于公安院校男女生比例经常失衡,女生数量偏低,备受男生的关注和宠爱,女生恋爱率又远高于男生。

"初恋时,我们不懂爱情。"据相关调查表明,不少大一新生起初都认为,爱情与婚姻应当是紧密联系在一起的,但年级越高对此认知度越低。大量数据表明,与初恋结婚的成功率是很低的。有数据表明,大学生恋爱最终走入婚姻殿堂的不超过8%,很多大学生仍然是只求过程、不求结果,盲目恋爱,经常造成各种假恋、虚恋和错恋现象,恋爱随意性明显。

2. 浪漫色彩浓厚,自主性强

由于身心发育的年龄阶段特点,喜欢美感、追求浪漫、富于理想化而不切实际是大学生恋爱的一个重要特征。大学生总是憧憬着花前月下、卿卿我我、罗曼蒂克式的浪漫爱情,他们追求戏剧化、浪漫化。大学生喜欢自由恋爱,不受传统习俗的局限,那种"父母之命,媒妁之言"的时代已一去不复返。在确定恋爱关系前,甚至在确定恋爱关系后,一般都不征求双方父母的意见,自主性强。

3. 恋爱观念开放，行为日益公开化

虽然中国传统文化及伦理道德对大学生的影响较深，但随着对外开放范围的不断扩大，大学生的恋爱观也逐渐变得开放起来。"中国当代大学生性现状及性教育实践探索"课题组对全国26所院校大学生的调查显示，对"性解放""性自由"观念持坚决反对态度的大学生有46%；31%的学生认为这是个人自由，不应予以干涉；23%的学生持既不赞成也不反对的态度。而对"公共场合可否公开亲热，让两人世界成为公共景观任人参观"选项，选择不同意的大学生达52.3%。在校风比较开放的大学里，风景优美的树林、湖边和草地，都成为大学生约会的场所。现如今，大学生恋人公开在校外租房同居的现象也越来越普遍。必须指出的是，公安院校校风比较严谨，校规校纪比较严格。学生们如果穿着制服在公共场合不文明交往，甚至拉拉扯扯、卿卿我我，行为过分亲密、轻佻是很不恰当的，与公安院校大学生的身份和风貌也极为不相称，会受到校方的严厉处罚。

4. 恋爱动机多元化，恋爱类型多样化

据调查表明，大学生的恋爱并不完全是出于美好爱情的追求和向往，大学生单纯因爱情而恋爱的只占25%，其中选择人生伴侣的只有2.7%；其他非感情因素，如"孤独""空虚""寻求享乐""功利"等动机占多数。超过70%的学生认为，选择恋爱是感情空虚想找份精神寄托，为了使生活充实些找个异性朋友；5%的学生认为玩玩而已；只有12%的学生认为可以为今后的婚姻打基础。可以说，当前大学生情感体验呈复杂化，恋爱动机也呈现多元化，他们的恋爱归纳起来，可以分为慰藉型、友情型、理想型、志趣型、功利型和情欲型。

（二）公安院校大学生恋爱心理存在的误区

基于当代大学生恋爱心理的现状和种种特点，可以发现大学生的恋爱心理还远未成熟，很容易进入误区，从而引发心理困扰和心理障碍。大学生常见的恋爱心理误区有以下几个方面：

1. 唯爱情至上

有些同学把爱情放在人生的第一位，把爱和被爱视为人生的终点，认为"没有爱情，活着就没有啥意思"，整天沉溺于卿卿我我之中，对周围的一切事物都漠然处之。一旦失恋以后就悲观厌世、精神萎靡，认为从此生活没有了意义，学习没有了动力，成就事业的热情一天天冷却，爱情逐渐成为生活的唯一追求，这样也许就影响到就业，严重的则直接影响了自己未来的发展。

2. 相互攀比，赶潮流而行

有些同学谈恋爱不是为了寻觅知音，而纯粹是从众的结果。看到别人成双成

对,自己心里难以平衡,于是"随大溜",通过谈恋爱来满足自己的虚荣心。此类学生在调查中占了4.8%,他们对待爱情缺乏严肃认真的态度。

3. 相互炫耀,盲目追求外表

有些大学生在择偶的时候非常注重对方的外表,认为外表美是天生的,不可改变的,内在美是看不到、摸不着,是没有用处的。例如,有的人认为恋爱对象长得好看,在朋友中可以炫耀,这样和对方在一起的时候才会觉得自己脸上有光彩。这种虚荣心的诱使导致恋爱观扭曲,互相炫耀,盲目追求外表。

4. 注重恋爱过程,轻视恋爱结果

现代大学生中流传着一句顺口溜:"不求天长地久,只求曾经拥有。"有些大学生把恋爱当作一种感情体验,及时行乐,借此寻求刺激,满足精神享受;还有些大学生为了充实课余生活,排除寂寞,填补空虚,把恋爱当作一种消遣文化。这些行为实质是只强调爱的权利,而否认了爱的责任。

5. 恋爱道德观淡化,责任感弱化

随着时代发展,当今大学生恋爱观念日益开放,而传统的爱情道德观逐渐淡化。调查发现,竟有超过30%的大学生认为"恋爱时可以脚踩多只船""做选择题、留备胎而择优竞取"。这种不负责任的恋爱态度极易导致多角恋爱和"争风吃醋"现象,从而引发校园内的暴力冲突,甚至群体斗殴事件,极大地危害校园内学生的人身安全。

6. 爱情承受能力较弱

面对求爱失败和失恋的打击,部分学生摆脱不了"感情危机",对自己失去信心,放弃对爱情的追求。因失恋而失志、失德者,虽属少数,但负面影响很大。

二、公安院校大学生恋爱常见心理困扰及调适

由于恋爱在大学校园里日益普遍,个人情感问题也已成为公安院校大学生寻求心理咨询最主要的原因,相当一部分同学因恋爱问题引发各种心理困扰,具体表现在以下几个方面:

(一)盲目从众

从众心理即指个人受到外界人群行为的影响,而在自己的知觉、判断、认识上表现出符合公众舆论或多数人的行为方式。在大学生中,我们经常看到很多同学谈恋爱不是因为想要寻找知己,也不是认为碰到了心目中的王子或者公主,而是看到其他同学谈恋爱,自己感到孤独、好奇,甚至是赌气式的模仿。现实生活中经常

看到,一个宿舍有部分同学谈恋爱之后,很快整个宿舍都开始谈恋爱。这就是大学生恋爱中所存在的没有明确恋爱动机的盲目从众现象。

大学生在恋爱问题上之所以会出现盲目从众现象,主要有三个方面的原因:

首先,个体对恋爱的时间和原因了解不清楚,即在大学生的理念中谈不谈都可以,什么时候谈无所谓,与什么样的人谈都无所谓。在对恋爱的问题认识不清楚的情境下,周围同学谈恋爱无疑给他们提供了一些参照,而且加上身边同学的撮合,于是开始盲目地谈恋爱。

其次,偏离恐惧。大学生希望融入群体得到他人的认可,如果周围的同学谈论的是大量关于异性交往的问题,那么部分同学就会为了与他人保持一致,与他人能有共同话题而盲目地开始谈恋爱。

最后,人际压力。有的同学认为有异性朋友是一种能力的体现,是对个体外貌和个性品质的肯定。许多大学生认为,当别人谈恋爱时,自己还单身的话,就显得自己的能力较差或者个性品质一般,因此,极易在缺乏正确恋爱动机的情境下盲目地谈恋爱。

大学生在恋爱中盲目从众会给自己带来很多危害:

首先,大学生在恋爱中盲目从众会导致自己在选择恋爱对象和恋爱方式时过于急躁和盲目,易造成恋爱过程中的痛苦和结局的失败。

其次,盲目开始的恋爱也会妨碍他们形成正确的恋爱观。因为他们在恋爱的过程中,很难真正体验恋爱的快乐,也可能不被对方所认真对待,由此可能形成大学期间谈恋爱就是为了消磨时光、谈恋爱不能太认真等错误的观念。

最后,盲目地开始恋爱,往往缺乏正确的生涯规划,不能处理好恋爱与学习生活的关系,会浪费大量的时间和精力。

大学生盲目从众心理的矫正应该从多方面展开:

第一,营造良好的学习氛围。一个积极向上、注重学习的学习氛围,会促使学生将大量的时间和精力放在投入到学习中而不是盲目从众的恋爱。

第二,树立对恋爱的正确认识。大学生要清楚自己为什么谈恋爱,自己的职业生涯规划是怎样的,不要为了排解寂寞而去谈恋爱,不要因为盲目攀比而去谈恋爱,不要因为对方的死缠烂打就放弃了自己的原则。

第三,确立正确的婚恋目标。人生的每个阶段都有需要完成的任务和目标,大学期间首要任务是充实自己,要为自己将来立足社会奠定坚实的基础。恋爱在大学期间是可以作为次要目标存在的,并不是必须完成的首要目标。

第四,树立自信心、培养主见。大学生要进行自信心和独立意识的培养,要学会独立思考,根据自己的认识和判断独立处理问题和解决问题,培养把握和驾驭自己的能力。

（二）单相思

心理学认为，人的认知是客观事物在人脑中的反映，这种反映有时因为受到主客观因素的干扰而出现偏差。单相思一般有两种情况：一是误解对方的言行、情感，把友情当作爱情；二是深爱对方，却不知道对方的感情，又怯于表白。单相思者往往对倾慕的对象一往情深，希望得到对方爱情的动机十分强烈。在这种心理的支配下，常常会把对方的言行举止纳入自己主观需要的轨道上理解。有时候，对方的一个眼神、一点微笑、一句模棱两可的话语，在第三人看来毫不在意，但在单相思者看来，却似乎在暗示着什么。因此，单相思是指男女一方的倾慕感情苦于不被对方知道和接受而造成的一种强烈的渴望。

单相思是每个人都可能经历的一种心理状态。单相思本身并不算心理障碍，但盲目的非理性的单相思如果得不到合理疏导与调适，就会导致心理失调，甚至产生更为严重的后果。单相思的人渴望爱情而得不到，在情绪上是郁郁寡欢的。他们的视野和情感世界变得狭隘，对生活失去乐趣，甚至茶饭不思，神情恍惚。久而久之，失望、怨恨、自卑、固执、悲伤多种多样的心理都会出现，心理会逐渐失衡，轻者导致强迫性神经病，重者导致忧郁症，更严重者在行为上会出现攻击倾向。这种攻击如指向外部，可能是对思恋对象的攻击；如果这种攻击指向内部，可能会导致自残或自杀。

（三）失恋

失恋是指处于恋爱关系中的男女，由于某种原因，双方或一方不愿意再保持恋爱关系。具体表现为恋爱关系的中断或停止。失恋是一种爱的挫折，其前提是曾互相爱过。单相思、求爱失败等不属于失恋。

失恋是人生严重的心理挫折之一，通常会对失恋者造成较大的伤害。有些被动失恋者通常表现得非常失落、哀伤、惭愧和迷茫。如唐婉的诗句："世情薄，人情恶，雨送黄昏花易落。晓风干，泪痕残，欲笺心事，独语斜阑。难、难、难。人成各，今非昨，病浑常似秋千索。角声寒，夜阑珊，怕人询问，咽泪装欢。瞒、瞒、瞒。"此诗形象地描述了部分个体在失恋后的失落哀伤。同时，也有一些失恋者对抛弃自己的人仍念念不忘，沉浸于对逝去爱情的美好回忆与幻想中，自欺欺人，否认失恋的事情，而陷入了单相思的泥潭。也有人会出现"见时羞，别是愁，百转千回不自由，明月光中上小楼，思君枫叶秋"的既爱又恨的特殊感情矛盾。此外，还有一部分人会因为失恋而绝望暴怒，失去理智，产生报复心理，或攻击对方，或自残。近年来，很多关于男青年失恋后杀害对方的例子就是这种报复心理的体现。也有的个体从此嫉俗厌世、怀疑一切异性，看什么都不顺眼；或从此玩世不恭，得过且过，寻求刺激,发泄心中不满。

　　大学生失恋的原因主要有以下几点:亲密性低,双方涉入程度不同,年龄差距,受教育程度有差异,外表吸引力差,智商差异。当两人分手时,要仔细分析两人分手的原因,让自己在这次感情挫折中有一些收获,而不是糊里糊涂地分手。一段感情结束了,需要一段时间让自己冷静和恢复,不要盲目地投入到下一段感情,这样是对对方的不尊重,也是对自己的不尊重。

　　在人的生命中,爱情是非常重要的人生需要之一,但绝对不是生活的全部,我们还有许多人生目标要去实现,况且一次失恋等于为自己的爱情再次开启幸福之门。所以失恋后当事人要及时做出有效调整。

　　首先,要客观理智地分析失恋的原因。我们常说,失败乃成功之母,要真正从失败中走向成功,就要客观理性地分析失败的原因。失恋当事人要克服情绪的干扰,保持冷静的心态,要敢于接受失恋的结果,正视失恋的事实,客观地分析失恋的原因。此外,还要客观分析双方在性格、爱情观、人生理念上的差异,列出自己心目中理想伴侣的基本标准,再与对方身上所有的特征进行比较寻找差异等。

　　其次,要有效调节自己的不良情绪,及时宣泄因失恋带来的负性情绪。失恋在大学生中是一件较为常见的事情,失恋并不是对当事人的否定,所以当事人要勇敢积极地寻找自己的好友或学校的心理咨询人员及时宣泄心中不悦,要告诉他们自己的烦恼与不快,他们的支持会让你更快地走出困境。此外,积极地参与课内外活动尤其是体育活动。这种方法不仅可以帮助大学生将注意力从失恋的困境中转移出来,同时运动所产生的生理激素能够使其保持兴奋愉悦的情绪。当事人也可以通过旅游,在大自然的河流山川和花草树木中重新审定生命的意义。值得注意的是,失恋者对于失恋情绪的宣泄要适度,要理性选择宣泄的对象,否则不仅容易让自己陷入无休止的絮叨,给自己增加新的负性情绪,而且还会因为宣泄对象的添油加醋而怒火中烧。

　　再次,要学会换位思考。部分失恋者在失恋之后,会仇视和憎恨对方,或爆料对方的照片或者丑闻,甚至于伺机伤害对方。这都是不会换位思考的结果。除了那些玩弄感情的人之外,只要是曾经真心相爱的人,失恋对双方而言都是痛苦的,因此,当事人既要思考两人分开的原因,也要考虑对方在恋爱中为维持双方感情所做的种种努力,以及失恋后可能存在的忧伤。在平复自己内心伤痛的同时给对方以安慰,即使不能成为终生的伴侣,但曾经的爱情也应该让彼此成为相互了解的、相互祝福的朋友。

　　最后,学会将失恋的挫折进行升华。恋爱和生活中的很多事情一样,成功与失败都有可能。失恋者要能及时地将失恋的影响进行升华。罗曼·罗兰(Romain

Rolland)说:"每个创伤都标志着前进一步。"将自己的注意力尽快从失恋中转移到学习或者生活中的其他领域,不仅会使自己更加干练与成熟,同时也能更加自信地投入新生活。正如《孟子·告子下》所言:"天将降大任于斯人也,必先苦其心志,劳其筋骨,饿其体肤,空乏其身,行拂乱其所为。"恋爱可以使我们动心忍性,增益以往所不能。要将对失恋的态度进行升华,要将失恋的情感和生活目标进行升华,这些必将使我们的生命变得更加厚重。

(四)一见钟情

有科学家曾认为,男人和女人各自把所梦想的对象的特征储存于大脑之中,就像把数据储存于优盘中一样,称为"爱之图"。这张图最早由父母勾画,并受外界因素影响而不断修正与补充。年龄越大,图像越具体,由于某种契机,异性双方第一次目光相触时,眼睛就捕捉到对方身高、体形、眼神、发色、发型、风度以及服饰等信息,以每小时400多千米的速度,通过视神经传给大脑。对方特征与所储存的图像越是相吻合,大脑产生的信息就越强烈,体内的"化学工厂"便开足马力产生大量兴奋物质,在脑中形成一种幸福激素,引起诸如心跳加快、手心出汗、颜面发红等变化,即"一见钟情"。生活中的配偶与"爱之图"并非完全一样,但人们总是在孜孜不倦地追求着。"众里寻她千百度,蓦然回首,那人却在灯火阑珊处。"这就是存在于现实生活中的"一见钟情"的恋爱过程,有人形象地喻之为"苦旅"。

从心理学的角度来看,我们一般认为"一见钟情"是指短时间内突然发生的爱情。男女双方首次见面,(单)双方被对方外在的表现,诸如长相、身材、风度、言谈举止等吸引,从而产生良好的第一印象,这种最初的印象非常鲜明,令人喜悦、激动、久久不能忘怀,以致激起强烈的感情,心潮澎湃,不能控制,爱从心头起。一见钟情的导火索是第一印象,对方的某种表情、行为、美貌、气质都可能给人以特殊的刺激,而这个印象所包含的内容恰好符合自己理想配偶的主要条件,于是一股爱慕之情油然而生。

人的恋爱过程是一个高级情感的培养过程,尽管每个人的情况不同,发展的速度不一样,但一般都需要经历一个认识、交友到恋爱的阶段,需要经过时间的考验。而一见钟情越过了前两个阶段,径直地飞跃到爱情的阶段,在一瞬间,把感情推向了高潮,更有甚者,确定了终身。恋爱的双方只有经过思想感情的充分交流,全面的考察和理智的思考,对双方的性格、爱好、情绪等方面进行了全面的了解,才能达到"心心相印""情投意合",才能感受到对方的外在美,从而深刻地体会到对方的内在和本质。

三、公安院校大学生恋爱能力的培养

要获得美好的爱情和幸福的婚姻,公安院校大学生必须注重培养和提高自己的恋爱能力。

(一) 端正恋爱动机,树立健康的恋爱观念

1. 提倡志同道合的爱情

选择恋人的最重要条件应该是志同道合,思想品德、事业理想和生活情趣等大体一致,应该是理想、道德、义务、事业和爱情的有机结合。

2. 摆正爱情与学业的关系

大学生应该把学业放在首位,摆正爱情与学业的关系,不能把宝贵的时间都用于谈情说爱而放松学习,因为学业是大学生价值感的主要支柱。

3. 懂得爱情是相互理解、相互信任,是责任和奉献

理解对方是为双方营造一种轻松和快乐的氛围,没有人会为了被约束而追逐爱情。相互信任是自信的表现,自己都不认为自己是值得别人去爱的人,别人会全心全意爱你吗?责任和奉献则意味着个人道德的修养,它是获得崇高爱情的基础。

(二) 发展健康的恋爱行为

1. 言谈要文雅,讲究语言美

交谈中要诚恳、坦率、自然,不要为了显示自己而装腔作势、矫揉造作;不能出言不逊、污言秽语、举止粗鲁;相互了解,但不要无休止地盘问对方,让对方自尊心受损,否则只会使之厌恶,做出伤害感情的事。

2. 行为要大方

一般来说,男女双方初次恋爱,在开始时常感到羞涩与紧张,随着交往的增加会逐渐自然与大方。恋爱时要注意行为举止的检点,有的人感情冲动,过早地做出亲昵动作,会使对方反感,影响感情的正常发展。

3. 亲昵动作要避免粗俗化

适当的亲昵动作会增加爱情的愉悦感和心理效应,而粗俗的亲昵动作往往引起情感分离的消极心理效果,有损于爱情的纯洁与尊严,有损于大学生的形象,同时对旁人也是一种不良的心理刺激。

（三）培养爱的能力与责任

1. 迎接爱的能力

迎接爱的能力主要包括表达爱的能力和接受爱的能力。一个人心中有了爱，在理智分析之后，要敢于表达、善于表达，这是一种爱的能力。一个人面对别人的施爱，能及时准确地对其行为做出判断，并做出接受、谢绝或再观察的选择，这也是一种爱的能力。缺乏这种能力的人，或是匆忙行事，或是无从把握。大学生要具有迎接爱的能力，能承受求爱拒绝或拒绝求爱所引起的心理扰乱。

2. 培养拒绝爱的能力

对自己不愿或不值得接受的爱应有勇气加以拒绝。拒绝爱要注意两个方面：一是在并不希望得到的爱情到来时，要果断、勇敢地说"不"，因为爱情来不得半点勉强和将就；二是要掌握恰当的拒绝方式。虽然每个人都有拒绝爱的权利，但是珍视一份真挚的感情是对他人的尊重，也是一种自重，同时是对一个人道德情操的检验。不顾情面，处理方法简单轻率，甚至恶语相加，结果使对方的感情和自尊心受到伤害，这些做法是很不妥当的。

3. 发展爱的能力，培养爱的责任

苏联著名教育家马卡连柯说："爱的力量只能在人类非性欲的爱情素养中存在。他的非性欲的爱情范围愈广，他的性爱也就愈为高尚。"发展爱的能力，并不是非要具体到对某一异性的爱，可以是更广泛意义上的爱。我们的亲人、同学、朋友都值得我们去热爱。发展爱的能力，就是要培养无私的品格和奉献精神，要培养善于处理矛盾的能力，有效化解消除恋爱和家庭生活中的矛盾纠纷，为恋人负责，为社会负责，从而培养出幸福美满的婚恋关系。

（四）提高恋爱挫折承受能力

大学生的恋爱受多种因素制约，因而在追求爱情的过程中遇到各种波折是在所难免的。前面所提到的单相思、爱情错觉、失恋等恋爱心理挫折对大学生的心理承受能力就是一种考验。如果承受能力较强，就能较好地应对挫折，否则有可能造成不良后果。因此，提高恋爱挫折承受能力对大学生的心理健康是非常重要的。当恋爱受挫后，要用理智来驾驭感情，通过增强理性分析，总结经验教训，寻找解决问题的方法和途径，在新的追求中确认和实现自己的价值，从而提高自己的心理承受能力和思想水平。通过适当的情绪调节、宣泄和注意力转移，来减轻失恋带来的痛苦。人对失恋的应对方式反映了一个人的心理成熟水平和恋爱观。一个人能够理智地从失恋中解脱出来，往往会使自己变得成熟。

第三节 公安院校大学生性心理问题

一、公安院校大学生性心理发展的特点与现状

大学生正处在性生理发育趋于成熟,速度开始减慢,而性心理发展正趋激烈的青年中期(17~22岁)。伴随着性意识的显著觉醒,大学生的性心理内容越来越丰富,其性行为的表现也日益明显,性观念正日益多元化。

(一) 性心理特征

1. 本能性与好奇性

大学生性生理上日趋成熟,导致了心理上出现渴望接近异性的要求。但由于性心理不具有深刻的社会性,基本上是一种由生理上的急剧变化而带来的本能作用,他们往往是怀着好奇心,探求性知识,对异性的兴趣、好感及爱慕比较朦胧、盲目和单纯。

2. 强烈性与隐蔽性

青年时期是性欲望和性冲动最强烈的时期,这是正常的心理、生理发育现象。但由于性心理还未完全成熟,还未形成较稳定的性道德观和恋爱观。因而性心理发展很容易受外界不良影响而产生冲动。但大学生又十分重视自己在异性心目中的形象和价值,往往不会轻易暴露心中所思所想,因此其性心理还具有一定的隐蔽性。

3. 压抑性和宣泄性

大学生对异性接触的渴望与学校、家长、社会的严格规约或期望发生矛盾,容易产生强烈的压抑感。为了缓解这种压抑感,有些人借助文学艺术的方式进行宣泄,也有一些人以扭曲的方式和不良的甚至变态的行为进行宣泄,如"厕所文学""课桌文学""窥视癖"等。

4. 两性差异明显

男大学生从性生理发育开始,便能产生强烈的性交冲动,其欲望主要集中在生殖器官上。而女大学生则是更多地表现出"皮肤饥饿"似的全身泛化,因此更渴望拥抱、抚摸、接吻等温存性行为。

(二) 常见的性行为表现

1. 性幻想

每一个大学生头脑里都有一个完整的性活动世界。尤其在他们热恋时,他们的脑海中彩排着自己追求的各种幻想。其内容则取于幻想者的经历、潜在的希望及其想象力,故有人称之为"白日梦"。性幻想对于大学生来说是一种进行自身性行为的快乐源泉,也是对性行为的一种替代,或者对现实暂时不能实现目标追求的一种补偿。

2. 性梦

正所谓"春梦了无痕"。性学家认为梦是"通向无意识的官道",其功能是保护睡眠。大学生的性梦是白天被压抑的愿望的表达。男生发生在20岁左右,女生则在20~25岁,受教育的层次愈高,愈易发生。性梦并非大学生全部性行为中的重要部分。作为一种非自愿的行为和自然发泄方式,起着一种安全阀的作用,可以缓和大学生性饥饿积累的性张力。

3. 自慰(手淫)

手淫的出现是青春期成熟的一种生理表现,是解除因性紧张而引起的躁动、不安的一种自慰方式。过去不少人认为只有男性才发生手淫,其实女性同样可发生手淫,只不过方式更隐蔽。男大学生性能量较高,又处于性饥饿状态,总想以此来解除性焦虑,故90%以上男大学生有过手淫;而女生的手淫则相反,其发生率和频率与年龄成正比。

4. 其他性行为

男女大学生还可能在同性之中发生性行为。当然有同性性行为不一定是同性恋。有资料表明,26.5%的大学生认为同性性行为是正常的,这反映了大学生观念已在某种程度上受到西方观念的影响。

(三) 大学生的性观念

1. 性价值观念多元化

在校大学生正处在传统的性道德与现代性观念矛盾的冲突中,性价值观念日益呈现多元化。据全国大学生性文明调查发现,55.9%的学生认为"性行为是个人的事,自己负责就行了",其中女生认同这个观念的比例为63.6%,男生为52.7%。12.77%的学生认为"性对大学生是不应该发生的事",其中女生认同此观点的比例是15.9%,男生是11.49%。这两个结果基本上反映了大学生对性的态度,即性行为是私人问题,与他人无关。但仍有12.77%的学生认为"这是不应该发生的事",

反映了大学生在性观念上的不一致性。大学生性道德观念矛盾的冲突还体现在对性病患者的态度上。调查发现，5%的学生认为性病和艾滋病患者道德低下，26%的学生认为他们当中有些人道德还挺高尚的；11%的学生对艾滋病患者持反感、歧视态度，19%的学生认为他们是自作自受、罪有应得；23%的学生表示愿意照顾艾滋病患者，41%的学生明确表示不愿意，19%的学生认为无权拒绝。

2. 性观念日益宽容和开放

据全国大学生性文明调查结果表明，超过60%的大学生赞成婚前性行为。对于性行为发生的原因，40%左右的大学生认为是"两情相悦"，但也有近一半的学生认为性行为只是为了"满足生理的需要"或"特定情景刺激"的结果。持"因爱而性"观点的大学生虽然仍占多数，但相当多的大学生为了满足生理需要而"性"。虽然在性与婚姻的看法上，大部分同学持宽容和开放的态度，但这只是一个理性的观念，不意味着持这些观念的人不会因为结婚对象的性经验而产生困扰。在"希望自己的结婚对象从未有过性经验"这个观点上男生的比例远远高于女生。说明"处女情节"等传统观念对大学生仍有重要影响。

二、公安院校大学生常见性心理问题及自我调适

由于公安院校实行严格的警务化管理制度，校风校纪严谨，且在校男女大学生比例失衡，因此学生更容易产生各种性心理问题。有各种性心理变态倾向者的人数比例分别为：露阴癖5.2%、窥阴癖4.3%、异装2.1%、恋物1.3%。另外发现，同性恋占5.1%。1991年完成的首次全国性文明调查大学生组的统计资料显示：有30.7%的男生和13.3%的女生对自己的性功能有过怀疑和担忧，14.4%以上的男生和19.5%以上的女生有性心理变态倾向。更令人担忧的是，部分大学生的性心理问题已在一定程度上影响了他们的正常学习和生活，甚至导致性犯罪。性生理的成熟及其带来的心理问题是对大学生身心发展影响较为深远的问题之一。随着性生理的成熟，大学生产生正常的性欲望，但是由于以往性教育的缺失和性知识的匮乏使个体显得束手无策，因此不可避免地出现一些性心理的问题。这些问题被妥善解决的程度与大学生身心健康的水平密切相关。

（一）性行为失当

边缘性行为和婚前性行为被认为是大学生性行为失当的两种主要表现形式。边缘性行为是指两性之间由于性吸引而产生的一系列亲昵性行为。如两性交往中，具有性吸引倾向的握手、谈话、拥抱、接吻、抚弄性器官、夫妻间伴有性色彩的耳鬓厮磨等。对于边缘性行为缺乏正确认识的大学生，往往会存在一些心理困惑，甚

至心理障碍。已有的研究证明,大学生中,25%的男生和约50%的女生在经历了边缘性性行为之后会产生认知和情绪的问题。如有的女学生担心自己怀孕,有些产生自卑、自责心理,还有部分学生存在较长时间的恐惧和焦虑心理。

大学生婚前性行为一般存在三个特点:一是突发性,即性行为的发生在毫无心理准备的情况下。这样的性行为大多发生在一些特殊的时间结点上,如生日、节假日、纪念日等,部分女生被男生的某种行为感动而盲目顺从。二是非理智的自愿型。部分大学生常常在不完全清楚性行为科学知识的前提下,发生性行为,往往当时自愿但当不清洁、不科学性行为引起生理疾病或者怀孕时懊悔不已。三是反复性。研究者发现,一旦大学生冲破心理防线,性行为便会反复发生。目前一些学校周围的廉租房内出现周末情侣房,就是这一现象的真实反应。大学生的婚前性行为常常被家长、学校和社会所反对,因此常常引起大学生的心理困扰,这种困扰表现在认知、情感、行为等不同心理层面。

婚前性行为的常见问题就是女大学生的未婚先孕,这给当事人带来身心上巨大的压力和痛苦。研究者调查发现,在发生性行为之后,80%以上的男女生都会感到焦虑不安和严重的自我否定。对性行为的结果持否定态度的男生占到近40%,而女生认为性行为有害的比例超过80%,是男生的一倍多。可见,大学期间的性行为会对当事人的身心发展产生严重影响,同时婚前性行为的后果不受法律保护,常被认为会破坏道德规范和社会行为准则,影响社会风气,甚至还可能导致一系列的家庭和社会问题,值得全社会的广泛关注。

(二)性冲动的困扰

不少大学生难以接受自己的性欲、性冲动,对此感到羞愧、自责、苦恼、厌恶和恐惧。一方面是性的自然冲动,另一方面是对性冲动的否定。不少大学生常为这样一种矛盾而不安、迷惑,即一方面他们对异性抱有美好的情感,追求纯洁的爱情,另一方面,又常常有赤裸裸的性欲望,这尤其表现在一些男生中。这正是"龌龊的性欲和关于美好爱情的高尚理想同时存在于同一个人的意识中"。

其实,性冲动并不可怕。性冲动是青春期健康男女的正常表现,其发生很大程度上是由于体内的性激素加速分泌,主要有两个诱发途径:一是由视觉、听觉、嗅觉、触觉、味觉刺激大脑的思维所引起;二是性器官直接接受刺激而引起,性器官受到刺激后,交感神经会将信号传到大脑的性中枢,引起性器官充血,从而产生反射性性冲动。由此可以看出,处于青春期的男女大学生,只要身心健康,就时常会产生性冲动,所以性冲动本身并不是一件不正常或可怕、不耻的事情,没有必要为自己有时出现的性冲动而自责、不安,甚至烦恼。

（三）性幻想和性梦的困惑

性幻想是与性有关的虚构想象，又称性想象，是一种普遍存在的性心理现象。当个体在现实中或者影视剧中看到恋人之间的亲昵行为时，就可能幻想出自己与心爱的对象在约会、拥抱接吻等性行为，性幻想可以使个体情绪兴奋，有时甚至达到性高潮，它可以使个体的性紧张得到一定的缓解，但是作为一种白日梦式的幻想，事后往往会使个体感到内疚、荒唐和自责，也有可能使个体产生不当性行为。

性梦与性幻想最大的区别主要是发生的时间，性幻想是在个体意识清醒时产生的，而性梦是指在睡梦中发生性行为。这也是青春期性成熟后出现的正常的心理、生理现象，在青年中普遍存在。性梦是指人在梦中与异性谈情说爱，甚至发生两性关系。性梦与个体白天的现实生活有着或多或少的联系，在性梦产生时，个体在现实中被性道德等社会和自身因素压抑的性欲望被释放出来，在一定程度上缓解了性紧张，有助于个体的性心理健康。由于部分大学生对性知识的缺乏，对性梦和梦遗知识不了解，往往在梦醒之后对梦中的行为感到深深的自责、内疚和懊悔。

（四）异性交往的不适应

大学生逐渐进入成年早期，在社会生活中与异性的交往是不可避免的，也是正常社会交往必要的组成部分。如果缺乏异性交往，不仅不利于个体人格的成熟与完善，社会适应能力也会存在很多的问题，但是由于害羞、自卑、内向、被动等因素，部分大学生的确存在一些与异性交往的不适应现象，出现诸如见不到面时思念，见到面时躲避，一说话就脸红等问题。大学生与异性交往的不适应主要表现在两个方面：一是回避或拒绝，二是随意或放纵。如今仍有部分大学生存在"男女授受不亲"等封建思想，对异性敬而远之。此外，也有部分同学认为男女之间除了谈情说爱之外，不可能有真正的友情，即要么积极主动谈恋爱，要么静静地自我欣赏。还有些大学生由于缺乏自信心或者性格内向，往往消极被动地回避异性交往，持续一段时间后又会对自己的回避产生深深的自责。对于上述类型的大学生来说，伴随着生理成熟、性意识逐渐成熟与异性交往的需要与日俱增，由于他们不正确的交往观念、回避态度导致交往中的退缩行为会使他们内心产生强烈的冲突。这种冲突导致个体产生紧张焦虑，如果不能得到及时缓解该情绪，就可能导致个体产生社交障碍。

此外，随着现代社会的发展，西方的一些关于性的观念和思潮通过影片、图书、网络、视频等方式传入中国，对部分大学生性观念和性行为产生巨大影响，使他们在性行为中表现出极大的随意性和放纵性。有些大学生将异性当做游戏对象，他们崇拜那些能够与异性广泛、频繁交流的人,他们在与异性的交往中可能表现得非常轻浮,往往不分对象、不加选择地与各种类型的异性交往;有些大学生在交往过程中采取种种不当手段,如通过夸大自己的家庭背景或者在学校的影响力进行欺骗,甚至采取性挑逗、性骚扰的方式与异性交往。这种不正确的异性交往的观念将阻碍他们正确爱情观的形成,长此以往,将严重影响其身心健康,甚至患上难以治疗的性生理疾病。

(五)性自慰的困扰

性自慰是指用手或其他器具、其他方式刺激性器官获得快感,疏泻性冲动的一种方式,它是青春期最常见的一种性行为。根据国内对大学生性自慰的调查,男生中绝大多数人有一次以上的经历,女生中也存在一定的比例。现在国内外对性自慰的看法越来越趋向无害的观点,医学家、心理学家一致认为,性自慰既不是不正常的,也不是对身体有害的行为,并且性自慰是没有正常性生活的一种代偿办法,对于调节烦躁的神经系统有好处。

我国青少年性自慰焦虑的发病率普遍高于西方国家,除了与性教育的普及程度低有关,与"手淫"这种习惯性称呼的明显贬义也有很大的关系。因此,近些年来我国已经将"手淫"更名为性自慰,它界定了性行为的对象为个体自身,其功能在于心理缓释,从而有助于人们正确看待这种行为,克服偏见,缓解心理压力。

三、公安院校大学生健康性心理的培养

任何态度、观念、情感和行为都需要学习和养成,大学生的性心理也是一样,不仅需要家庭、学校和社会等外部因素的共同努力,更需要大学生从身心发展的现状出发,有意识、有目的、积极主动地培养健康的性心理。

(一)认同并欣赏自己的性别角色

两性的交往活动是最能体现个体人格健康水平的社会活动。在两性交往的过程中,一个人的社会适应力、生活态度、情绪调控能力等方面得到了较为全面的展现,塑造了大学生健康的性心理,需要从认同并欣赏自己的性别角色、积极的自我调节两个方面展开。

性别角色是指根据性别而规定的一种行为和思维模式,其形成主要与种属和两性的生理特性有关。具有正确的性别角色意识是性心理健康的重要体现。性别差异是人类社会交往活动产生和发展的重要原因之一,大学生应该从生理的层面识别并接受自己的性别角色。例如,男生要接受喉结与胡须的出现以及声音的变

化,女生要经受经期带来的种种不便。其次,大学生要根据政治、经济文化和风俗习惯的差异表现出适应周围社会环境的行为模式,如男性应有事业心、进取心和独立性,行为粗犷豪爽、敢于竞争,即具有"男性气质";女性则应富有同情心和敏感性,善于持家和哺育子女,对人温柔体贴,举止文雅娴静,即具有"女性气质"。此外,大学生中仍然有一部分表现出对自己的生理外貌特征不满意或者不能接受,这类大学生应认识到外貌特征产生的原因以及可改变的程度,接受自己。通过不断地提高自己的人格魅力和意志品质,取得性心理的平衡,获取爱情和事业的成功。

(二) 积极的自我调节

塑造大学生健康的人格,不仅仅表现在对自身性别角色的认同与欣赏,还需要大学生积极的自我调节。首先大学生要能够接受自己所表现出来的自然的、合理的性欲望和性冲动。他们需要学习性生理和性心理的相关知识,了解性幻想、梦遗、月经等性生理发生的原因及其发展规律,通过广泛的阅读、积极地参加文体活动来降低自己对感觉刺激的感受性,培养耐受力。大学生阶段是个体性欲和性冲动出现频率较多、持续时间较长和强度较大的时期,大学生需要积极培养自身的控制力,习得适应多变文化和生活环境的技巧,真正做到既符合法制规范、遵守社会道德,又遵从自然生理变化。大学生要防止自己在性欲冲动中,以及在偶然的非理性诱因的驱使下产生越轨行为,性是个人发展中的问题,但是又不仅仅影响个人发展,它会影响到他人、家庭以及社会。能克制自己的人,才是理性的人。大学生要学会用理智战胜情感,用意志克制冲动。在日常生活中,不仅要学会对性冲动的升华、代偿和有效转移,也要坦诚、自然地与异性交往。如果一旦发现自己由于性困惑产生自卑、焦虑、恐惧等情绪问题,就要及时通过阅读相关科学书籍来掌握科学系统的性知识,通过与家长、老师、专业心理咨询人员的及时有效沟通,缓解性压力,培养健康的性心理。

本章案例

小贺是某高校的一名大三学生,与男友相恋三年,两年前经不住男友的央求和诱惑,与男友发生了性关系,后经常相约出去开房。后来小贺发现已经有两个月没有来月经,她很担心,于是偷偷去医院做了检查,被医生告知怀孕了。小贺很害怕,给男友打电话,男友也很慌张,随后让她去医院做了人流手术。小贺说她当时很害怕,手术很疼,之后也不敢休息,就拖着虚弱的身体正常上课,因此还生了一场大病,这段记忆成了她的噩梦。一段时间以后,男友似乎慢慢忘记了这段经历,又多次表示想要发生性关系,被小贺拒绝了几次。但渐渐地小贺发现男友变了,有时对小贺很冷淡,不接小贺的电话,这让小贺不知所措,怕就这样失去他了,毕竟自己是那么的爱他,而且已经和他发生了性关系。带着这样的想法,小贺主动约男友在老地方见面,带着恐惧的心理他们又一次在一起了,他们又回到了以前,小贺觉得自己做的是对的。可是随后的日子里,小贺又做了两次人流手术,现在她很担心以后还能不能怀孕,人也慢慢变得麻木。

案例分析

性是人与生俱来的本能,是人生不可分割的一部分。大学生正处于性激素分泌的旺盛时期,他们对异性有所渴求,性意识已十分活跃,性冲动和性需求较为强烈。一些人非常容易受消极性文化的影响,同时又受到家庭、学校和社会行为规范的限制,对自己遇到的性问题不知所措,因此处于性困惑和性烦恼之中,严重影响了他们的正常学习和生活。大学生性生理的成熟与性心理尚未完全成熟之间的矛盾,性的生理需求与性的社会规范间的冲突,是大学生心理健康的主要问题之一。所以,为了培养出具有高尚人格和优良素质的当代大学生,必须对他们开展性心理与性健康的教育。

一、你心目中最有魅力的男(女)生

活动目的　通过课堂调查与讨论,比较男女生心目中最有魅力的异性形象的不同,启发大学生更好地了解自我并树立正确的择偶观念。

活动器材　教室、纸和笔。

活动步骤

(1) 以"男生眼中的女生和女生眼中的男生"为题,进行课堂调查,并当场统计结果。

(男生填写)

① 你认为女生吸引你的三项特质为(　　　)。

A. 温柔　　　B. 漂亮　　　C. 贤惠　　　D. 热情　　　E. 真诚

F. 稳重　　　G. 聪明　　　H. 勤奋　　　I. 身材好　　　J. 有修养

K. 好运动　　L. 有主见　　M. 活泼外向　N. 内向沉稳　O. 善于打扮

P. 穿着大方　　Q. 爱好相近　　R. 家庭背景好
S. 其他(列出上面未说明而你认为重要的特质)＿＿＿＿＿＿＿＿＿＿
② 简单描述你讨厌的女生的特质。

＿＿＿＿＿＿＿＿＿＿＿＿＿＿＿＿＿＿＿＿＿＿＿＿＿＿＿＿＿＿＿

(女生填写)
① 你认为男生吸引你的三项特质为(　　)。
A. 高大　　　B. 英俊　　　C. 幽默　　　D. 真诚　　　E. 稳重
F. 热情　　　G. 聪明　　　H. 奋进　　　I. 讲义气　　J. 好运动
K. 有主见　　L. 有修养　　M. 出手大方　N. 乐观外向　O. 穿着潇洒
P. 爱好相近　Q. 乐于助人　R. 家庭背景好
S. 其他(列出上面未说明而你认为重要的品质)＿＿＿＿＿＿＿＿＿＿
② 简单描述你讨厌的男生的特质。

＿＿＿＿＿＿＿＿＿＿＿＿＿＿＿＿＿＿＿＿＿＿＿＿＿＿＿＿＿＿＿

(2) 统计并公布调查结果,并由此展开以下讨论：
① 女生为什么看重男生的这些特质？对男生有何启示？
② 男生为什么看重女生的这些特质？对女生有何启示？

二、如果我失恋了,我会得到……

活动目的　通过情景模拟和角色扮演,大学生体验失恋的感受,并且在社会支持中寻找并且发现新的体验和感受,最终学会合理化思考,构建自己的情感盾牌。

活动步骤
(1) 将全班同学随机分为4～6人小组,确保每组男女生比例恰当,围坐成圆圈。
(2) 小组成员依次扮演失恋的角色,并阐述失恋后的痛苦和感受。
(3) 小组其他成员依次劝慰失恋同学,并针对失恋同学如何摆脱痛苦提出有效合理的建议。
(4) 根据大家建议,每个扮演失恋的同学总结出10条经验：如果我失恋了,我在大家帮助下,明白＿＿＿＿＿＿同时也获得了＿＿＿＿＿＿＿＿＿＿启迪。
(5) 全班同学讨论,评选出最有效、最合理的建议,并以此作为全班同学共同的情感自卫盾牌。

复习思考题

1. 你认为真正的爱情是什么样的?试举例来阐述。
2. 结合实际,谈谈大学生该如何应对恋爱和性问题?
3. 你曾经经历过哪些恋爱困扰?是如何进行调适的呢?
4. 你觉得性教育是否应该进大学课堂,为什么?

第八章　公安院校大学生团队心理

第一节　团队心理概述

一、团队概念

"团队"的概念是由美国圣地亚哥大学的管理学教授斯蒂芬·罗宾斯(Stephen Robbins)于1994年首次提出的,他认为团队是为了实现某一目标而由相互协作的个体所组成的正式群体。一般认为,团队是由不同分工和角色的两个以上的成员所组成的共同体。它能够在活动中有效地整合每一个成员的观念、思维、知识、经验、技能、体能等因素,协同工作、完成任务,最终实现共同的目标。在现实的生活中,团队常常表现为一群人互助互利、团结一致,为统一的目标和标准而坚毅奋斗到底。在这个特殊的人群中,所强调的不仅仅是个人的业务成果,更有团队的整体业绩,而团队成员们奋斗得到的胜利果实往往超过了个人业绩的总和。一个团队的构成有五个必不可少的要素:目标(purpose)、人员(people)、定位(place)、权限(power)和计划(plan),即"5P"。

(一) 目标

目标是一个团队成立的基本前提之一。要组成一个团队,首先要有一个明确的目标,这个目标是团队成员行动的方向,使团队初步具备存在的价值。一个团队的目标必须是明确而具体的,在团队的组织过程中如果突然失去目标或目标不确定,就会使团队的队员失去信心或迷失方向,还会给一些不利于团队成长的力量以可乘之机,给团队带来重大的损失。

(二) 人员

人员是一个团队的基本组成部分,团队的目标必须由他们来实现,因此团队成员的选择决定了团队的作用和价值。在团队人员的选择上,既要全面考虑团队成员个人方面的诸多要素,又要综合考虑今后团队间的相互协作,力求做到匹配、互补、和谐,尽量避免和减少冲突。

(三) 定位

定位指的是对团队或个体的定位。对团队的定位是明确团队在一个组织中所扮演的角色和所处的位置,确定团队接受谁的领导、接受谁下达的目标以及对谁负责和由谁来选择团队的领导和关键成员等问题。对个体的定位则是明确团队成员在团队中所扮演的角色。

(四) 权限

权限指的是团队的组织活动范围,所从事的活动或业务范围,以及团队所拥有的权力或被组织赋予的权力大小。

(五) 计划

计划可以保证团队按时或适度提前完成既定的目标。目标的制定要遵循循序渐进的原则,先逐步完成一个个阶段性的目标,最终实现总的目标。

具有社会属性的人总是生活在某一群体中。公安院校大学生是严格按照班级(区队)组织进行集体管理,毕业后工作的公安机关,都是纪律部门。这些都需要其成员具有强烈的集体意识和团队精神。因此,对公安院校的学生而言,学习团队心理知识,培养团队建设能力,提升团队意识,有着特别重要的意义。

二、团队心理建设的重要性

(一) 大学生自身成长与发展的需要

在校大学生大多是独生子女,有些学生因父母和祖辈的溺爱和娇宠,使他们养成了以自我为中心的习性,自我管理意识和责任意识较差;没有兄弟姐妹相伴,使得他们难有相互关爱、相互协助的体验,与人合作的意识淡薄;在利己主义、功利主义的影响下,他们做事只考虑自己,不为别人着想,团队意识、团队精神明显缺乏。随着社会竞争的日益激烈与残酷,人的非智力因素对人的竞争实力的影响越来越大,团队合作成为社会发展的必然,团队精神成为个人在社会生存与发展的必要素质。个人英雄主义的时代一去不复返,只有具备团队精神的人才具有更大的竞争力,只有充分理解团队合作精神的人,才具有理解、辨别和感受不同情境的能力。事实证明,具有良好团队精神者进入社会后,在事业上的发展要明显好于那些缺乏团队精神的学生,能更快得到用人单位、周围同事的认可,在适应工作岗位、工作环境上更顺利。

加强学生的团队心理建设,让学生真正融入到团队当中,个人就能从团队中获得强大的集体支持力量,使他们的信心和勇气倍增,表现出超乎寻常的勇气,提高学生与他人共事时团结协作的能力,获取平时一个人不可能或很少获得的成绩,从而塑造良好的个性人格和综合素质,使之成为全面发展的高素质人才。

(二)强化大学生团队意识的需要

个体有无团队意识,主要体现在有无团队认同感和团队归属感。对大学生加强团队心理建设是增进大学生团队认同感和团队归属感的有效途径。

1. 强化团队认同感

团队的认同感指的是团队成员对人对事在认知和评价上自觉地保持一致。团队中的各个成员都有着各自的独特性,但由于他们同属于一个团队,有着共同的目的和利益,所以在面对重大的突发事件或来自外部的冲击时,会自觉地保持一致,统一各自的看法和情感。这是因为当团队作为一个整体而存在时,它在客观上有一个保持一致和统一的基本要求,当团队中的成员与外界的成员发生冲突时,团队成员就会有意识地维护本团队成员的利益,与他们保持一致,共同地反驳对方,这是团队认同感的具体表现。

团队认同感的表现形式有两种:一是主动认同,即团队成员感到自己在团队中的价值得到实现,需要得到满足的时候,主动地对团队产生认同;二是被动认同,即团队成员迫于团队的压力,害怕被团队所抛弃或受到冷遇的情况下所产生的认同,实际上是一种从众的行为。团队心理的建设中要尽量培养成员的主动认同感,避免和纠正被动的认同感。

2. 增进团队归属感

团队的归属感是指个体自觉地归属于其所参加团队的情感。在这种情感之下,个体以自己所属团队的利益为出发点,在活动认知和评价上自觉地维护团队的利益,并与团队其他成员在情感和行为上发生共鸣,达成一致。团队的成员在具体的活动中表明身份时,往往会先说自己是某某团队的角色并极力宣扬自己的团队,为展示自己是其中一员而自豪。这就是团队归属感的具体表现。

有研究表明,先进团队的成员具有更为强烈的团队归属感。先进团队的成员比其他团队成员拥有更高的效能感和集体荣誉感,这些情感与团队的归属感密切相关。因此,为了保持团队成员具有更高的归属感,团队要努力保持它的先进性。当一个人先后或同时参加多个团队的时候,他对各个团队所产生的归属感也是不同的,使他产生最为强烈的归属感的是那个对他生活、工作和各个方面影响最大的团队。因此,对团队归属感的培养还应当落实到对成员生活、工作和各个方面的影响和管理中去,团队管理不仅要统一组织好活动,还要针对每个成员的不同情况从各方面进行关心和培养。

(三) 适应公安院校警务化管理的需要

公安院校是以班级(区队)为基本单位,实行严格的集体化管理模式。班级(区队)作为一个团体,成建制地参与学校的学习、训练、比赛,评比等各项活动中。每个学生的团队认同感和团队归属感决定他们对其所在集体的关注度和参与度,直接影响其集体的建设和发展。一个班集体就像一个木桶,由班级中每个成员拿出的一块木板组成,水桶能盛多少水并不取决于最长的那块木板,而是取决于最短的那块木板。这也是人们所说的"木桶效应"。反过来,一个班级(区队)的风气又会反作用于每一个学生,影响每一个成员的成长和发展。因此,加强学生的团队心理建设,把一个班级(区队)建成一个大家庭,班级中的每一个人都像在一个家庭中生活一样,相互配合、协调,心往一处想,力往一处使,能够围绕"大家庭"这个中心,服务于"大家庭"这个大局,让每一位成员都受到尊重,每一位成员的才华得到充分发挥,班级得到每一位成员的尊重与维护,从而获得班级的可持续发展和成功。一个班级能表现出如此的力量,班级及其成员才能够实现最大的目标。

(四) 未来从事公安警务工作的需要

公安院校的主要任务是为公安机关培养合格人才,毕业学生大多数将成为人民警察。公安机关是严格的纪律部门。一些部门,如公安机关的特警、反恐、刑侦、禁毒等部门,实现的是半军事化管理,要求其成员必须要有严明的纪律观、强烈的团队精神、绝对的服从意识和果断的执行力,才能保证高效完成各种危险、艰巨的任务。公安机关是国家重要的治安行政力量和刑事司法力量。随着社会经济的快速发展,犯罪团伙的组织严密性越来越高,利用高科技犯罪的现象屡见不鲜,作案手法也变得越来越狡猾,这给警察侦破案件和打击犯罪带来了更大的难度和挑战。而公安工作点多、线长、管理难度大,工作涉及面广、业务量大,分工越来越细,部门越设越多。同时,公安工作中不确定因素和突发事件常需要警察及时快速做出反应,要互动协作和密切配合,某一环节或某一个人的动作出现偏差,就可能影响整体工作质量,甚至危及警察的生命。这一切,都要求各级公安机关及其成员必须要有强烈的团队精神,有很强的上下沟通、内外联系能力,构建全国警察一盘棋格局,形成互通有无、取长补短、协同作战的整体优势,发挥团队作战威力,才能有力防范和打击各类违法犯罪活动,有效维护社会和谐稳定。

总之,良好的团队心理能够极大地提高团队成员的工作效率,促进相互交流、增进个体自信;能产生一股强大而且持久的力量,调动团队成员的所有资源和才智;能自动地驱除团队中的矛盾和不公正现象,维持团队的和谐。因此,团队心理建设能促进成员们的共同成长,培育杰出而高效的团队。

第二节　公安院校大学生团队心理建设

一、常见团队心理建设问题

(一)团队意识不强,集体观念淡薄

目前我国的中小学教育仍然以应试教育为主,学习成绩仍是评价学生的重要依据。学生们认为,只要好好学习书本知识,就能考取好的大学。在这种教育机制下,学生在上大学前并没有得到系统的、专门的团队心理方面的教育和训练。进入大学后,虽然思想政治教育、心理健康教育和道德教育也要求大学生重视集体,但是针对大学生团队心理的内容却很少,致使很多大学生并不能正确认识团队的意义,团队意识不强,集体观念淡薄。有调查显示,关于"你认为团队精神对大学生个人成长是必要的吗?"的认识上,有30%的大学生认为"非常必要",有58%的大学生认为"必要",有7%的大学生认为"没必要",有13%的大学生认为"可有可无"。当问到"团队协助对自身有没有帮助"时,仅有36.5%的大学生认为团队协作是对自己有帮助的,34.6%的大学生都选择了"不太肯定"的答案,而有28.9%的大学生认为团队协作是对自己无用的。可见,有相当一部分的大学生不能正确认识团队的重要性。

大学生在学习和集体生活中,相互之间应互帮互助、团结友爱。而部分大学生往往集体观念淡薄,组织纪律观念不强,不能正确处理个人利益与集体利益、局部与全局的关系,常常从个人或小团体的利益出发,个人主义思想严重,以自我为中心。一些大学生对班级集体的事情冷漠,拉帮结派,班级同学各自为政,使班集体如同一盘散沙,缺乏应有的凝聚力。在宿舍中,部分大学生以自我为中心,不顾及他人的利益,斤斤计较,缺乏谦让、团结的传统美德,造成宿舍同学关系紧张,室友之间互相猜疑,宿舍缺少温馨和友爱。

(二)过度重视竞争,过于专注个性

大学生在对待竞争与合作的问题上,往往过多强调竞争,轻视了合作。在评优评先、考研就业时,由于学生面临的机会有限,确实存在着激烈、甚至残酷的竞争。

由于这些竞争常常被放大和扩大,致使很多大学生在日常的学习和生活中都感觉到充满了竞争。不少大学生将同学同伴单纯视为潜在的或者现实的竞争对手,不愿敞开心扉,不敢承认自己的缺点和弱项,人前一套,背后一套,相互之间钩心斗角,无法相互信任,更不用说互帮互助、相互协作、共同奋进。当被问到"在当前激烈竞争的社会环境下,强调团队精神是否会吃亏"时,49.7%的大学生回答"不会",20.9%的大学生回答"会",29.4%的大学生回答"不知道"。

同时,大学生在其成长历程中,从依赖性逐步转向独立性和自主性,部分学喜欢我行我素,比较注意自己的个性张扬,对个性缺乏正确的理解,认为所谓的"个性"就是不参与团队,事事搞特殊化和小团体,强调个人英雄主义,习惯于自己奋斗,缺乏与他人协同合作的意识,更不会主动与他人合作,对自己应承担的集体和社会责任缺乏应有的理解,甚至采取不负责的态度。不少大学生只专注自身的发展、追求个人事业的成功,呈现出一种个人化的价值取向特点。在思想上,一些大学生不再崇尚"螺丝钉"的精神,而是寻求个人价值的最大化;在奉献与回报上,他们更注重他人和社会对自己的尊重和回报。

(三) 主动与他人交流沟通的意愿不强

团队的形成和团队凝聚力的产生,是以团队成员之间的交流沟通为前提的。团队成员间,只有通过交流沟通,才能相互了解和熟悉,才能培育感情,才能形成默契。一部分大学生以为老师很难接近,也难以沟通,往往敬而远之,不愿意主动与老师沟通,学习生活遇到困惑也只有自己默默承受;一部分大学生轻义重利,或者以经济状况的贫富作为交友标准,富有则相交,贫困则相离,或者以利益原则作为交友标准,与自己有利就亲近,无利就疏远,缺少互帮互助的热情,同学关系过于淡漠;一些大学生只与几个好朋友密切交往和沟通,"抱团"现象严重,对于其他同学则"现用现交",同学之间关系疏远。由于这些大学生不愿意与老师、同学交流沟通,不注重师生、同学之间感情的培养,导致他们难以融入学校、班级当中,缺乏团队归属感。

(四) 团队活动流于形式

高校校园文化生活丰富多彩,文艺、体育、科技等活动可以锻炼大学生的能力,并为其提供一个展示自我的平台。如果大学生主动积极地参加各项团队活动,一定能从中得到收获。但从调查来看,大部分大学生参与团队活动的积极性不高,其中一个重要原因就是认为团队活动大多流于形式,起不到实质的作用。看起来轰轰烈烈的活动场面和人气很旺的社团组织有时只是在做表面文章,以为只要挂上色彩纷呈的条幅和标语,就会达到活动的效果,而忽视了活动对学生灵魂的塑造、团队精神的培育、社会能力的培养等功能。有调查显示,在回答"为什么参加团队活动"时,约30%的大学生选择"打发时间"这个选项。

二、快速融入团队

在信息时代,追求的是个人价值实现与团队绩效的双赢。俗话说:"独脚难行,孤掌难鸣""星多天空亮,人多智慧广"。比尔·盖茨(Bill Gates)曾说:"大成功依靠团队,而个人只能取得小成功。"团队能够完成个人所不能完成的任务,取得个人无法获得的成就。因此,在当今时代,一个人要想做一番大事业、取得大成功,只有两条路径:要么融入某个团队、要么创建一个团队。对于我们大学生而言,在比较长的一段时间,我们更多地面临是加入并融入一个团队的问题。那么,如何快速融入团队呢?

（一）快速融入团队的方法

1. 态度积极

有愿意且乐意加入团队的意愿,对团队的一切事物,能以主人翁的态度予以关注;对团队的所有活动和任务,能以主人翁的姿态主动参与;谈论时认真思考,敢于发言;工作时勇于担当;活动时积极参与。如果总是以一个旁观者的身份出现,永远只能是团队的外人。

2. 主动沟通

主动沟通有两种途径:一是主动熟悉团队情况。加入一个团队,必须尽快熟知团队的规章制度、任务目标等情况,对团队的理念、定位、构架、运行等有一个全面且详尽的了解。二是主动认识团队成员。要尽快认识团队成员,熟知他们每一个人的工作任务、责任范围、性格特点等,以便能与团队成员顺畅地交流并得到他们的支持。

如果自己不主动沟通,等着别人来向你介绍情况,不仅几乎无可能,而且还可能引起别人的非议与反感。为此,要做到真正的主动、获得真实全面的信息,还必须要有两个意识:一是谦卑意识,放低姿态,尊重他人,真诚、热情地对待每一个团队成员;二是学习意识,勤于学习,不懂就问,通过自学和向团队老成员学习、请教,及早成为团队的行家里手。

3. 创造价值

积极进取,勇于担当。行动是最有说服力的,我们需要用行动去证明自己的存在和自己的价值。因此,在工作中,要积极进取,敢于挑战,不推诿,不逃避,全力以赴做好每件事情。用业绩和态度把自己的能力与才华适时、适当展现出来,来证明自己对团队、对队友的价值得到团队认同。

4. 遵纪守规

无规矩不成方圆,每一个团队,都有自己的制度和规则,只有大家都遵守,才能确保团队的正常运行。不做违规之事、不给团队抹黑,这是底线。否则,不是你被团队所抛弃,就是团队被你搞得乌烟瘴气,直至土崩瓦解。

(二)新人融入团队的过程

新人融入团队,一般要经历三个阶段,即认知阶段、磨合阶段与相融阶段。在这三个阶段中,认知阶段是基础,更是决定能否融合以及融合的速度。认知是相互的,既有加入者对团队的认知,也包括团队对加入者的认识。加入者对团队的认知内容包括团队的性质、目标、管理风格、运行方式、领导者与团队成员情况等信息。了解这些信息的主要途径有:收集团队宣传介绍资料、网上资料,前往团队咨询以及向团队老成员打听等。总之,要快速融入团队,谦卑的态度、积极地沟通是基础,能否为团队创造价值是关键。

第三节 优秀团队建设途径

一、一般、优秀、卓越团队的衡量标准

要打造优秀团队,首先要知道什么样的团队是优秀团队,掌握衡量一个团队是否优秀的标准是什么。只有知道了标准,我们才能够对应的标准来打造。

(一)衡量一个团队是否合格的标准

团队能否按时、按质完成任务,是衡量一个团队是否合格的唯一标准。这就是以成败论英雄、用结果来评判。如果一个团队不能按时按质完成任务,这个团队肯定是一个不合格的团队。

(二)衡量一个团队是否优秀的标准

如果两个或多个团队都按时、按质完成了任务,那怎么来衡量哪个团队更优秀呢?换句话来说,怎么来区分优秀团队与一般团队呢?区分优秀团队与一般团队的标准就是效益:即人力、财力的投入产出效益。如果每个团队都完成了任务,一

个团队投入了大量人力、物力和时间才完成,其投入产出效益率很低;而另一个团队,只投入了极其有限的资源,即投入的人力、物力、时间都比前一个团队少,却高效地完成了任务。毫无疑问,后者就是优秀的团队。总之,区分一般团队与优秀团队,就看投入产出效益。

(三)衡量一个团队是否卓越的标准

在团队管理中,我们还会经常用到一个词:卓越团队。那么,什么是卓越团队?怎样来衡量呢?一个团队,完成了大家认为不可能完成的任务、实现了大家觉得不可能实现的目标,这样的团队就是卓越团队。比如,1921年中国共产党成立时,仅有13名代表、大约50名党员。这么小的一个团队,有谁会想到、有谁会相信他们能成功?然而就是他们,仅仅只用了28年就打败了庞大的国民党政权和军队,建立了新中国,完成了世人认为不可能完成的任务,所以说中国共产党是世界上最伟大、最卓越的团队。再比如,中国共产党领导的人民军队这个团队,不仅战胜了国民党军队,而且在"抗美援朝"中,打败了以美国为首的16个国家组成的"联合国军"。特别是在上甘岭战役中,面对飞机大炮狂轰滥炸和数倍敌人的进攻,我方阵地山头被削低两米,志愿军仍守住了阵地,打败了"联合国军",再次向世人证明了中国人民解放军是世界上最能战、最卓越的团队。

二、打造优秀团队的途径

大学生也有组建团队的机会,如组建某个兴趣团队、攻关团队等,当自己成了某个团队的领导时,就会面临如何组建、打造优秀团队的问题。又或者说,参加工作三五年后,被领导任命为某个工作团队的负责人,此时就要面对如何打造优秀团队的问题。打造优秀团队的途径有以下几种:

(一)提高自身素养,做一个优秀的领导

"火车跑得快全靠车头带。"什么样的领导,就会带出什么样的团队。对一个团队而言,领导起着决定性的作用。中国共产党之所以如此卓越,就是因为有以毛泽东同志为代表的一个又一个优秀的领袖。可见,要打造一个优秀的团队,领导者本人必须卓越。那么,从哪些方面来修炼领导者自己的素养?一是领导力的修炼。伟大领袖毛泽东说:当干部的就是两件事:一是出主意,二是用好人。出主意就是决策。领导水平之间的差距常常集中表现在决策能力的高低上,表现在决策的正确与否、科学与否上。而做出的决策能否得到很好的贯彻、执行,又取决于用人。可见,领导力的修炼,最重要的是科学决策与识人用人这两种能力的修炼。新中国刚成立时，除军事外的其他各类人才严重缺乏，党中央和毛泽东主席便安排陈毅元帅和"无衔上将"耿飚做外交、聂荣臻元帅抓国防科工、"独臂将军"余秋里找石油、上将叶飞建交通、"胡子将军"王震搞农垦……这一系列科学精准的人事安排，不仅确保了新中国各项事业有序推进，而且还取得了世人瞩目的成就。这是中国共产党和毛主席"慧眼识人""知人善任""人尽其才"的光辉典范。二是领导者品格的修炼。人以群分物以类聚，什么样品德的领导就会吸引、招来什么样的团队成员。《论语》曰："其身正，不令而行；其身不正，虽令不从。"只有品格卓越者才能让优秀人才心甘情愿地去追随。伟大领袖毛泽东，凭借其超强的人格魅力，吸引和团结了无数中华民族的优秀子孙、无数的仁人志士和文才武将，在他的领导下，各路英豪纷纷请缨，英雄辈出，千军万马演绎出了中国革命和社会主义建设威武雄壮的伟大史诗。

如何修炼领导力、如何修炼领导者品格，这是一个极其宏大的话题。"他山之石，可以攻玉。"通过阅读领袖人物传记，如《毛泽东传记》《中共领袖人物传记》《世界著名领袖人物传记》等，学习领袖们的成长之道，站在巨人的肩上，跟着伟人走，是一条成长的正确道路。

（二）确定科学的团队目标

团队目标，不仅是团队的方向、是团队存在价值的体现，更重要的是团队吸引力、凝聚力产生的根源。因此，团队目标不仅要对所有团队成员有很大的吸引力，而且目标的实现还要有一定的难度，这样才能调动每个人的积极性，让团队充满斗志和激情。比如，中国共产党在第一次国内革命战争时期，提出的目标是"消除内乱，打倒军阀，建设国内和平"；在抗日战争期间，提出的目标是团结一切可以团结的力量，打败日本侵略者；党的十九大提出的目标是"在到本世纪中叶把我国建成富强民主文明和谐美丽的社会主义现代化强国，实现中华民族伟大复兴的中国梦！"这些目标对每一个有正义、有理想、有民族责任感的人都有着巨大的吸引力，让每一个有爱国之心的中华儿女热血沸腾，并愿为之而奋斗。

（三）培育先进的团队文化

"不知礼，无以立也。"作为一个人，不知为人的准则规范，就无法在这个世界立足。"没有规矩，不成方圆。"作为一个团队，如果没有团队文化、没有规章制度，或者说虽然有但却是落后、愚昧的，这样的团队即使没有消亡，也是一盘散沙。因此，一个团队是否有自己的文化、文化是否先进，对团队的生存和发展都是极其重要的。团队文化主要包括三个方面的内容：一是团队的宗旨理念，二是团队的规章制度，三是团队的人文氛围。团队文化是否先进，衡量标准有三条：一是是否健全，二是是否符合社会要求和团队自身情况,三是是否能激励士气、鼓舞团队斗志。

(四)强化团队成员的团队意识和团队精神

个体有无团队意识,主要体现在有无团队认同感、荣誉感和归属感。强化团队意识,就是增进团队成员对团队的认同感、荣誉感和归属感。

第一,强化团队成员的团队认同感。团队认同感指的是团队成员在对人对事的认知和评价上自觉地保持一致。团队中的各个成员都有着各自的独特性,但由于他们同属于一个团队,有着共同的目标和利益,所以在面对重大突发的事件或来自外部的冲击时,会自觉地保持一致,统一各自的看法和情感。这是因为当团队作为一个整体而存在时,它在客观上有一个保持一致和统一的基本要求,当团队中的成员与外界的成员发生冲突时,团队成员就会有意识地维护本团队成员的利益,与他们保持一致,共同地反驳对方,这是团队认同感的具体表现。要提升团队成员的团队认同感,主要有以下两点:一是创设、制定的团队宗旨、团队制度符合团队成员的价值观和利益所需;二是加强对团队成员的教育培训,引导团队成员接纳、赞同团队宗旨、团队制度。

第二,强化团队成员的团队荣誉感,即团队荣我荣、团队兴衰我兴衰,以自己是团队的一员而自豪的这样一种情感。其强化途径有:一是团队确实能给团队成员带来精神、物质上的利益,团队成员从团队能获得的利益越多,其荣誉感就会越强;二是提升团队在社会上的知名度、美誉度,团队的影响力越大,团队成员的荣誉感就越强。

第三,增进团队成员的团队归属感。团队归属感是指个体自觉地归属于其所参加团队的情感。在这种情感之下,个体以自己所属团队的利益为出发点,在活动认知和评价上自觉地维护团队的利益,并与团队其他成员在情感和行为上发生共鸣,达成一致。团队的成员在具体的活动中表明身份的时候,往往会首先说自己是某某团队的角色并极力宣扬自己的团队,这就是团队归属感的具体表现。团队归属感的强弱,取决于团队成员的团队认同感和团队荣誉感。有研究表明,先进团队的成员比其他团队成员拥有更高的效能感和团队荣誉感,这些情感与团队的归属感密切相关。因此,为了保持团队成员具有更高的归属感,团队不仅要努力保持团队的先进性,还应当注重人文氛围的营造,对团队成员的关心关爱,落实到生活、工作和管理的各个方面中去。团队不仅要统一开展、组织好团队活动,还要针对每个成员的不同情况从各方面进行关心和培养。

第四,培育团队精神。团队心理的核心是团魂,即团队精神。团队精神是指一个群体为了实现某一特定目标,通过主动调节群体内部的矛盾和行为,而呈现出通力合作、一致对外的精神面貌,包括对团队的正确认识、对团队的积极情感和积极的反应意向等三种心理成分。从内容上来看，团队精神包括三个方面，即大局意识、协作精神和奉献精神。其核心是协作精神，强调团队成员间的相互协作；其关键是奉献精神，能否为了实现团队目标而甘于牺牲自己的利益，甚至生命。在红军二万五千里的征途上，平均每300米就有一名红军牺牲，长征胜利靠的是红军将士为了实现革命目标而敢于牺牲的英雄气概和革命精神。

一个团队有了强烈的团队意识和积极的团队精神，团队成员就会积极沟通，发挥个体优势，促成优势互补，产生积极协同效应，进而保证组织的高效率运转，最终高效实现团队利益和目标。这样的团队，就是优秀的团队。

本章案例

小柯同学大四时被学校安排学生去单位实习。开始时，小柯带着满满的自信来到实习单位。由于一些他认为不公平的事情不断发生，因此导致他的自信也被消磨。一起进来实习的同学，明明和他拿着一样的薪资，工作却轻松自在，而他的工作满是负荷，每天辛苦疲劳，天天还要听着领导"指导"工作，甚至是批评。小柯渐渐倦怠起来，不喜欢自己的工作，总感觉自己是一个廉价的劳动力，对实习工作没了热情，开始消沉。同时，小柯还担心起毕业后的工作是不是也是如此，渐渐陷入迷茫，没有方向……

案例分析

对于毕业和就业，虽然听起来遥不可及，但是我们必须及早做好准备，才能更好地面对来。首先，我们要树立正确的职业观和就业观，寻找最贴合自己实际的工作，切勿人云亦云；面对自己不太适合的工作，要灵活考虑，不应绝对化；同时，还要衡量自己的能力去选择合适的工作。其次，对于就业，我们要注意时刻调适自己，接受不能改变的，改变可以改变的；抛开外在环境，从自身出发考虑。最后，我们要调整认知上的偏差，培养成熟稳固的性格，从而更好地面对职业和外界环境的变化。

一、团队组建

活动目的　旨在帮助队员打破人际坚冰，迅速凝聚起来，为后面的训练构建合作团队,并使学员感受如何适应团队。

活动器材及场地要求　室外平坦宽敞地或室内训练馆;每个团队准备 2 张大的白纸,1 盒 12 色水彩笔。

时间控制　45 分钟。

活动步骤

(1) 分组。12~15 人为一组,任课教师可以按照自己的意愿在课前进行分组,但应充分考虑男女、年龄等因素,让学员选择去适应自己的队友。

(2) 破冰任务。每个队围成一圈,由队员依次完成"我是谁"的介绍。介绍的内容可以是"姓名、家乡、爱好、特长"或者"人生最得意的事""我的特别童年"等,选择其中一项即可。要求每个队员有均等的机会表达自己。

此环节,时间控制在 10 分钟。

(3) 组建任务。此环节是活动的核心部分,要求给自己的团队取"队名",选队长,设计队徽,选择队歌,制定队训。

具体要求:队名不得有政治色彩,不应带有攻击性或者丑化恶化等行为,要符合团队的特质。选举队长 1 人,选好队长后,各队可以根据自己团队的情况再增设队秘、队保等职位。队徽是团队形象化设计。队歌:三五句就好,可以是歌曲节选,也可以是自行编写,要有激励作用。队训:1~2 句,起激励作用。

团队组建好后,要将所有相关的团队信息体现在全开白纸上。

此环节,时间控制在 10 分钟。

(4) 团队任务展示。各队自行设计展示过程,但要求展示所有组建任务的内容,形式自定。

此环节,时间控制在 10 分钟。

交流回顾　请队员谈谈活动的心情、遇到的障碍、如何解决问题等。

点评要点　团队适应问题、如何迅速拉近人际距离等。

此环节,时间控制在 10 分钟。

二、承担责任

活动目的　让学生正确看待别人的错误,让学生学会做一个负责任的人。

活动时间　30 分钟。

活动场地　室内室外均可。

活动方法

(1) 将全班同学分为不同的小组,每组 4 人,两人相向站着,另外两人相向蹲着,一个站着和蹲着的人是一组。

(2)站着的两个人进行"剪刀、石头、布"猜拳,猜拳胜者,则由和猜拳胜者一组蹲着的人去"刮"对方输的一组中蹲着人的鼻子。

(3)输方轮换位置,即站着的人蹲下,蹲着的人站起来;继续开始下一局。

(4)若开始的新局中,若上次胜方站着的人在猜拳中输掉,则上次胜方蹲着的人要被上次输方站着的人"刮鼻子"。

(5)在接下来的一局中,胜方也轮换位置,即原来站着的人蹲下,蹲着的人站起来,开始新的一局。

(6)活动可反复进行几个回合,可由小组成员自行决定。

分享讨论

(1)如何看待自己的责任和别人的过错?

(2)当自己的同伴失败的时候,你有没有抱怨?

(3)同组中的两个人有没有同心协力对付外面的压力?

注意事项

(1)作为对输方一组同学的惩罚,除了"刮鼻子"外,还可以惩罚他们做俯卧撑,具体数量可参考学生的实际能力。

(2)主持人要注意观察失败一方两位同学在面临惩罚时所出现的情绪反应。

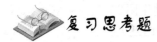

复习思考题

1. 思考:从中国共产党的成长发展史,思考什么是卓越团队、如何打造卓越团队?

2. 讨论:为什么中国人民志愿军能够打败武装到牙齿的以美国为首的"联合国军"?

第九章 公安院校大学生心理危机干预

第一节 生命教育概述

一、生命的意蕴

(一) 生命的含义

生命科学认为生物是有生命的物体。化学进化产生原始生命后,接着就开始了生物进化,人类的生命正是这一进化的结果。生命泛指由有机物和水构成的一个或多个细胞组成的一类具有稳定物质和能量代谢现象、能回应刺激、能进行自我复制的半开放物质系统。生命个体通常都要经历出生、成长和死亡的过程。生长和发育是生命的基本过程,而新陈代谢则是生命的最基本过程,是其他一切生命现象的基础。生命的一般形态具有某种"合目的性"的行为,作为生命高级形态的人类则具有自觉的目的性行为。

生命特别是人的生命,应当由三个因素构成,即形体、心理(精神)和社会性。历史唯物主义认为,人的生命具有多重属性,其中最主要的是自然属性和社会属性,社会属性是人最主要、最根本的属性,它是决定人之所以是人的最根本的东西。生命的自然活动主要包括新陈代谢、生长、发育、遗传、变异、感应、运动等。生命的社会活动主要包括感知社会、角色扮演、人际交往、求学择业、社会竞争等。

人的生命可以分为几种形态:首先是生物性生命,人首先是作为自然生理性的肉体生命而存在的,这一点是和自然界的生物一样必须具有的基本属性;其次是人的精神性生命,人之所以为人就在于人有高于动物的意识活动,有超越生物性生命的精神世界,人不但要思考如何活下来,还要思考如何更好地生活,只要人在世界上存在一天,大脑就不会停止思考,人类就要创造,就要超越,就要更好地认识世界、改造世界;最后是人的价值性生命,每个人在一生中都要思考诸如"为何活着"的问题,这就是人对于生命意义发自内心的追问,是人对价值生命的一种诉求。

20世纪初,生命哲学的发展让人们有了更深层次的思考:生命是世界的、绝对的、无限的本原,它跟物质和意识不同,是积极地、多样地、永恒地运动着的。生命是一个包括自然属性的生理机能、主体意识的发展演变、社会价值的实现和再造的综合体,因其自身的丰富性而表现出复杂性、动态性、创造性以及立体性的多元特征。

(二) 生命的特征

1. 生命的正向性:生命都有自我完善的意愿

人本主义心理学代表人物罗杰斯(Rogers)认为,人人都有自我实现的需求。罗杰斯将自我实现倾向定义为"内在于有机体的固有倾向,其目的是为有机体生存或提升而发展各种能力"。这个定义意味着人们会自然地朝向分化、成长、整合、自主和自我约束以及高效能。自我实现倾向被看作一个基于生物性的主要动机,即个体具有学习和富有创造性的倾向,它还包含了其他一些动机,如降低需求、紧张和内驱力。

自我实现倾向是人类的一种自我完善的动机和需要。人类有机体不仅依靠自我实现倾向来维持生存,而且也由它促进成长,从而在遗传限度内充分发展自己的潜能。个人可以顺着自我实现倾向适当地自由选择,因此即使自我概念与现实经验不一致而导致适应困难时,个人也能自我调整并恢复一致或协调状态。人类除了天生的自我实现倾向动机之外,还有两种习得的需要——关怀需要和自尊需要。来访者中心疗法就是以无条件关怀和无条件满足来访者的自尊需要为基础的。

2. 生命的独特性:每个生命都是不可替代的

法国著名文学家罗曼·罗兰说过:"每个人都有他隐藏的精华,和任何他人的精华不同,它使人具有自己的气味。"人的个性品质、人生道路、实现人生价值的方式和途径多种多样。人类靠自己的聪明才智不断地改造着这个世界,茹毛饮血、衣不遮体的时代一去不返,人类从原始的深山老林逐渐走向现代化的都市和乡村。人类可以飞翔于蓝天,也可以遨游于深海;可以了解过去,也可以预知未来。人类用思想改变着周围的一切。

3. 生命的无限性:生命意义的广度

人和其他生命体一样,生命存在的时间有限,逃脱不了生老病死的自然规律。但是,人类与其他生命体又不完全一样,最大的区别是人有超越性的精神生命,包括人的精神、意识、思维、心理等。人的思想既可追溯无穷之前,也可神游亿年之后,思考实质性物质,还可以创造出无穷无尽的精神世界。时间也是可以抻拉的,只要行动起来,用足每一天的每一分、每一秒,去做自己想做的事,做好对社会、对企业、对他人有益的事,就可以用奋斗去抻拉时光,让自己的生命延长并成就自己的梦想。

4. 生命的珍贵性:生命的来之不易

每个生命的诞生都来之不易,倾注了父母毕生的心血。从怀孕到出生再到养育成人,其中包含了父母的汗水和泪水。父母在养育孩子的过程中,可能要经历很多病痛的折磨、危险的考验。所以,我们每个人健康长大真的很不容易。从生命本身来说,它不仅仅是我们个人的,更是父母的一部分;从珍惜生命的意义来说,爱自己其实也是爱父母的一种表现。

二、生命的意义

最早关注生命意义的并不是心理学,生命意义的问题在哲学等其他学科中都具有重要的地位,很多著名哲学家,如叔本华、尼采等都在追寻生命的意义。

在心理学领域,很多心理学家都对生命意义进行过探讨,最著名且最重要的生命意义理论由奥地利心理治疗大师维克多·弗兰克尔(Victor Frankl)提出。他确信人类需要生命意义,并且具有追寻意义的动机,会不断去发现其生命的意义与目的。如果人们不能感受到值得为之而活的意义,就会陷入存在空虚。这种存在空虚可能会产生三类问题:第一类问题是心灵性神经官能症,包括抑郁、攻击和成瘾;第二类问题是对权力、金钱和享乐的追求代替了对生命意义的追求;第三类问题是自杀,这也是存在空虚最严重的问题。

孔子认为"天地之性,人为贵",了解、关注和尊重生命是儒家学说的基本思想。儒家认为人的价值不仅在于延续生命,更重要的是实现仁义、道德的原则,要为实现仁义、道德原则而不惜牺牲生命,使自己的生命得到最真的体现。孟子在此基础之上,继承并发扬了孔子的思想,提出"舍生取义"。

道家认为,生命的存在是伟大的。老子明确提出重生、贵生。老子从"道"出发,认为人的生命从诞生到死亡的演变历程,都与道息息相关。"人法地,地法天,天法道,道法自然。"老子尊重生命的原则,所谓"死也生之徒,生也死之始"。庄子深刻认识到生命的有限性与短暂性,他认为生死之间并没有绝对的好与坏,应以一颗坦然的心对待。他认为,在有生之年,当珍惜爱之;在死亡来临之时,也应无所畏惧,生就是死,死就是生。

三、生命意义的理论

关于生命意义的研究在很长一段时期内被心理学家们所忽视,一方面是因为生命意义难以概念化,另一方面是因为它最初所指的是"人类为何存在"这一形而上的哲学问题,而非心理学问题。20世纪40年代,弗兰克尔运用心理治疗的理论,以第二次世界大战时自己在纳粹集中营中经历的人生磨难为素材,写成《活出意义来》一书。此书的诞生将生命意义从哲学研究领域带进了心理学研究领域,成为生命意义研究走向心理学化的重要里程碑。

(一)存在心理学取向——"存在就是意义"

存在主义心理学是受存在主义哲学影响而产生的一种心理学理论,它基于哲学的思考来探讨人类及其生存,论述生命的重要主题,如死亡、孤独、自由与无意义这四种终极关怀。存在主义所涉及的一些重要概念,如自由、责任及无意义等对人们加深自身生命意义感的认识与理解有很大的帮助。

存在主义者认为自由是绝对的,而绝对自由意味着绝对的责任。尽管人们渴望摆脱束缚,自由自在,但自由带给人们的可能不是喜悦与幸福,反而可能是无尽的苦恼与痛苦。个体若无勇气承受自由选择所带来的负面的、消极的后果,则会倾向于逃避自由、推脱责任和自我欺骗。处于逃避与自欺状态的个体既无法面对本真的自我,也无法真实地生活。现实中,一些大学生沉溺于网游、网恋的现象及怨天尤人、得过且过的生活态度往往是由其无法承担自由选择带来的消极负面后果造成的。这样的心理状态及生活态度导致部分大学生难以发现并追寻其生命的意义。

(二)动机与人格取向——"不断的自我实现"

马斯洛的动机理论,即其人格发展理论,将动机分为五层:生理需求、安全需求、爱与归属的需求、尊重需求、自我实现的需求。在这些特征中,特别强调高峰体验的概念,指自我实现者在人生历程中曾有过体验到欣喜感、完美感及幸福感的经验。高峰体验是人类的共同感受,每个正常人都可能在生活中得到这种体验。在马斯洛看来,生命的意义既来自个体需要不断满足的过程,又来自自我实现的过程,以及经历高峰体验的过程。

(三)相对主义观点取向——"产生信念,获得意义"

Battista和Almond总结了存在主义、人本主义等取向对生命意义的哲学论述,提出了一种所谓的相对主义观点。他们强调任何信念体系都能够指导人们获得生命的意义,并认为生命意义感就是个体对人生的积极关注以及对人生理想和生活目的的坚信程度。在他们看来,如果个体认为生命是有意义的,那么表示他正在形成一些关于"生命是有意义的"信念,从这些信念中产生自己人生的目标以及让自己努力去实现这些目标的动力,个体只有经历这样的过程才能获得一种积极的意义感。

相对主义观点从哲学对"生命意义"的阐释出发,提出了一种心理学的分析框架。它与其他理论观点的不同之处在于,个体获得积极生命意义的决定因素是信念产生的过程,而非信念本身的内容,这对发展积极的生命意义有重要作用。

(四)积极心理学取向——"意义在于积极的追寻"

随着积极心理学在各个领域的拓展,生命意义也进入了其研究的视野。Steger认为,如果生命没有意义,个体便会面对一种枯燥无味、令人颓废的人生,因此提出了生命意义的二维模型——"拥有意义"和"追寻意义"。"拥有意义"指个体对自己活得是否有意义的感受程度;"追寻意义"则是指个体对意义的积极寻找程度。Wong将存在主义心理学与积极心理学理论相结合,提出了"意义管理理论"。该理论阐述了个体管理意义的过程,这些意义与满足人们生存和快乐的基本需要相关。积极心理学取向使得生命意义心理学理论研究视角从关注人们的消极心理功能逐渐转向积极心理功能。生命的意义的获得不再仅仅局限于抑郁、自杀、死亡等消极心理因素的相关研究,越来越多的研究者更加关注普通人的积极心理因素。

总之,以上四种理论取向分别从生命存在的目的和价值、意义获得的动力、意义产生的过程等角度对生命意义进行了阐释。总的来说,无论哪种理论观点,生命意义都是个体主动获得的一种情感和价值体验。

四、公安院校生命教育

(一)什么是生命教育

维护国家安全,保障人民安居乐业是公安工作的职责和使命,人民警察是执行该项任务的主力军,而公安院校是培养这支主力军的重要阵地。如何培养一专多能,具有精湛的业务知识、技能和良好的心理素质的合格的警察队伍?在公安院校大学生中开展生命教育,逐渐得到大家的认同和重视。

生命教育是美国学者唐纳·华特士(Donald Walters)于1968年首次提出,此后在世界范围内引起了广泛关注。生命教育有广义与狭义两种。狭义的生命教育指的是对生命本身的关注,包括个人与他人的生命,进而扩展到一切自然生命。广义的生命教育是一种全人教育,它不仅包括对生命的关注,而且包括对生存能力的培养和生命价值的提升。它是一种关注生命状态,丰富生命历程,激发生命潜力,促进生命成长,提高生命质量的教育。生命教育应该成为指向人的终极关怀的重要教育理念,是在充分考察人的生命本质的基础上提出来的,符合人性要求,体现以人为本，是一种全面关照生命、多层次的人本教育。从这个意义上说，生命教育是一种全人类的教育，目的在于帮助学生认识生命、珍惜生命、尊重生命、热爱生命，学会关心自我、关心他人、关心自然、关心社会，提高生存技能和生命质量，积极创造生命的价值，促使学生生命主体全面和谐、主动健康地发展。

生命教育的提出最初源于对青少年自残、自杀、吸毒、性犯罪、暴力等残害生命的行为的关注，出发点是保全并提升生命价值与质量。如今，生命教育更是一种人生观教育，是引导学生思考生死的人生课题，教育青少年珍爱生命，帮助他们探索并认识生命的本质，尊重与珍惜生命的价值，热爱并发展每个人独特的生命，使自己成长为顶天立地、拥有理想、感恩惜福、乐观进取的人。公安工作既包括打击和惩治危害社会的违法犯罪行为，也包括维护社会治安秩序，创造良好社会环境，保障公民合法权益，提升人民生命价值与质量等内容。因此，在公安院校开展生命教育，符合公安工作的理念，是做好公安工作的需要，也是促进公安院校大学生人生观、职业信仰和忠诚观的正确形成、提升其人文素养的必然要求和有效途径。

（二）公安院校开展生命教育的重要意义

随着社会改革进入深水区，有些地方社会治安状况不容乐观，各种突发危机事件，如暴恐、群体性事件等时有发生。社会上也存在着一些异化现象，如生命意义感迷失，生命价值观不正，生命幸福感丢失等。公安院校大学生作为担负特殊使命的人民警察的后备军，未来所从事的是一项与安全、生命息息相关的职业。职业的特殊性决定了他们必须明确生命的意义，正确面对生命，必须树立正确的生命价值观，学会尊重生命、敬畏生命、感恩生命、承担生命，最终超越生命，"积极响应党的号召，树立正确的世界观、人生观、价值观，永远热爱我们伟大的祖国，永远热爱我们伟大的人民，永远热爱我们伟大的中华民族，在投身中国特色社会主义伟大事业中，让青春焕发出绚丽的光彩"。

1. 公安教育本身蕴含了丰富的生命教育的内容

生命教育的目标符合公安工作的理念，公安教育从广义上来说就是对公安院校大学生和在职民警进行的以"努力打造一支对党忠诚、服务人民、执法公正、纪律严明的公安队伍"为目标的一切教育培训活动和过程。狭义的公安教育主要就是指公安院校承担的，以公安学科教育为载体的，有目的、有计划、有组织地对在校学生进行公安能力和素质培养的公安学历教育。我国的公安教育具有鲜明的职业教育特色，其教育内容与公安工作是紧密相连的。

从实际工作来看，履行公安工作离不开与人打交道，公安工作说到底就是做人的工作，公安工作的主体是人，服务对象是人，管理对象是人，打击对象也是人。而"生命教育"就是让个体更深刻地认识生命、尊重生命、珍惜生命、升华生命。从本质上来说,这与公安工作依靠人、发展人、促进人、服务人的"以人为本"的工作理念是一致的。开展生命教育,不仅可以培养道德高尚的警察,唤醒警察对生命的尊重与热爱,引发对生命价值的思考,改变错误观念,关爱自身与他人的生命,而且可以改善警民关系,获得广泛的公民支持。

2. 推动公安院校大学生形成正确的人生观、价值观

当前,我国社会正经历着前所未有的历史性转变,这一转变包括法律制度、法律观念的转变。作为执政工具的公安机关和公安民警,更需要转变执法观念,在执法行为中充分体现人文关怀,以司法的手段尊重和保障人权。作为公安后备力量的公安院校大学生的人文素养的培养在此时显得尤其重要。如何培养学生,特别是学生对人生意义和生命价值的正确认识和思考,将会影响甚至决定他们的一生。因此,对政治素养有特别要求的公安院校大学生进行信仰教育和意识形态教育是公安教育的首要任务。而判断学生是否具有正确的意识形态,要看其在实际的学习和工作中是否有所敬畏,是否秉持其内心最坚定的价值准则。对于公安院校的大学生来说,在社会主义核心价值体系的指导下,通过引导他们反思生死问题,为自己的人生行为构建意义世界,就是一条很好的信仰教育的途径。从人生责任承担到自我价值实现,再到民族国家使命,这些都是生命意义引领公安院校大学生"三观"教育和信仰教育作用的体现。

3. 生命教育能明晰公安院校大学生对未来社会角色的认定

公安院校大学生是未来的人民警察,必须具有"忠于党、忠于祖国、忠于人民、忠于法律"的职业信仰。公安院校大学生从入校就知道自己未来的职业方向,与综合性高校的学生相比,具有较为明确的职业目标。但仅仅是专业知识和技能的培养并不一定能让公安院校大学生对自身的社会角色和所要承担的社会责任有清晰的认识。相反,知识的刻板灌输与薄弱的现实认知能力的失衡更容易使学生冲动、浮躁,轻则表现为对生命目标迷茫,在学习与工作中态度消极,"做一天和尚撞一天钟",重则会在未来的工作中伤己伤人。我们在强调公安机关和人民警察的专政工具这一职能时,往往忽视了其服务性和保护性的职能特征。生命教育则可以通过"润物细无声"的方式,融入专业课以及思想道德修养类课程的教学实践中,促进学生思考自己的生命所求和生存之本,促进学生在学习和社会实践中进行职业性培养,促进学生在思考与行动中实现生命成长,从而对自己未来的社会角色有清晰及正确的认识。

4. 生命教育是提升公安院校大学生人文素养的有效途径

海德格尔(Heidegger)把人的存在看作"向死而在",可以用先行的方法,对死亡作预先的内心体验来突显死亡的价值。由此可见,对于死亡的探讨,不是对人生必经阶段——死亡的逃避,恰恰相反,而是把死亡理解成人生中最突出的可能性。从死亡中体会、领悟、直至觉醒,真正地对自己有限的人生负责。警察的职业特殊性及入职以后工作对象的多样性、复杂性,使得他们常常要直面他人和自身的生死,正确的死亡观能帮助他敬畏生命,做出合法合理的判断。这就要求学校在进行专业教育的同时,还应更加注重对学生人文素养的培养,必须通过各种教育途径,使具有人文情怀的执法理念内化为学生的人格、品质和修养。生命教育通过引领学生探索人生最核心的议题——生命,在对生命的有限性、整体性、特殊性和平等性等根本特性的认识基础上,培养学生正确的生命观和积极向上的人生观,从而从根源上提升学生的生命情怀和人文素养。

在公安院校开展生命教育,既是公安文化建设的新方向,体现了人文精神,也为培养民警正确的人生阵地提供了新的思路和抓手,更顺应了"依法治国"这一治国方略对新时期公安民警能力素质的新要求。

第二节 公安院校大学生心理危机

一、心理危机的概念

危机的外延很广,如金融危机、经济危机、战争危机、政治危机、自然灾害危机等,本书所涉及的危机主要限于心理危机,属健康心理学、社会工作学和预防精神病学范畴。心理危机是指个体在遇到了突发事件或面临重大的挫折和困难,当事人自己既不能回避又无法用自己的资源和应激方式来解决时所出现的心理反应。根据多种心理危机理论对心理危机的解释,我们可以将心理危机归纳为四个方面:

① 发生和存在着重大的内外部应激。

② 当事人用通常应付方式暂时不能处理。就是说当事人暂时处于束手无策、手足无措的境地,不能迅速有效地采取应对措施。

③ 心理危机是一种主观的认识和感觉。当事人感觉到的是一种威胁、挑战、失落,甚至是绝望,会产生抑郁等急性情绪扰乱。这种感觉来自于当事人对环境和自我的认识,如果不能得到及时缓解和控制,就会导致当事人情感、认识、行为方面的功能混乱,使心理内部环境出现巨大失衡,以至不能自持,甚至精神崩溃的状态。但这些均不符合任何精神疾病的诊断标准。

④ 心理危机的本质是当事人心理系统的失衡。

二、心理危机的分类

由于文化背景、家庭背景、教育经历、个体发展时期、个人阅历等情况的不同，心理危机产生的情况不是绝对的。同时，每个人的单个危机都随时间、地点、事件、情景的变化而不同。大学生的心理危机各具特点，每个危机的发生都有其特殊性，每个危机都是独特的和不同的，应该从总体上去把握和分析。从心理危机的性质入手，可以把危机分为以下三类：

（一）发展性危机

发展性危机，又叫适应性危机或成熟性危机，是指个体在其成长发展过程中，遭遇环境或自身生理的急剧变化所导致的异常应激反应。对大学生而言，发展性危机的表现有开学心理危机、性心理危机、就业心理危机等。虽然所有大学生都有可能遇到各自独特的发展性危机，但所有的发展性危机都被认为是正常的。埃里克森认为，个人在成长的不同阶段要完成不同的成长任务；每个成长阶段的更替都可能是一次危机，如能顺利度过，危机当事人则得到成长。由于这些危机是个人成长过程中必须要经历的问题，是正常的成长烦恼，因此并不能说明个体产生了严重的心理危机。但如果个体不能顺利度过，则可能导致真正的危机发生。

（二）境遇性危机

境遇性危机是指出现罕见或突如其来的超常事件，个人无法预测和控制时出现的危机。区别境遇性危机与其他危机的关键在于，引发危机的超常事件是大学生无法预料的或难以控制的，如父母的离异、暴力侵犯、人际关系的强烈冲突等。对当事人来说，这些事件是强烈的、灾难性的、震撼性的、随机的。

（三）存在性危机

存在性危机是指随着重要的人生问题而出现的心理内部冲突和焦虑。人的存在特征决定了人一生必须面对存在问题的困扰，如关于死亡、自由、孤独和自我认同的问题，关于人生价值、责任和义务等问题。因为大学生所处年龄阶段和身心特点，使他们比其他社会个体，以及他们自己的其他生命阶段思考的问题更加集中。存在性危机的成功应对和解决，对大学生的心理保健起着基础性的作用，对大学生确立正确的人生观、价值观和世界观都有着深远的影响。

三、心理危机的一般特征

（一）心理危机具有普遍性，也有特殊性

心理危机的普遍性是指在一定情况下每个人都有可能发生心理危机。对于迅速走向成熟而又不够成熟的大学生来说尤其如此。正是由于这种普遍性，完全相信个体能够通过自我调节的方式来免于遭受心理打击，能稳定、冷静、正确地处理任何危机，是不明智的，是危险的。虽然心理危机不可避免，但是它又有其特殊性。特殊性表现在同样的应激条件下，由于个体本身的差异，有些个体能够成功战胜危机，有些个体则不能。

（二）心理危机具有复杂性

心理危机的复杂性表现在：① 引起危机的原因具有复杂性；② 心理危机的发生不遵循一般的因果关系规律；③ 心理危机的程度与生活事件的强度不一定成正比，而更多地取决于个体对生活事件的认识、应对能力、既往经历和个性特征等。心理危机的复杂性还表现在症状的复杂，一旦危机出现，危机的症状就像一张网，个体的所有方面都交织在一起，而且因不同的个体特征呈现不同的交织方式。

（三）心理危机具有双重性

心理危机具有双重性，即危险与机遇共存。一方面，如果危机严重威胁到个体的生活或其家庭，个体可能采用不恰当的方式方法来应对问题。同时，如果缺少外界干预，危机导致个体心理社会功能下降，甚至精神崩溃或自杀，这种危机就是危险。另一方面，如果在危机状况下，痛苦迫使当事人成功地把握心理危机，或及时得到适当有效的干预，学会了新的应对技能，使心理平衡恢复甚至超过危机前水平，这种危机就成为了成长的催化剂，是一种成长的机缘和一种获得新生的机遇。

（四）心理危机缺乏万能的、快速的解决方法

由于危机来源的复杂性和症状的复杂性，以及个体的不同特征，在帮助他们应对危机的时候应采取多种多样的方法，但缺乏万能的、快速的方法。虽然说有些面临危机的个体企图找到快速的方法，如药物等来解决危机，表面上有可能缓解极端现象的出现，但是在本源上仍没有消除危机的存在。

（五）心理危机有明显的时代特征和个性特征

心理危机，尤其是大学生的心理危机与时代背景有着高度的相关。当代大学生的心理危机是与当代经济社会生活的急剧变革、竞争激烈、价值选择多元的现实密切联系的。危机的个性特征表现在每一个危机事件既具有共性特征，也有鲜明的个性特点。当事人的幼年经历、家庭环境、教育经历、成长环境以及性格特点都是危机的个性特征的基础。

四、公安院校大学生心理危机特征

（一）突发性

危机常常是出人意料，突如其来，具有不可控制性。大学生正处于青年初期。这一时期，他们身体发育逐渐成熟，具有了成年人所具备的生理特征：身高与体重基本成型、身体内部机能增强、性发育成熟。而大学生心理发展则处于由不成熟向成熟发展的过渡阶段。随着年龄的增长、知识的增多、经验的积累和阅历的丰富，其感性和理性逐渐趋于成熟，能自觉通过自我观察、自我总结等手段审视自身的优缺点，以寻求合理的角色定位。但由于自身心理的不完全成熟和不稳定性，大学生仍然缺乏对自我、对社会的评价能力和自我调适能力，某些积极的个性品质在特定情境下易于转变为某些消极的表现，大学生的心理呈现出积极与消极、自负与自卑并存的矛盾与冲突，可能一个小问题如果没有得到及时干预与化解，都可能引发严重的心理危机，甚至导致悲剧性后果。大学生的激情犯罪与冲动自杀多与此特征相关。

（二）潜在性

大学生心理危机常常并非以直接爆发的方式体现，而是潜藏于个体内心，当遭遇特定应激事件时，容易引发心理危机。美国著名精神病医生埃里克森认为，成年人解决问题，他们"需要被需要"，使他们免除自身专注的心理畸形，因为在这种状态中，他们容易成为自己的婴儿和宠儿。他认为，心理发展是为"危机"所策动的，无论如何，"决定性"的转折点不可避免。埃里克森将怀疑归于每一个生命阶段而强调这种发展的危机方面，冲突不可能完全解决，它会在下一段生命中继续再现，并伴随生命全过程。大学生心理危机与成长的每一方面、每一步成长相伴生，如果没有危机，即使年龄与日俱增，心理发展也不会与时俱进。在成长的每一刻，成长的力量都与危机的力量相共生，正是潜在的危机促动个体积极关注自我，获得成长的力量。危机与成长的力量相互较量，此消彼长。在正常情况下，成长的力量占上风,但在面临特定的情境时,潜在的危机就发生了。正如平静大海下掩藏着狂风怒潮一样,危机的累积与渐进,是一个潜在的量变过程,一旦引起质变,就会形成更大的危机。

(三)交互性

大学生心理危机往往是多种因素共同作用下的结果,经济状况、学业期望、情感归属、人际关系等交织在一起,在遇到特定的生活事件时,这些交互因素便浮出水面,引发心理危机。心理学家霍尔认为,成人早期的发展既为生理变化所影响,也为成人社会中变化的准则与期望所决定。他把青年时期比作"疾风怒涛"。20世纪上半叶,心理学家开始关注到文化与环境对个体发展的影响,在以后的研究中,埃里克森、莱文森(Levinson)等又进行了深入的、较具特色的探讨。莱文森提出的"人生四季理论",认为成年早期是个体"精力充沛而多产但同时又充满矛盾和压力"的时期,在这一时期,大学生能获得爱情、学业、专业技能、事业进步方面的满足,实现主要的生活目标。但是,他们同时也承受巨大的负担——需要对爱情、工作和生活方面的问题做出明智的决策与承诺,而其中许多人此前并没有做出明智选择的经验。因此,各种矛盾与冲突,选择与机遇,个人情感与职业发展等任务同时摆在大学生面前,由于其个体本身心理的不成熟,因此容易引发各种心理危机。

(四)时代性

大学生心理危机与时代有高度的相关性。改革开放以来社会的每一次变迁,无不牵动大学生心理变化的轨迹:从20世纪80年代初的反思、自我追寻,到价值多元与自我徘徊,再到90年代后期的实用主义倾向和自我价值的凸现,现代化进程事业紧紧维系着大学生的思想和命运,改革每前进一步,大学生的思想和行为就前进一步。

近几年来,随着我国社会经济和政治体制变革的深入,激烈的竞争和快节奏的生活使人们的心理承受了更多的压力。特别是我国高校近年来实行大幅度扩招,使高等教育从"精英教育"向"大众教育"过渡,由此出现的一系列并发症,如就业竞争激烈、教育资金短缺、师资等教育资源缺乏、教育质量下降等问题无一不对大学生心理产生深刻的影响。当代大学生的心理危机,在一定程度上反映了时代、社会对大学生的要求和考验,大学生心理危机也就往往打上了很深的时代烙印。

第三节　心理危机预防与干预

一、心理危机预防的途径

构建完善的心理健康教育体系,培养健全的人格,是预防心理危机的根本途径。

(一)重视提升自身心理素质

心理素质差是导致心理危机的最直接的内在动因。因此,个体在平常生活中就应该关注自身心理健康,主动了解心理健康基础知识,并且积极地去培养自身的心理素质。大学生尤其要注意培养抗挫折能力和情绪调控能力,不要抱有侥幸心态敷衍了事。此外,还要提高对自身心理状况的觉察力,一旦发现产生自杀意念,便可及时实施自我救助,如转移注意、避开刺激物等。

(二)重视打造自己的社会支持系统

个体在面临心理危机的时候,一个成熟的社会支持系统可以给予莫大的帮助。因此,大学生一定要意识到人际支持的重要性,学会和他人交流与沟通,掌握"聆听"和"倾诉"的技能,努力建立一个有一定规模、密度并具异质性的支持系统。

(三)培养参与文体活动的习惯

参与体育运动或文娱活动,在一定程度上有助于不良情绪的释放和宣泄。因此,大学生应该积极参与各种文体活动,维持情绪健康。

(四)学会向心理咨询专业人士寻求帮助

受传统文化的影响,大学生在面对个人生活困难的时候,倾向于"自我消化",认为"时间是最好的心理医生"。这种"时间疗法"对一些琐事是有效的,但是在面临个人重大生活事件的时候,个体往往难以自己排解,这种"自我消化"就无异于"自我折磨"。独立解决问题固然是一项优秀的特质,学会求助也是现代人应该具备的素质之一。尤其在面临自杀危机的时候,大学生应该尽快向心理老师等心理咨询专业人员寻求帮助。

总之,生命是宝贵而美丽的,生命是值得赞颂和尊重的,维持并珍惜生命是一种善,而破坏或阻止生命则是一种恶。人生路上多风雨,无论面临着多大的困难,我们每个人都应该深深地铭记——脚下,始终有路;身边,始终有人。

二、心理危机干预模式

所有的心理危机干预模式的目标都是一致的:缓解危机当事人的急性症状,减轻心理创伤和创伤后应激障碍(PTSD)。目前常见的危机干预模式主要有以下四种:

(一)哀伤辅导模式

该模式专注于当事人在面对危机时,充分体验情绪和经历伤痛,发泄情绪。比如对丧失亲人的哀痛,包括体验哀痛、接受现实、调整自己的生活、恢复自信,重新寻找生活目标。

(二)平衡模式

该模式认为,人处于心理危机状态时,会出现心理焦虑的情绪失衡,导致原来的应对机制无法应付。当务之急是稳定当事人的情绪,帮助他们获得危机前的平衡状态。

(三)心理社会模式

该模式主张人的心理和行为受到先天遗传和后天环境两方面的影响,心理危机受到内因和外因的双重作用。

(四)认知模式

该模式认为,造成心理危机最主要的原因在于,当事人错误地分析了面对的危机事件,而不是危机事件本身带来了心理创伤。该模式重点在于帮助当事人认识认知中导致伤害的非理性因素,加大理性思维的成分。此模式更适用于心理状态相对平稳的当事人。

总体上,危机干预有三个关键:一是行为干预,要确保当事人的生命安全;二是心理辅导,要多倾听,少评判,使得当事人情绪得到宣泄;三是改变当事人认知,纠正错误思维,对干预者做出承诺。由于心理问题错综复杂与个性化的因素,心理问题在矫治上具有很大的难度,很多情况下大学生的心理问题在短时间内很难得到有效、有针对性的救治。如此反复之后,有一部分大学生可能就会对心理治疗感到失望,甚至扩大到人生的无望感。

另外，很多心理问题产生的原因是在潜意识层面的，就像冰山下层一般，无从窥探，在没有正确引导的前提下，当事人以及专业的心理咨询人士都无法察觉，而这种根深蒂固的心理问题，一旦遇到应激事件，可能就会爆发出来，造成心灵上的反复折磨。心理问题的反复性给危机干预造成了很大的困难与挑战，不仅给当事人带来持久的身心折磨，对危机干预者来说，也是一场持久战。

三、心理危机危险信号识别

（一）语言表达

例如，"活着太痛苦，是家人的累赘，不想再坚持了""我的问题无法解决，没有人能帮助我，没有我大家会更好"等；或谈论与自杀相关的事情，开自杀方面的玩笑，谈论自杀计划，包括自杀方法、日期和地点。

（二）情绪流露

绝望、焦虑、抑郁、失控感等都是自杀的危险因素；愤怒、内疚、孤独、悲伤、无助也是常见的情绪体验。

（三）行为表现

分发财物，与人道别，将珍贵的东西送人，和家人朋友疏远，酒精和药物滥用、极端和不计后果的冲动、严重抑郁后的突然平静等。

（四）生理上的一些改变

缺乏兴趣、食欲、性欲，身体健康状态不佳，有睡眠问题等。

四、心理危机干预方法

当我们发现身边的人面临心理危机时，可以使用心理学领域提出的"危机干预六步法"进行危机干预。

（一）确定问题

危机干预的第一步是从当事人的立场出发，运用倾听和沟通的心理技巧，理解和确认当事人问题的重点，为后续的危机干预奠定好基础。这里的倾听，是指充满同理心地听，有共鸣，真诚和接纳，切忌随意评论和指手画脚，诸如"这有什么好难过的！""死都不怕，还怕什么呢？"这是错误的示范。在倾听的同时，注意观察当事人的非言语信息,比如动作、表情、口气等,这些细微的观察有时会提示重要信息。总而言之,倾听是营造一种支持、安全的氛围,尽可能多地收集信息。

(二)保证当事人安全

这是非常重要的一步,也是危机干预的首要目标。安全主要是指对自我和他人的生理和心理危险性降低到最小。可以从认识、情感和精神活动情况等层面来评估心理危机的严重程度:当事人目前的情绪状态如何?是一次性危机还是以往有危机经历?当事人的支持系统如何?当事人的自杀风险如何?这时非常关键的是,不要自我判断,应该求助老师、同学、家长、学校心理中心专业人士,共同保证当事人的安全。当事人的生命安全是危机干预的核心任务,同时也要注意危机干预者的人身安全。

(三)提供心理支持

这一步强调与当事人的沟通和交流,通过语言和动作等沟通方式向当事人表达心理危机干预工作的可靠性和有效性。通过实际行动,帮助当事人重拾信心,包括评估当事人可以利用的心理资源,帮助他建立心理支持系统,如家人、好友、同学、师长、心理咨询等,并设法保证他愿意使用这一心理支持系统。

(四)心理辅导

帮助危机当事人了解他可以获得哪些环境支持,可利用哪些资源,如何以积极的思维方式代替消极的思维惯性等,从而逐渐摆脱对某个特定危机干预者的依赖,看到自己的主观能动性和力量。给予当事人必要的心理辅导,改变认知,减轻焦虑。

(五)制订计划

制订计划是指在确定当事人认同和理解的基础上,做出现实可行的用于摆脱困境的短期计划,包括发掘其他的资源和提供应对方式,确定当事人理解的行动步骤。这些计划的制订,有助于当事人切实看到摆脱困境的途径或可能性。

(六)得到承诺

通过进一步沟通,获得当事人愿意按计划行动的承诺,从而使心理危机处于初步的控制之下。这一步的目标是帮助当事人向自己承诺采取确定的、积极的行动步骤,这些步骤是当事人现实中可以完成的。

 **本章案例**

5月10日下午16时,福建莆田市仙游站D6529次列车快进站时,一女大学生突然起身奔跑,想跳下站台卧轨自杀。千钧一发之际,值班客运员翁建忠扑出去,将女孩拽回站台,两人一起倒在地上,几乎同一时间进站的列车刚好掠过。

事发之后,女孩情绪崩溃大哭,仙游火车站及时通知女孩的家人将她带回。这段视频被上传到网络上后,网友们纷纷为这位反应迅猛的工作人员点赞,称他看似若无其事地站在女孩身后,但整个过程中却表现得非常冷静、迅速、勇敢。

 **案例分析**

自杀是一种极端行为,现在大学生要承受的压力很多,如果没有一个良好的渠道进行缓解,可能就会产生一些消极的想法,现在许多学生是独生子女,从小没受过挫折,面临压力就会选择逃避,这也是一种很危险的心态。对独生子女教育不当造成的后遗症,如任性、自私、不善交际、缺乏集体合作精神等不良习性,不但易使大学生诱发心理疾病,还会使人产生暴力倾向和行为。角色转换与适应障碍的情况频频出现在大学生中间,这种不适应如果得不到及时调整,便会产生失落、自卑、焦虑、抑郁等心理问题。

造成大学生心理失衡的原因有很多,如生理疾患、学习和就业压力、情感挫折、经济压力、家庭变故,以及周边生活环境等诸多因素,是大学生产生心理问题的原因。其中,激烈的学习竞争、就业竞争是主要原因。大部分大学生都曾感到过学习的压力,但如果不会释放压力,精神就会长期处于高度紧张的状态下,极可能导致心理疾病出现。另外,大学生因恋爱所造成的情感危机,是诱发大学生心理问题的重要因素,有的人因此走向极端,甚至酿成悲剧。

对此,除要加强大学生的心理辅导与教育等长远举措外,还应建立预警干预机制,通过家庭、学校、社会各方形成合力来预防大学生心理危机的发生,其作用是及时发现和识别潜在的和现实的危机,以便采取措施,减少危机发生的突发性和意外性。

一、人生价值拍卖会

我们成为什么样的人，可能不在于我们的能力，而在于我们的选择，选择无处不在。人不是生来被打败的，是海明威的选择；人固有一死或重于泰山，或轻于鸿毛，是司马迁的选择；你的人生其实是你内心的选择。在面临相同的选择时，每个人做出的决定却不完全一样，这折射出每个人所持的价值观不完全一样。

现在，每位同学手上都有10000元道具钱，它代表了一个人一生的时间和精力。每个人可以根据自己对人生的理解随意竞买下面的东西。每样东西都有底价，每次出价都以500元为单位，出价高者得到东西，有出价10000元的，立即成交。拍卖的东西如表9-1所示。

表9-1 拍卖价格表

序号	项目	价格	序号	项目	价格
1	爱情	1000元	12	美貌	1000元
2	三五个知心朋友	500元	13	自由	2000元
3	金钱	2000元	14	豪宅名车	1000元
4	至高无上的权力	2000元	15	长命百岁	2000元
5	出国深造的机会	1000元	16	勇敢和诚信	1000元
6	一门精湛的技艺	1500元	17	一颗爱心	1000元
7	亲情	2000元	18	名垂青史	2000元
8	每天都能吃美食	1000元	19	欢乐	1000元
9	拥有自己的图书馆	1000元	20	冒险精神	1500元
10	健康	1500元	21	孝心	1000元
11	智慧	1000元	22	周游世界	1500元

由老师或者一位同学担任拍卖师。如果10000元代表人一生的所有时间和精力，你会花多少钱来买哪些项目？根据拍卖规划喊价三次成交。在座的每一位同学都是竞价者，请大家在心中选定自己想要的东西。

"拍卖会"结束后进行讨论与分享：

(1) 假如现在已经是人生的尽头,请看看你手上所有的东西是什么?你是否后悔得到你所买的东西,为什么?它们对你来说是否有意义?
(2) 在拍卖过程中你的心情如何?是否后悔为自己争取的东西太少?
(3) 有没有同学一件物品都没有买到呢?为什么?
(4) 你争取回来的东西是不是你最想得到的东西?
(5) 金钱是否一定会带来幸福和欢乐?
(6) 有没有一些东西比金钱更重要,或能够比金钱带来更大的满足感呢?你是否甘愿为了拥有金钱、权力而放弃一切呢?
(7) 有没有比上面所列拍卖物品更值得追寻的东西呢?
(8) 整个活动给了你哪些启示?

二、我的五样宝物

第一步:请在白纸上写下你生命中最宝贵的五样东西。
第二步:每个人在你写下的五样东西中划掉相对不那么重要的一样,只剩下四样。
第三步:请在剩下的四样中再划掉一样,只剩下三样。
第四步:继续划掉一样,只剩下两样。
第五步:再划掉一样,只剩下最后一样。

完成以上步骤后进行讨论与分享:
(1) 面对生命中最宝贵的五样东西,你依次舍弃四样的理由是什么?最终保留一样的理由是什么?
(2) 分享在这个活动过程中你的心理活动。
(3) 在人生的长河中,我们都会面对许多艰难的抉择。就现在而言,你认为最宝贵的东西是什么?为什么?

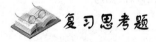
复习思考题

1. 心理危机的一般特征是什么?
2. 大学生自杀的影响和危害有哪些?
3. 学校应怎样预防大学生自杀?
4. 如何建立学校自杀防御干预系统?

参 考 文 献

[1] 李先锋.大学生心理健康十五讲[M].北京:电子工业出版社,2011.
[2] 胡凯.大学生心理健康教育[M].北京:人民教育出版社,2007.
[3] 金宏章,张劲松.大学生心理健康教育:理解·规范·提高[M].北京:科学出版社,2010.
[4] 张万英.大学生心理健康教育[M].北京:中国人民大学出版社,2011.
[5] 陈军兰,王艳.大学生就业指导手册[M].北京:中央文献出版社,2009.
[6] 燕良轼.大学生心理健康教程[M].长沙:中南大学出版社,2007.
[7] 贾晓明.大学生心理健康:走向和谐与适应[M].北京:北京理工大学出版社,2010.
[8] 李燕.让学生主动说心里话:名师最有效的沟通艺术[M].北京:九州出版社,2006.
[9] 唐卫海.能力是成功的保证[M].天津:百花文艺出版社,2009.
[10] 章明明,冯清梅,韩励.大学生心理发展与教育[M].广州:暨南大学出版社,2004.
[11] 边玉芳.心理健康教师用书[M].上海:华东师范大学出版社,2007.
[12] 刘欣.大学生心理健康教育教程[M].南京:东南大学出版社,2012.
[13] 陈桂兰.大学生心理健康辅导教程[M].北京:高等教育出版社,2011.
[14] 吴世珍.大学生心理健康[M].北京:中国标准出版社,2014.
[15] 王福顺,傅文青.中医情绪心理学[M].北京:中国中医药出版社,2015.
[16] 栾贻福,郑立勇,周晶.大学生心理健康教育[M].广州:华南理工大学出版社,2020.
[17] 姚本先.大学生心理健康教育[M].合肥:安徽大学出版社,2015.
[18] 郭子贤,郑荔.大学生心理健康教程[M].上海:上海交通大学出版社,2021.
[19] 陈莉,戴哲茹.大学生心理健康教育[M].上海:上海交通大学出版社,2021.
[20] 刘志宏,王淑合.公安院校大学生心理健康教程[M].北京:中国人民公安大学出版社,2014.
[21] 胡华北.大学生心理健康实训指导[M].上海:上海交通大学出版社,2019.